本书为国家社科基金一般项目"人工智能与思想政治教育融合发展研究"（21BKS008）最终成果

本书获昆明理工大学马克思主义学院"红土文库·马克思主义理论学科建设丛书"资金支持

昆明理工大学人文社科研究院哲学社会科学创新团队培育项目"数智时代马克思主义理论铸魂育人前沿问题研究"（CXTD2024012）

红土文库·马克思主义理论学科建设丛书

# 人工智能与思想政治教育融合发展

卢岚 ◎ 著

中国社会科学出版社

图书在版编目（CIP）数据

人工智能与思想政治教育融合发展 / 卢岚著. 北京：中国社会科学出版社，2025.6. --（红土文库：马克思主义理论学科建设丛书）. -- ISBN 978-7-5227-4920-4

Ⅰ．D64-39

中国国家版本馆 CIP 数据核字第 2025ME3078 号

| | |
|---|---|
| 出 版 人 | 赵剑英 |
| 责任编辑 | 杨晓芳 |
| 责任校对 | 李　莉 |
| 责任印制 | 张雪娇 |

| | |
|---|---|
| 出　　版 | 中国社会科学出版社 |
| 社　　址 | 北京鼓楼西大街甲 158 号 |
| 邮　　编 | 100720 |
| 网　　址 | http://www.csspw.cn |
| 发 行 部 | 010-84083685 |
| 门 市 部 | 010-84029450 |
| 经　　销 | 新华书店及其他书店 |
| 印刷装订 | 北京市十月印刷有限公司 |
| 版　　次 | 2025 年 6 月第 1 版 |
| 印　　次 | 2025 年 6 月第 1 次印刷 |
| 开　　本 | 710×1000　1/16 |
| 印　　张 | 19.75 |
| 插　　页 | 2 |
| 字　　数 | 285 千字 |
| 定　　价 | 118.00 元 |

凡购买中国社会科学出版社图书，如有质量问题请与本社营销中心联系调换
电话：010-84083683
版权所有　侵权必究

## 丛书编委

王海云　殷国禹　张燕　王威　赵旭　段阳

**红土文库·马克思主义理论学科建设丛书**

# 总　序

马克思主义是立党立国、兴党兴国的根本指导思想。坚持和加强马克思主义理论指导是我们党坚定信仰信念、把握历史主动的根本所在。马克思主义深刻揭示了自然界、人类社会、人类思维发展的普遍规律，是科学的理论、人民的理论、实践的理论，为人类社会发展进步指明了方向。马克思主义指明了人类寻求自身解放的道路，推进了人类文明的进程。在人类思想史上，就科学性和影响力而言，还没有哪一种理论像马克思主义那样对人类文明进步产生了如此广泛而深刻的影响。当今世界正经历百年未有之大变局，中国正处于以中国式现代化全面推进强国建设、民族复兴伟业的关键时期。中华民族要实现伟大复兴，一刻也不能没有理论思维和思想指引。

时代是思想之母，实践是理论之源。实践发展永无止境，我们认识真理、理论创新就永无止境。为深入推进马克思主义基本原理、马克思主义中国化、思想政治教育、中国近现代史基本问题研究，特别是21世纪马克思主义研究、当代中国马克思主义，不断开辟马克思主义中国化时代化新境界，推动马克思主义不断焕发出强大的生命力、创造力、感召力，昆明理工大学马克思主义学院推出"红土文库·马克思主义理论学科建设丛书"。该套丛书不仅解答理论之思，回答马克思主义中国化的实践之问，也以新时代党的创新理论为引领，立足新时代伟大实践，研究思想政治理论课改革创新，坚持不懈用习近平新时代中国特色社会主义思想铸魂育人。该套丛书作为一个开放性的文库，将定期推出学院教师国家社科基金、教育部项目系列成果，也推出青年教师的学术启航新作。本丛书的出版旨在激发学院教师进一步投身于马克思主义理论的研究之中，致力于产出高水平的学术成果，为马克思主义理论体系的丰富和发展添砖加瓦。

在庆祝中华人民共和国成立 75 周年之际，欣闻这套丛书面世，倍感欣慰。自 2000 年以来，昆明理工大学马克思主义学院的教师们已成功申请并主持了 37 项国家社会科学基金项目和 24 项教育部项目，并在此基础上获得省级社科成果一等奖近 10 项，省部级奖励 50 余项。这一系列成就的取得，不仅标志着我院教师在学术研究上的显著进展，更体现了老师们从初登讲坛到如今能够深入学习、深刻理解、真诚信仰、积极应用并有效传授马克思主义理论的蜕变过程。昆明理工大学的思政课教师以实际行动践行了对党的庄严承诺，坚守对马克思主义的坚定信仰，肩负起为党育人、为国育才的重大使命。

我投身于马克思主义理论工作已有 70 余载，经历了高校马克思主义理论教育"85"方案、"98"方案、"05"方案"的贯彻实施，参加了马克思主义理论研究和建设工程重点教材《马克思主义基本原理概论》的编写。作为一名耕耘在思政讲坛一线的普通教师，我曾三次踏入人民大会堂，亲耳聆听了三位总书记的重要讲话，即便到了耄耋之年，仍能为党的理论教育贡献一份力量，并被遴选为马克思主义理论研究和建设工程的首席专家，我感到非常荣幸。有人将我比作"老骥伏枥，志在千里"，但我更愿意说，我是"老骥伏枥，志在马列"。回顾 70 多年的教育生涯，我感到无比的自豪、幸福与光荣。因为我用科学的理论培养了成千上万的学生，助力他们成长为社会主义事业的建设者和接班人。通过不懈的努力，昆明理工大学马克思主义学院的团队正在成长为一支政治强、情怀深、思维新、视野广、自律严、人格正的教师队伍和马克思主义理论研究队伍，我们正以自己的微薄之力，推动着马克思主义理论研究的发展。我们的研究成果尚存诸多不足，恳请各位专家学者给予批评指正，以助我们不断进步。

王展飞

2024 年 10 月

# 序

大女儿送来她的新作《人工智能与思想政治教育融合发展》，研读并看了她写的后记后回复她：序言我不能再写。你的进步，让我惊讶！我们之间的差距，已是天壤之别，向你祝贺！九十岁的老爸从此告别笔墨。

也是，近几年小女儿来看我，临走时总告诉我说："爸爸，你要与时俱进，送你一盒硬笔和笔记本，多学习，以防老年痴呆"！

大儿来看我时，简直无法交流，我一开口，他就说"错！错！错！"最后都是不欢而散。例如说我不会接听电话，手机应贴近耳朵，还夸张的学我离那么远咋听。大女儿每次来家，话语权全包了。我偶尔说几句，她便插话说我说的都是废话，都是他们早就知道的、没用、过时了。一句话：我和他们之间的代沟已是世纪之隔。今天大女儿来家说："天气晴好，正是樱花开放季节，陪你出游踏青赏樱，话语权全交给你，你说什么，我绝不插嘴，全程聆听"。

说起赏樱，便又想起去年赏樱的事——"对不起，我又提旧事了"。

大女儿："我在认真听"。

去年的龙年是非常吉利之年。龙，可说是中华的图腾，又逢一年一度的除夕节，俗话说"除夕大似年呀"！心情也特别好，便即兴写了一副对联："龙游四海河清海宴，凤巡龙天除病消灾"，横批"春回大地"。想不到却迎来一个百年不遇的炎热夏季，会热得出奇，长得意外。仅沪

杭两地就有六十天未下雨，气温长时间维持在38°左右，整年几乎没有春秋两季。道旁的樱花比往年提前一个多月疯狂吐蕊，原本光秃秃的树枝被白色小花包得严严实实：一团团，一簇簇，似雪、似云、似绒、似锦，密不透气，引得路人无不留步拍照。但却好景不长，当夜，突如其来的电闪雷鸣，大雨泼过后，昨天的樱花全部凋零，树枝上有幸残留下的几朵小花，低垂着头。望着被雨水打趴在地上的落樱显得实在可怜，心里感慨今年的赏樱就此结束了，遗憾！接下来就是炎热，直到国庆节后气温回凉，人们开始出户散步时，才回味到小区的桂花今年没开，听说全国都如此。却猛然间一阵微风吹来，带着阵阵清淡香味。啊！这不是桂花的香味吗？忙向小区桂园走去，香味越近越浓，奇迹！桂花竟然能躲过酷暑，延迟到十月再开，而樱花可就没有这个本事了！是夜，我被一阵巨响惊醒，近窗一看，电闪雷鸣，接着便是瓢泼大雨，倾盆而下。啊！完了！桂花也怕要与樱花同命了。

第二天，天已放晴。我迫不及待地向桂园走去，竟然又是一个大惊喜！经过一夜的大雨洗礼，桂花居然完好无损：厚实的树叶，绿得透心，叶腋间一簇簇密集的桂花，黄得悦目，在阳光的照射下，绿黄两色交相辉映，像铁穹似的叶片保护着怒放的花朵，为她遮风避雨昼夜不停地释放着香气。这香气的味道才是真实版的"0添加、纯自然"。她香不醉人，久闻不厌，与平时过往身边的美女、少妇散发出的香味有天壤之别。由于桂花的"神"（香味）掩盖了她的"形"（叶），而不被赏花人青睐，哎！她真可以堪称万花中的"论文"。但也只是我自己的感受，毫无贬樱的意思吧。

女儿：我把你说的话，当作本书的序行吗？
老爸：这有点牛头不对马嘴吧！
女儿：你小看我了。
老爸：说句玩笑，你随便吧。

卢峻峰
2025年3月于申城万花楼

# 目 录

前 言 ................................................................ 1

第一章 绪论 ........................................................ 1

    第一节 问题缘起与选题价值 ................................ 4

    第二节 研究述评 ............................................ 9

    第三节 研究内容 ........................................... 15

    第四节 核心概念与课题预设 ............................... 23

    第五节 总体框架与章节介绍 ............................... 28

**第二章 概念群：人工智能概念域及其社会影响** ............. 35

    第一节 人工智能相关概念概述 ............................ 36

    第二节 人工智能对现代社会发展的影响 .................. 61

    第三节 人工智能催生数据挖掘与数据结构化 ............. 70

    第四节 智能时代技术间的加速融合与智能技术生态的生成 ........ 78

**第三章 连接域：智能时代思想政治教育的显著特征** ........ 99

    第一节 连接与断连是互联网发展中相互矛盾、相互衔接的现象 ................................................ 100

    第二节 人工智能时代思想政治教育面临的挑战 .......... 105

    第三节 思想政治教育各要素之间的联结与重组 ..........111

第四节　人工智能时代思想政治教育的问题域开发 …… 121

## 第四章　关系网：人工智能与思想政治教育竞态角逐 …… 138
　　第一节　人工智能与思想政治教育之间的嵌入与互嵌 …… 139
　　第二节　直面关系，探索思想政治教育的系统性变革 …… 156
　　第三节　基于关系维度，拓展思想政治教育研究的新视域 …… 163
　　第四节　从培育"强关系链"到关注"意义链接" …… 170

## 第五章　逻辑链：人工智能技术形塑思想政治教育的机理 …… 178
　　第一节　技术之维与社会之维：技术形塑思想政治教育的纵深逻辑 …… 179
　　第二节　从技术之维到价值之维：思想政治教育范式转换 …… 194
　　第三节　人工智能技术形塑思想政治教育的逻辑遵循 …… 209

## 第六章　实践场：智能时代思想政治教育的力量释放与价值再转化 …… 227
　　第一节　力量释放与价值再转化：思想政治教育在实践场中的特质 …… 227
　　第二节　从符号世界到生活世界：思想政治教育的落实与落细 …… 234

## 第七章　数字化：人工智能与思想政治教育融合发展的未来走向 …… 243
　　第一节　数字化是思想政治教育与人工智能发展的重要向度 …… 243
　　第二节　人的全面发展是思想政治教育数字化转型的根本宗旨 …… 247
　　第三节　思想政治教育数字化转型的理论框架与研究边界 …… 254

## 第八章　结束语 …… 282

## 参考文献 …… 289

## 后　记 …… 297

# 前　言

本书坚持立足马克思主义科技观，以及习近平总书记关于网络安全和信息化工作的重要论述，以**概念群→连接域→关系网→逻辑链→实践场→数字化**为逻辑线索，揭示人工智能与思想政治教育的融合发展模式。就此而言，智能时代思想政治教育创新**始于**厘清概念群及它所引发的思想政治教育的根源性问题，**着眼于**人工智能与思想政治教育之间的关联维度解析，**延展于**在实践场中思想政治教育的力量释放与价值再转化，关注思想政治教育在实践场域里落实、落细乃至在与智能技术多次融合后，将人类福祉引向何方的问题，进而把数字化作为人工智能与思想政治教育融合发展的前景。其特点是创新，关键在质优。

在研究过程中，本书从跨学科和整体性视角，综合性地运用思想政治教育、哲学、教育学、政治学、社会学、IT科学、统计学、管理科学与工程等相关成果，以"人工智能与思想政治教育之间的关系"为研究对象，以"问题意识→历史寻绎→体系建构→嵌入研究→贯通逻辑→理论指导→方法创新→科学发展"为技术路线，运用智能算法、数据范式、系统思维等多种方法，在信息流、思想流中建构可靠的数字关系，实现思想政治教育发展从软科学向硬科学的飞跃。这使得本书能够做到视野开阔，内容丰富，却不空疏。本书主要内容如下。

一是对人工智能等相关**概念群**进行辨析。

揭示由互联网、大数据、云计算、物联网、5G、人工智能、元宇宙等形成的现代信息技术群的特点及其动态关系，诠释现代信息技术群赋能增权的实质，旨在实现从过去的"互联网＋"思维，走向未来"人工智能＋"思维。如今"人工智能＋"上升为一种行动，这意味着国家将加强顶层设计，加快形成以人工智能为引擎的新质生产力，进而开辟发展新领域、新赛道，塑造发展新动能、新优势。这意味着在推动建立"以人为本""智能向善"的人工智能发展生态的基础上，使人工智能从思想政治教育系统外部走向系统内部，并成为思想政治教育系统中结构性要素奠定基石。

二是通过**连接域**塑造优质的联结，打造思想政治教育的新质生产力。

在解读连接域（**所谓连接域**，是指在识别类别关系过程与其他类型过程的关联，以及在"类"与"类"之间连接的空白地带挖掘出更多的创新潜能）的基础上，揭示思想政治教育诸要素之间呈现出连接、断连与再连接的现象。当然，断连并非简单地从原来从属连接关系中外溢或连接边界的突破，而是社会关系网络的重新嵌入与连接，是一种再连接的过程。在揭示影响断连的可见性、连续性、内生性的关键要素的基础上，探讨人工智能（以技术群的方式）与思想政治教育联结方式、动力源、动力结构与动力形态，进而激发出新的思想政治教育学基本问题，促进思想政治教育理论体系的当代重建。这种连接能够促使新要素、新模式、新动能的形成，并通过连接域塑造优质的联结，凸显人工智能时代思想政治教育的连接、联结、链接等显著特征。它强调**联结思维，在联结中促成思想政治教育诸要素的涌现与跃迁，打造思想政治教育的新质生产力**。

三是提出人工智能与思想政治教育关系维度是思想政治教育研究的新视野。

其一，人工智能时代思想政治教育呈现为一种关系面向，而非简单的"人工智能＋"思想政治教育的资源性存在。人工智能技术对思想政治教育的重塑实际上就是域的更替、是新域代替旧域的重新域定，乃至重新定义思想政治教育的过程。思想政治教育随着技术的进化发生结构的变化,改变了自身的方法、过程等整套安排,重构其系统结构。其二,是智能算法赋权对思想政治教育诸要素之间关系维度的改写。现代信息技术群不仅对于容纳信息、收集信息等有即时性、交互性、分众性、融合性乃至便捷搜索与检索的特征,而且"人工智能+"智能算法叠加革命,有助于我们建立信息流、思想流与行为逻辑之间可靠的数字关系,进而实现思想政治教育数字化发展。其三,人工智能与思想政治教育的关系维度,激发出新的思想政治教育学基本问题,即思想政治教育创新不仅体现在符号与技术层面,更体现在背后所承载的价值上,有助于推进思想政治教育创新与发展。

四是把握**逻辑链**,探索人工智能技术形塑思想政治教育的机理。

人工智能形塑思想政治教育时,不是以单一的技术展开,而是以技术群的形式出现。本书从技术维度、社会维度乃至价值维度入手,立足于现代信息技术的技术属性、语境与价值范畴,对思想政治教育与人工智能相互建构的机理进行探索。当然,技术形塑思想政治教育的过程是一个建构性过程,而非结构性结果。其目的旨在**延续传统,盘活存量,涌现增量**。

五是在**实践场**中体现思想政治教育的力量释放与价值再转化。

实践场的价值不仅是用来辨析空间类别,更在于作为一个理论视角分析思想政治教育与实践场的动态关联。一方面,分析思想政治教育创新如何从内容、形式转向场域的过渡;另一方面,揭示思想政治教育如何实现从符号世界走向日常生活世界。这种**新理念必将培育形成思想政治教育的新质生产力**。

六是提出**数字化**是人工智能与思想政治教育融合发展的前景。

现代信息技术不仅以技术群的方式影响社会,技术进步也将带来思想上的飞跃。这场由新技术带来的新思维与新方法,将思想政治教育变革嵌套于由数字文明引发的复杂时空中,并受"虚拟—现实""理论—实践""技术—价值"多维关系的矩阵影响,推动了思想政治教育研究视野的转换和学术范式革命。当然,本书并不止于对其关系维度的理论与实践样态进行描述,也致力于对智能技术、算法等背景下,思想政治

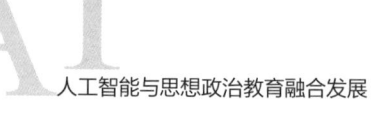

教育、人与算法的相处模式进行深入探寻与反思，以及对算法的价值观风险评估，乃至警惕其带来的风险，科学地界定二者融合发展的边界。

　　总之，本书在探讨人工智能与思想政治教育的融合发展研究时，致力于梳理概念群，揭示从单一技术走向复合技术，并以现代信息技术群的组合方式与思想政治教育融合发展的过程。不仅诠释人工智能与思想政治教育之间的上文是连接、断链、再连接现象，以及思想政治教育的多主体、多传播渠道、多重空间等多重变量现象，更解释了多变量合力中的每一种变量之于思想政治教育的作用机理不同，以及思想政治教育各要素之间关系逻辑更为复杂的原因。也在探索人工智能渗透于社会发展的过程中，研究思想政治教育的思维理念、内容图式与实践路线不断升级转向的路径，全景展现思想政治教育从平面的"互联网＋思政"转向立体的"元宇宙＋思政"等"'人工智能＋'思政"的沉浸式发展图景。实际上，人工智能技术对思想政治教育的重塑就是域的更替、是新域代替旧域的重新域定，是在信息技术与智能算法叠加革命背景下重新定义思想政治教育的过程。

# 第一章　绪论

伴随着互联网、云计算、大数据与人工智能的深度融合,"万物互联、人人在线、事事算法"的人工智能时代悄然而至。随着人工智能技术的不断进步,人工智能新的应用领域也在不断涌现(诸如文生视频、自动驾驶、智能家居、智慧工厂等),深化大数据、人工智能等研发应用,开展"人工智能+"行动,打造具有国际竞争力的数字产业集群迫在眉睫。尤其是"人工智能+"行动首次被写进政府工作报告。"人工智能+"上升为一种行动,这意味着国家将加强顶层设计,加快形成以人工智能为引擎的新质生产力,进而开辟发展新领域、新赛道,塑造发展新动能、新优势。

现代信息技术的崛起,绝不是凭空的精神想象和理论演绎,而是在坚实的社会基础之上的技术革命。中国正处于社会急剧转型的历史当口,与以互联网、云计算、区块链、人工智能为主要特征的现代信息技术发展相遇与叠加,形塑一个多变量合围的社会场景,催生思想政治教育的结构化变革,且这种变革的逻辑充满不确定性。与既往思想政治教育最大的不同在于,信息技术与智能算法叠加突变,使思想政治教育处在一个开放性的界面上,诸如思想政治教育内容的多生产主体、多传播渠道、多重空间成为重塑思想政治教育生态的多重变量,且多变量合力中的每一种变量之于思想政治教育的作用机理不同,加之人的能动作用,使得构成思想政治教育各要素之间的关系逻辑更为复杂。既有的思想政治教育实践逻辑遭遇釜底抽薪式改写，呈现出语境化、场景化的特点，在不同的语境和话语语境中，面临的话语命题和目标不同，既有理论供给出现结构性失衡，表面的繁荣背后缺乏体系的刚性支撑。这无疑加大了提炼与萃取思想政治教育理论的难度。然而，理论的"猫头鹰"总是在黄昏时刻起飞。思想政治教育理论界正从不同侧面尝试把握来势汹涌的信息+智能叠加革命，努力揭示智能技术所引起的诸变量的结构逻辑和关系机理，推动智能时代的思想政治教育创新。这就涉及人工智能与思想政治教育融合发展的基本问题的再探讨。其实，每个学科都有自身的基本问题。它是一个学科得以建立与完善的根源性、贯通性、总体性的问题。

自20世纪40年代起，以电子计算机的发明为标志，信息技术蓬勃发展了70年，推动人类社会进入了崭新的信息时代。信息技术创新驱动发展的过程，就是信息科技持续创新并推动人类社会信息化水平不断升级的过程。我们经历了以高度数字化为主要特征的第一次信息化浪潮的洗礼，正处于以高度网络化为主要特征的第二次信息化浪潮之巅，以高度智能化为主要特征的第三次信息化浪潮扑面而来。三次浪潮层层叠加，对人类社会乃至人类文明发展产生了深远影响，进而影响了人们价值观的形成、能力的提高以及个性和思维方式的呈现。以互联网、大数据、物联网、云计算、5G、人工智能、区块链、元宇宙等为主要代表的现代信息技术飞速发展，并以数字化渗透到社会的方方面面，深刻影响思想政治教育理论与实践发展。与此同时，思想政治教育正在广泛地、自觉地与现代信息技术对接，与现代信息技术的融合发展已经成为常态。

习近平总书记指出，"一切有理想、有抱负的哲学社会科学工作者都应该立时代之潮头、通古今之变化、发思想之先声"①。思想政治教育作为新时代的一门显性科学，必须随着时代的发展不断发现和研究新情况、解决新问题，并在不断发现问题、解决问题的过程中实现自身理论

---

① 习近平:《在哲学社会科学工作座谈会上的讲话》，人民出版社2016年版，第8页。

与实践的创新和发展。创新是一个永恒的课题。以人工智能为主要代表的现代信息技术在为思想政治教育注入新发展动力的同时，也对思想政治教育提出了新的考验。从这个意义来说，思想政治教育不仅要满足时代发展与社会变迁的不同要求，也应主动融入时代进步、社会发展的建构中，全面把握智能技术带来的重大社会问题，进而将这些问题纳入思想政治教育论域中来思考，为思想政治教育创新提供一种全新的视野和路径。

本书在研究过程中，立足于以下三个基本点。

一是习近平新时代中国特色社会主义思想这一主题与思想政治教育创新的主线始终保持一致。

二是在与思想政治教育融合发展时，人工智能不是以单一技术或者单体技术形态，而是采用包括互联网、大数据、云计算、物联网、5G、人工智能、元宇宙等现代信息技术的集合体形态，同思想政治教育发生关联。就此而言，人工智能技术对思想政治教育的重塑实际上就是域的更替、是新域代替旧域的重新域定，是在信息技术与智能算法叠加革命背景下重新定义思想政治教育的过程。

三是思想政治教育创新正是基于社会急剧转型与现代信息技术发展叠加革命的历史档口，既要依据现代信息技术将信息流、思想流与人的行为建构可靠的数字关系，使数据成为连接的共同语言和彼此较量的衡量指标，也要在遵循中国特色社会主义政治框架内变革思想政治教育理论体系，进而呈现出这样的美好愿景：在有冲突的地方，给予和谐；在有谬误的地方，宣扬真理；在有疑虑的地方，坚定信仰；在有失望的地方，送去希望。

总之，人工智能与思想政治教育融合发展，激活了思想政治教育发展所面对新问题的理论张力，它既有技术赋能增权推动思想政治教育从"软科学"到"硬科学"的飞跃，也展现出现代信息技术在高度理性逻辑上的灌注激情，使人工智能与思想政治教育协同奔向哲学的怀抱。

## 第一节 问题缘起与选题价值

当下人类正处于一个以互联网、大数据、云计算、人工智能、元宇宙为基本特征的信息技术时代,其中尤以人工智能在 21 世纪前 20 年的跨越性发展和革命性升级表现最为抢眼。人工智能（英文名：Artificial Intelligence,英文缩写：AI）,是"研究、开发用于模拟、延伸和扩展人的智能的理论、方法、技术及应用系统的一门新的技术科学"①。人工智能的基准是推理、言语和视觉团队中的人类水平。从弱智能到强智能、从无人驾驶汽车到公民索菲亚,各种新变化、新发展层出不穷,令人目不暇接。2024 年"两会"期间,新质生产力被写入政府工作报告,其官方定义是："新质生产力是创新起主导作用,摆脱传统经济增长方式、生产力发展路径,具有高科技、高效能、高质量特征,符合新发展理念的先进生产力质态。它由技术革命性突破、生产要素创新性配置、产业深度转型升级而催生,以劳动者、劳动资料、劳动对象及其优化组合的跃升为基本内涵,以全要素生产率大幅提升为核心标志,特点是创新,关键在质优,本质是先进生产力。"由此,以人工智能开辟发展新领域、新赛道,塑造发展新动能、新优势成为关键,"人工智能+"模式初步展现。正如 360 集团创始人周鸿祎所说,我们从过去的"互联网+"思维,转向未来的"人工智能+"思维,如今的"人工智能+"上升为一种行动。教育（包含思想政治教育）正面临着从传统教育模式向现代化、智能化、个性化教育模式的转变。新质生产力在教育（包含思想政治教育）的应用现状随着科技的不断进步和创新,逐渐渗透到思想政治教育中。

然而,人工智能是一把"双刃剑",不仅方便了人们的生活、提升

---

① 郝全洪：《新时代经济关键词（2019）》,人民出版社 2019 年版,第 200 页。

人们的工作效率，也给人们司空见惯的交往习惯和社会规则带来挑战，进而在隐私、伦理、安全等方面引发困境，给思想政治教育带来巨大冲击。深入考察人工智能技术的发展历史、运算方式和应用领域，探究人工智能对社会发展的深远影响，展示信息社会各领域中人工智能的应用发展前景，有利于经由多学科交叉视野，拓展思想政治教育研究视野。这就需要我们解释清楚人工智能在现代信息技术中处于一个怎样的发展阶段？人工智能技术所具有的多维性、多元化、宽领域、多渠道，以及它们彼此之间交相互动性的特点是什么？

其实，互联网、物联网、大数据、云计算、算法、人工智能、元宇宙是现代信息技术渐次迭代演进的一种技术形态。无论是互联网，还是人工智能，都有一个组合进化的过程。也就是说，从一开始的单一技术和单体技术，发展为复合技术、组合技术，进而形成域，并呈现出信息技术与智能算法叠加革命的特点。人工智能在以现代信息技术群的方式与思想政治教育相互交融时，给思想政治教育带来时空嬗变与交往方式的重组。也就是说，互联网技术创造了新的互动体验，使得受众体从单一的信息接收者转变为信息生产者、参与者和接收者相互融合的叠加身份，模糊了教育双方的界限与区隔。信息多元化也使教育对象具有教育信息先在性优势，形成了反向信息不对称的格局。此外，凭借信息技术＋智能算法叠加革命赋能，可以对思想政治教育诸要素之间的关系进行改写，进而以分众、精准、精细化的特点，推动思想政治教育的数字化重构。就此而言，思想政治教育亟待探寻新的学术视角，建构新的理论框架，以回应和参与建构数字化发展进程。当然，技术形塑思想政治教育的过程是一个建构性过程，而非结构性结果。

## 一　问题缘起

互联网、大数据、人工智能乃至元宇宙是一种逐次递升、渐进演变的技术形态。思想政治教育也因为大数据、互联网、人工智能、元宇宙等现代信息技术的融入，得到了快速发展。我国高度重视现代信息技术对教育的深刻影响，积极推动大数据、云计算、5G、6G、区块链、人工智能技术等构成的数字文明和教育深度融合，促进教育变革创新。①尽管当下思想政治教育实效性低的问题仍然存在，但是"对于一种教育理论加以筹划是一种庄严的理想，即使我们尚无法马上将其实现，也无损于它的崇高。人们一定不要把理念看作幻想，要是因为实现起来困难重重，就把它看成是一种黄粱美梦，那就败坏了它的声誉"②。在人工智能时代，提高思想政治教育效率，对思想政治教育工作者来说责无旁贷。

那么，大数据、云计算、5G、区块链、人工智能等技术能否直接作用于思想政治教育的全过程？如何精准界定人工智能的概念？人工智能技术与传统技术之间的区别是什么？人工智能如何引起经济文化、教育、人际交往的深刻变革？以人工智能技术为标志的智能观是怎样形成的？人工智能如何影响各学科理论传统的解释框架、学科性质、研究方法、研究过程，研究对象？各学科基于人工智能开展的学科重建有哪些类型和方式？它是否由此衍生出新的研究领域，乃至新的分支学科？思想政治教育如何借鉴这些成果实现自身变革？这是当下思想政治教育创新与发展须亟待解决的问题，也对人工智能时代思想政治教育创新提出了新的要求。具体如下。

一是借由智能技术赋能（尤其是以 chatGPT 为主的生成式人工智能的赋能增权），扩大思想政治教育的覆盖面和影响力，建构立意高远、视点清晰、命题结构好、辐射面广、可操作性强的思想政治教育创新体系。二是借由智能算法对受众体进行精准分众，推动碎片化受众体的凝结，以社会关系来创建思想政治教育自身的内容服务，定制推送思想政治教育内容，使得受众体能够更加广泛地、便捷地接受思想政治教育。三是研究智能技术如何通过关系激活，不断积聚、分化与再积聚的动态过程，实现各要素连接与重构，进而推进对思想政治教育理论与实践活动逻辑的认知。当然，在采用智能算法时，也要规避技术过度嵌入的问

---

① 《习近平向国际人工智能与教育大会致贺信》，《人民日报》2019 年 5 月 17 日第 1 版。
② ［德］伊曼努尔·康德：《论教育学》，赵鹏译，上海人民出版社 2005 年版，第 6 页。

题（包含对环境过度形塑与对人际关系的过度形塑），等等。

总之，大数据、互联网、人工智能等现代信息技术提供了足够的衍生空间和多种叙事的可能性，可以激活更多的思想、思路与容量，生发更细腻、更深刻的交互性，并从参与式、互动式、建构式等方面激活受众体的数字体验。因此，如何在时空交叉共存、实体与虚拟的互补等一系列复杂的时空关系中，探寻思想政治教育创新的动力源，让技术和思想政治教育为人而转，是本书的由来与终极研究目标。

## 二 选题价值

### （一）学术价值

本书通过交叉学科范畴群给予理论供给，在理论阐释的精准度、解释力和预测力等研究上下功夫，实现从过去的"互联网+"思维，转向未来的"人工智能+"思维，如今"人工智能+"上升为一种行动，这意味着国家将加强顶层设计，加快形成以人工智能为引擎的新质生产力，进而开辟发展新领域、新赛道，塑造发展新动能、新优势。这一新理念必将培育形成思想政治教育的新质生产力，进而助力推进思想政治教育创新与发展。

第一，本书重点考察人工智能与思想政治教育之间的逻辑关系，把二者的关系维度纳入思想政治教育学科基本问题中，并将其作为思想政治教育一个新的生长点，激发出新的思想政治教育学基本问题，促进思想政治教育理论体系的当代重建，进而建构人工智能与思想政治教育之关系维度研究的整体框架，揭示其运行模式。

第二，本书基于嵌入性理论，不仅揭示了人工智能与思想政治教育深度融合机理，阐释人工智能与思想政治教育联结方式、动力源、动力结构与动力形态，还充分认识到人工智能带来的负面效应与衍生问题，这有助于丰富和拓展思想政治教育学研究范畴、研究领域等，以延续传统，盘活存量，涌现增量。

第三，本书强调连接域（连接域是指在识别类别关系过程与其他类

型过程的关联,以及在"类"与"类"之间连接的空白地带挖掘出更多的创新潜能),揭示了智能时代思想政治教育诸要素之间的连接、断链、再连接等现象,进而描述思想政治教育从平面的"互联网+思政"转向立体的"元宇宙+思政"的沉浸式发展图景,为思想政治教育理论提供了新的视野和新的发现。

第四,单纯的技术变革与创新的边际收益,远不能满足思想政治教育实效性所需要的阈值。本书从"问题驱动+理念催生""系统进化+边界重塑""价值引领+技术迭代优化"三重维度展开理论聚合与分拣,以期实现在技术造型与价值铸魂的统一上创新思想政治教育理论。这有助于形成横向到边、纵向到底的、立体化、复合式思想政治教育体系。

第五,重勘实践场的价值。实践场的价值不仅是用来辨析空间类别,更在于作为一个理论视角分析思想政治教育与实践场的动态关联。一是分析思想政治教育创新如何从内容、形式转向场域的过渡。二是揭示思想政治教育如何实现从符号世界走向日常生活世界。这种新理念必将培育形成思政教育的新质生产力。

### (二)应用价值

第一,理论生产的重心并非局限于理论逻辑的推演,它还应当参与到社会实践中,思想政治教育也是如此。本书研究人工智能与思想政治教育之间的关系,揭示思想政治教育数字化转型,旨在让人工智能技术和思想政治教育为人而转,而不是让思想政治教育和人围着技术转或被技术转。因此,本书着眼于人工智能与思想政治教育的关系逻辑及其所引发的根源性问题反思,延展于在实践场中探索思想政治教育的力量释放与价值再转化,并把数字化作为人工智能与思想政治教育融合发展的前景,进而致力于促进人的自由而全面发展,让人们生活更有获得感、幸福感和安全感。

第二,本书在把握党和国家前进的方向、开创党和国家事业发展新局面的高度认识数字时代的复杂性的基础上,推动建立"以人为本""智能向善"的人工智能发展生态,并借助人工智能赋权,研究如何精准推送思想政治教育内容、科学分众受众群体,促进社会主义核心价值观渗透到人们的日常生活，使之"落细、落小、落实"，这有助于打造健康的思想政治教育生存环境和社会氛围。

第三，无论是教育者还是受教育者，都应主动借鉴现代信息技术成果，掌握智能算法和数据处理能力，并将智能技术嵌入理论与社会实践中，积极参与数字化生存体验。本书有助于引导和帮助思想政治教育决策者、管理者将思想政治教育传统优势与新技术有机结合，打造包括人工智能专家在内的由不同行业、学科专家组成的思想政治教育队伍，培育集高超技术、技能、艺术、智慧于一身的复合型思想政治教育人才。

## 第二节 研究述评

### 一 国外相关研究的学术史梳理及研究动态

技术（包括今天的人工智能技术）作为实践对象伴随着人类的出现而出现，但一直到19世纪下半叶，卡普在《技术哲学纲要》（1877）中才正式提出"技术哲学"概念，也是第一次将技术作为哲学研究对象。20世纪工业革命造就的技术不仅改变了人类和世界，而且成为人类思想绕不过去的问题。随着现代信息技术的发展，指向和基于人工智能的"数字人文"日渐成为热点，并引起哲学、社会学、伦理学、政治学、教育学等的普遍关注。联合国教科文组织在《教育中的人工智能：可持续发展的挑战与机遇》报告中提出，要充分利用人工智能促进教育的个性化、包容性和公平性，为未来学习者提供准备。

关于人工智能在思想政治教育中的运用，由于学科传统不同，国外没有形成独立的思想政治教育学科。相关学科的研究成果亦能为本书提供重要借鉴，如在社会学领域，布迪厄、吉登斯、哈贝马斯、罗伯特·默顿等提出的有关社会理论发展及建构理论；在教育学、道德教育等领域，美国学者唐·倍根与唐纳德·R. 格莱叶（2003）强调教育的全面合作；Wolfgang Brezinka（2008）对多元社会中的信仰、道德、意识形态教育理论体系的剖析，等等。但在教育学与思想政治教育学中，皆没有技术的身影，诸如阿伦特在探讨"平庸的恶"，马尔库塞研究"单向度的人"，等等。这些核心问题都与人的生命成长相关，与人的思想道德发展密切相关。因此，在发生机制上不可能没有教育（包括思想政治教育）的介入。

## 二 国内相关研究的学术史梳理及研究动态

人工智能与思想政治教育融合发展的学术梳理与研究动态，本书采用两种方法，一是图表法，以直观的形式将"人工智能+"思想政治教育的相关文献以图表的形式呈现。这种直观模式使文献梳理一览无余，尽收眼底。二是采用传统叙事方法，对人工智能与思想政治教育融合发展研究的学术史及研究动态进行梳理。这两种方法有助于以更直观、客观、全面地再现人工智能与思想政治教育相关学术史现状，为本书提供理论基础。

（一）国内关于"人工智能+"思想政治教育研究文献图表再现

图 1-1 至图 1-6 从不同角度再现了国内"人工智能+"思想政治教育的研究态势。

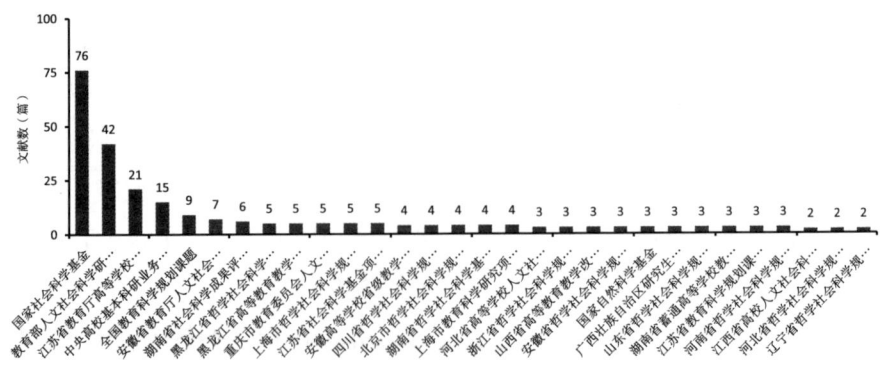

图 1-1 从基金分布与论文篇幅看"人工智能+"思想政治教育研究现状

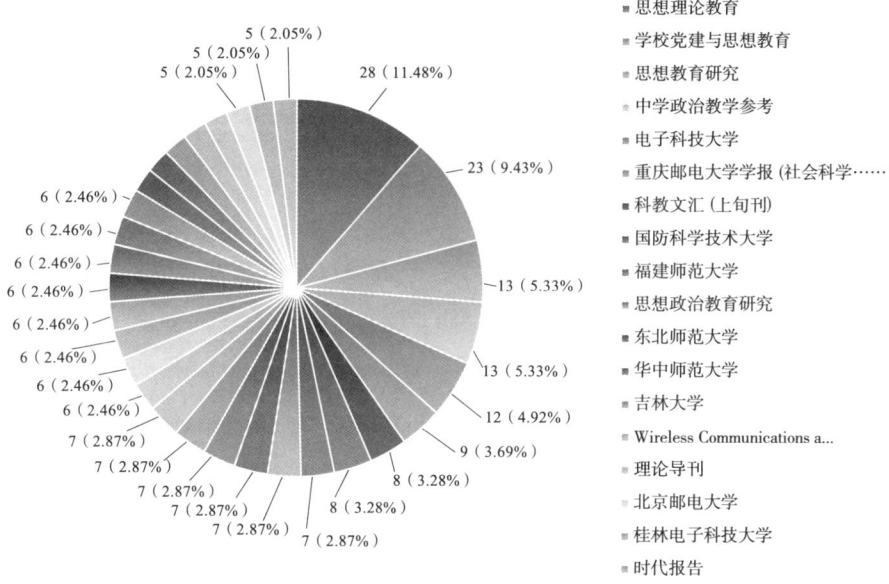

图1-2 从期刊与论文分布看"人工智能+"思想政治教育研究现状

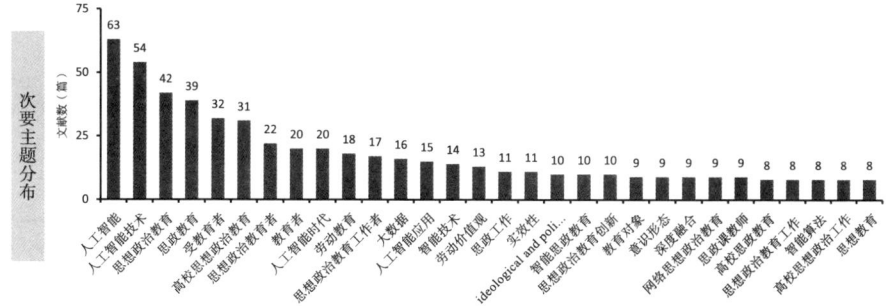

图1-3 从次要主题分布看"人工智能+"思想政治教育研究现状

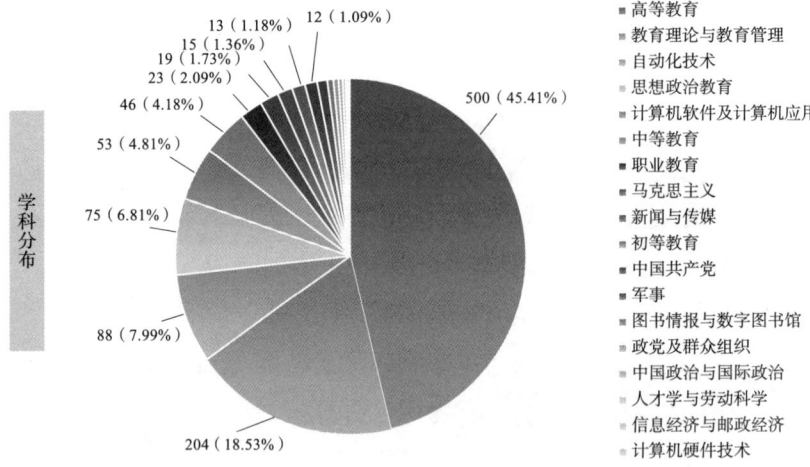

图1-4 从学科分布看"人工智能+"思想政治教育研究现状

数据来源：文献总数：786篇；检索条件：空；检索范围：总库

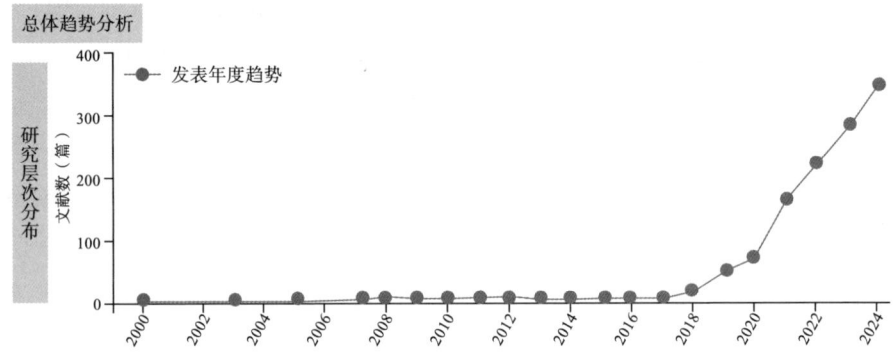

图1-5 从发文量来看"人工智能+"思想政治教育研究现状

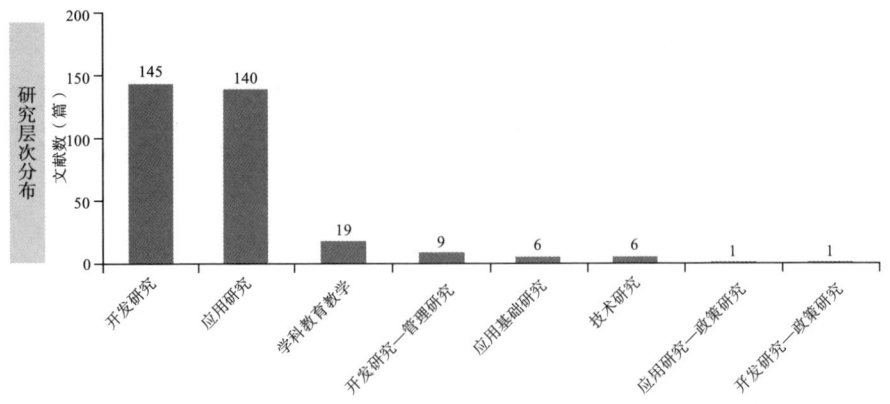

图1-6 从研究层次上来看"人工智能+"思想政治教育研究现状

## （二）采用传统方法对国内关于人工智能与思想政治教育融合发展的研究现状与文献进行梳理

在国内也引发了不同学科对人工智能的普遍关注，并展现出不同学科立场，指向和基于人工智能的"数字人文"学术研究正在兴起，与人工智能交叉的"新型学科""智能科学"呼之欲出（徐晓雄，2005）。教育部在2018年颁布的《高等学校人工智能创新行动计划》中提出实施"人工智能+"行动和支持高校智能教育。国内关于人工智能与思想政治教育研究归纳起来，基本上是围绕人工智能，探求思想政治教育与人工智能相结合的实然状态，揭示人工智能给思想政治教育带来机遇与挑战，以及人工智能是如何影响思想政治教育的存在环境和存在形态，乃至变革方式等问题。例如，有学者认为人工智能使得"互联网+"思想政治教育突破式发展（武东升，2020）；有学者概述了人工智能赋能思想政治教育（李怀杰，2020）；也有学者从背景、依据、路径三个层面，概述了人工智能嵌入思想政治教育依据、技术要素等（袁周南，2020）。

近年来，与本书相关的国家社科基金已立的同类项目主要有：一是关于人工智能的哲学研究，如2017年度的"通用人工智能的哲学基础研究"、2019年度的"人工智能前沿问题的马克思主义哲学研究"等；二是关于人工智能驱动高校思政工作与高校思政课教学改革创新研究，如2019年度的"人工智能驱动高校思想政治工作方式创新研究""智能条件下思想政治教育机制创新研究""人工智能与高校思政课智慧化教学体系研究"，以及2020年度的"人工智能驱动的高校思政课教学模式创新研究"等。这些课题中有结合高校思政工作从方法、机制、模式探究创新问题，也有结合思政课教学具体的微观案例展开研究，其共同特点在于注重问题导向性研究。

### 三 国内外相关研究动态简评

虽然只有短短60多年历史，但人工智能已然历经数次大起大落。

对整个人工智能领域来说，自其诞生起，大致可以认为经历了三次波峰（1956—1974 年、1980—1987 年、2011 年至今），两次波谷（1974—1980 年、1987—1993 年）以及一次相对平稳期（1993—2011 年）。"人工智能"概念的最早提出，可以追溯至 1956 年达特茅斯会议上，已经经历了 60 多年的演进与发展。我们正经历人工智能第三次波峰——深度学习。当前的人工智能技术在很多任务上，包括人脸识别、语音识别、字符识别等标准数据集，以及在机器翻译和医疗诊断等领域，皆取得满意的成绩。然而，今天的人工智能还是一种专用（弱）人工智能，其发展水平仍处于"没有人工，就没有智能"的阶段。

西方学界研究视角的多样性和观点的创新性对本书具有重要的参考价值，但仍存在两点不足：一是由于所持立场不同，受其政治立场和价值观导向的影响，部分国外学者的研究带有浓郁的西方意识形态特征，背离了学术研究的客观公正性；二是一些理论观点和话语方式脱离中国的社会现实，存在认识偏见和理解误区。这就需要我们甄别、判断并从中汲取合理成分，推进思想政治教育理论研究的系统化和本土化发展。

从国内研究来看"人工智能+"思想政治教育学成为一个新的研究热点，提出了一些具有创新性的理论观点，形成了一系列有学术价值的理论成果，为本书奠定了厚实基础。其不足在于聚焦问题的诠释而缺乏对解答问题所需要的概念、范畴、原理之间的学术系统关联，致使解答问题的概念、范畴、知识、理论缺乏系统性。人工智能对于思想政治教育的发展意味着什么？思想政治教育的发展又对人工智能进步产生哪些影响？尤其是如何厘清二者之间的逻辑关系与逻辑结构？关于这些问题的高水平研究成果较少。此外，鲜有学者将人工智能与思想政治教育二者融合起来，或者将二者互动关系延伸至思想政治教育学科发展的方方面面，从学科对象、学科性质、研究过程、研究框架等方面进行多维度审视。如果犀利穿透现实的思维工具不能整合为一个系统，形成一条环环相扣的链条，思想政治教育效果就会打折扣。

## 第三节 研究内容

### 一 研究对象与研究目标

**（一）研究对象**

本书以人工智能与思想政治教育之间的关系作为研究对象，以嵌入性视角切入，通过厘清人工智能和思想政治教育的相互交织关系，考察人工智能如何进入思想政治教育，以及二者彼此结合时发生了什么？如何形成以开放的、关联性为主的思想政治教育研究框架？在此基础上，把人工智能与思想政治教育之间的关系维度作为思想政治教育创新的一个新的生长点。

**（二）研究目标**

本书的主要研究目标有三：

一是通过连接域塑造优质的连接，打造思想政治教育的新质生产力，促成思想政治教育新要素、新模式、新动能的形成。实现从过去的"互联网+"思维，转向未来"人工智能+"思维，如今的"人工智能+"上升为一种行动。这一新理念必将培育形成思想政治教育的新质生产力。

二是提出人工智能与思想政治教育之间的关系维度，通过这个关系网所形成的一种关系力，拓展思想政治教育研究的新领域，以激发出新的思想政治教育学基本问题，促进思想政治教育理论体系的当代重建。

三是建构人工智能与思想政治教育之关系维度研究的整体框架，揭示其运行模式，以期运用现代信息技术推动思想政治教育数字化转型。

## 二 研究思路与主要观点

### （一）研究思路

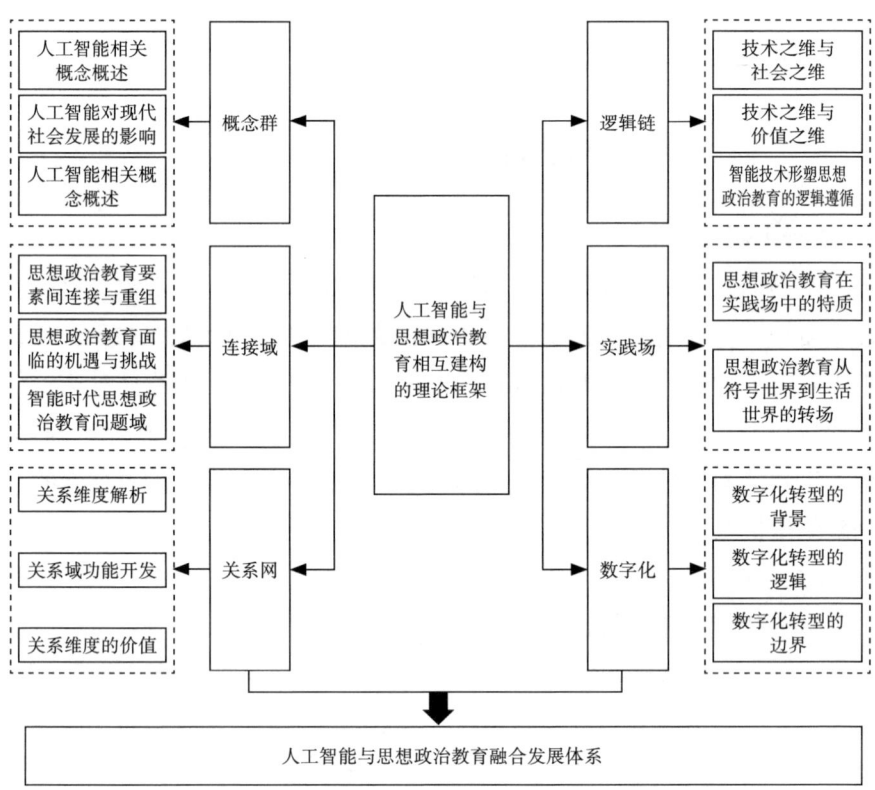

**图 1-7　人工智能与思想政治教育相互建构的理论框架**

在人工智能时代思想政治教育发展研究中，首先要明确的是，人工智能与思想政治教育之间贯穿着一条基本线索，即二者之间相互形塑的基本关系。人工智能是否能推进思想政治教育创新，取决于二者之间关系的协调与适配。因此，审视二者关系维度，是思想政治教育创新的关键点。本书以嵌入性切入，形成以关系维度为主的研究框架，展开研究。具体如下：一是诠释人工智能与思想政治教育融合的关系网。二是揭示人工智能技术形塑思想政治教育的逻辑理路。三是重勘实践场的价值，把实践场作为一个理论视角，来分析思想政治教育与实践场的动态关联，进而探索思想政治教育创新是如何从内容、形式转向场域的过渡的。四是揭示人工智能与思想政治教育融合发展的前景——思想政治教育的数字化转型。除绪论和结束语外，本书分为六个部分，各章节之间的逻辑线索是：基于概念群—连接域—关系网—逻辑链—实践场—数字化，如图1-7所示。

### （二）主要观点

智能时代思想政治教育创新应着眼于智能技术与思想政治教育的关系逻辑及其所引发的基源性问题反思，重振实践场的价值。把实践场作为一个理论视角，来分析思想政治教育与实践场的动态关联，进而分析思想政治教育创新是如何从内容、形式转向场域的过渡的，以及在实践场中，思想政治教育从符号世界走向日常生活世界的机理，为人工智能与思想政治教育融合发展的未来走向提供理论思路与哲学洞见，即本书基于概念群、连接域、关系网、逻辑链、实践场与数字化等主线展开。其主要观点如下。

**1. 梳理人工智能技术概念群，要在现代信息技术群中探索人工智能与思想政治教育的融合发展**

科学厘定人工智能等相关概念群，诠释以移动互联网、物联网、大数据、云计算、算法、人工智能、元宇宙等为主的现代信息技术群之间的彼此赋能与加速融合线下。在探索人工智能与思想政治教育融合发展时，不能只采用人工智能或者智能算法等单一技术，而是采用包括互联网、大数据、云计算、物联网、5G、人工智能、元宇宙等现代信息技术的集合。在思维方式上实现从过去的"互联网+"思维，走向未来"人工智能+"思维。如今的"人工智能+"上升为一种行动，这意味着国家将加强顶层设计，加快形成以人工智能为引擎的新质生产力，进而开辟发展新领域、新赛道，塑造发展新动能、新优势。这一新理念必将培育形成思想政治教育的新质生产力。

2. 诠释连接域，揭示信息流、思想流与人的行为建构可靠数字关系的可能性

诠释信息技术为思想政治教育提供了连接与参与的优势，以及超大规模、高速度、高饱和度、多种关系嵌入的特点，把握思想政治教育各要素之间的连接与重组。揭示人工智能赋能思想政治教育，建构数字模型的可行性。描述思想政治教育从平面的"互联网+思政""转向立体的元宇宙+思政"的沉浸式发展图景。

3. 探索关系网，把关系维度作为思想政治教育的一个新增长点

一是人工智能时代思想政治教育呈现为一种关系面向，而非简单的"人工智能+"思想政治教育的资源性存在。人工智能技术对思想政治教育的重塑实际上就是域的更替、是新域代替旧域的重新域定，乃至重新定义思想政治教育的过程。

二是要把人工智能与思想政治教育之间的关系维度纳入思想政治教育学科基本问题中，并将其作为思想政治教育一个新的生长点，激发出新的思想政治教育学基本问题，使得思想政治教育呈现出新的理论品质。我们不仅需要基于技术与价值的统一上，从概念、范畴、理念上深化对思想政治教育的理解，而且要基于技术之维与社会之维的统一上，揭示思想政治教育的运行模式。

4. 揭示人工智能与思想政治教育相互形塑、相互建构的机理

一是从技术维度、社会维度乃至价值维度入手，对互联网制造的虚拟空间、现实空间乃至元宇宙的虚实结合进行诠释；二是从现代信息技术的技术属性、语境与价值范畴三个层面，对思想政治教育与人工智能相互建构的机理进行探索；三是分析人工智能技术形塑思想政治教育的逻辑始项、逻辑中项和逻辑终项，以此研判人工智能技术形塑思想政治教育的逻辑遵循。

5. 基于技术外在造型与价值内在铸魂的统一，规范建构思想政治教育创新体系

现代信息技术已经成为型构社会的一个关键性变量，并使思想政治教育处在一个开放性的界面上，经由多变量合围，势必加剧思想政治教

育诸要素关系的复杂性。因此,要注重在"问题驱动+理念催生""系统进化+边界重塑""价值引领+技术迭代优化"三重维度上展开理论聚合与分拣,进而实现在技术造型与价值铸魂的统一上创新思想政治教育理论。

6. 技术与价值的统一贯穿于思想政治教育数字化转型的全过程

我们之所以把技术与价值的统一贯穿于思想政治教育数字化转型的全过程,是因为在追寻生命的永恒和终极意义的探寻上,不仅是用理性、科学、技术为解决现实问题做的突破,它更是精神文明的肇始。数字文明除了技术之维,还有价值之维。正是价值之维,推动了整个社会精神文明程度的提高,成为数字文明的价值引领。价值与技术的统一,使文明的演化从此有了更高层次的价值与意义。

7. 在实践场中揭示智能时代思想政治教育的力量与价值再转化

实践场的价值不仅是用来辨析空间类别,更在于作为一个理论视角分析思想政治教育与实践场的动态关联,揭示其所蕴含的人们展开行动的动态关联。由于思想政治教育是在无数实践活动中通过"主体体验",将人从时间的碾压中解放出来,使生命之花以其真性而绽放。所以,没有真实的体验,人的生活乃至人生即意义也大打折扣。思想政治教育终极问题是人的问题,生命要素的恒久力量只能从生命的纯粹体验中获得。因此,扎根实践场,是思想政治教育创新的一种力量再转化与价值再转化。

8. 把数字化作为人工智能与思想政治教育融合发展的前景

思想政治教育数字化转型的受益对象、目的、过程和结果应以人民为中心,推进思想政治教育的数字化发展,需要将问题聚焦在"数字化转型是什么""需要转什么""为什么转""为谁转"等问题上,应始终以人的实际体验和真实感受为依归。我们要致力于通过技术创新、跨界合作、科技共享,最大限度地减少人类的重复性体力劳动和资源使用的不平衡,以增加人类福祉,为人的全面发展提供宽裕的时间和广阔的空间。要探讨人工智能与思想政治教育融合发展,警惕其带来的风险,科学地界定二者融合发展的边界,把握时代脉搏与时代共振,使未来充满

幻想，使今天积聚能量，以实现人生的发展曲线与时代发展相匹配。

9. 在挖掘和释放数据资源的潜在价值中增强思想政治教育的预警、贡献策略

当下社会结构复杂、流动性强，各种社会风险叠加与不确定因素增多，不仅放大了风险，而且增强了思想政治教育在数字环境中的复杂性与过渡性。以往的思想政治教育着眼于对问题的整体状况进行粗略把握，缺乏对于细节精准把握与细腻描述，这很难满足不断变换的风险社会对精准决策的需求。因此，思想政治教育需要挖掘和释放数据资源的潜在价值以开发提前预警、精准判断、快速反应等功能，提供更为快捷、翔实和精准的信息，推动思想政治教育方法从模糊劝说到算法推送的转换。这有助于实现思想政治教育由精细化向人性化转变，尽可能满足多元化的个体需求。

## 三 研究重点与研究难点

### （一）研究重点

第一，从人工智能相关概念群入手，进行概念辨析。互联网、云计算、5G、人工智能（chatGPT、sora等）、元宇宙等现代信息技术，是否也存在一种被挤掉、覆盖，甚至前一种技术被后一种技术形态替代与置换的可能性？现代信息技术有怎样的组合进化过程，即它是如何经由单一技术、单体技术走向复合技术、组合技术，进而形成域的？如何实现从过去的"互联网+"思维，转向"人工智能+"思维，再上升到如今的"人工智能+"行动的变革？

第二，人工智能与思想政治教育之间有怎样的连接？如何从相关关系中，找出引起思想政治教育变动的因果关系链？思想政治教育主体与场景是怎样进行技术内化的？如何将弱关系变成强关系，并以其强大的连接力，形成全面优质化的思想政治教育体系？如何通过连接域塑造优质的联结，以凸显人工智能时代思想政治教育的连接、联结、链接等显著特征？如何开启联结思维，并在联结中促成思想政治教育诸要素的涌

现与跃迁，打造思想政治教育的新质生产力？

第三，如何揭示人工智能与思想政治教育之间的逻辑关系与逻辑结构？如果说对关系性的发掘和界定体现了更强健的建构性，那么如何完整呈现技术形塑思想政治教育的过程是一个建构性过程，而非结构性结果？如何理解对关系性的发掘和界定体现了更强健的建构性？思想政治教育又是如何利用刚性的制度规则、柔性内部张力与技术手段，来获取内部再造与有效资源调配？

第四，如何描述技术嵌入、风险叠变所引致的关系跨域、系统脆弱背景下，人的生存体验的变化、进化、异化和云化等特征？如何利用人工智能的"技术之眼"，揭示思想政治教育"问题点""问题链""问题网"的动态演化过程？或者进一步说，思想政治教育如何在关系跨域、结构嬗变与风险叠变情境的张力下，从"问题点—问题链—问题网"理论与实践逻辑中克服思想政治教育理论体系在平面社会结构中的局限，形成全局性、全时性、全域性地满足思想政治教育理论与实践活动的格局，确保育人空间的连续性、统一性与整体性？

第五，如何通过交叉学科范畴群给予的理论供给，探索多元平台的场景融合效应，激活思想政治教育创新的驱动力？

**（二）研究难点**

第一，如何理解人工智能等现代信息技术以技术群的组合方式已经成为型构社会的一个关键性变量，并成为影响自我、与他者展开互动和审视生活的一个重要维度？

第二，如何阐释与解读信息技术为思想政治教育提供了连接、断链、再连接的全息参与优势，超大规模、高速度、高饱和度、多种关系嵌入的机理？如何厘清人工智能与思想政治教育连接、联结、链接的方式，进而延伸思想政治教育理论体系？思想政治教育各要素连接、再连接的演化图谱有哪些特点？人工智能驾驭的数字挖掘与数字结构化有哪些特点？

第三，人工智能与思想政治教育如何通过相互定义、相互影响、相互成就与域内协同共育的格局，来实现全局性、全息性、全时性地满足

不同受众体的客观需求，进而形成全新的智能时代思想政治教育研究视域？如何从现代信息技术的技术属性、语境与价值范畴三个维度，对思想政治教育与人工智能相互建构的机理进行探索？智能时代思想政治教育创新如何实现延续传统，盘活存量，涌现增量？

第四，如何搭建人工智能与思想政治教育之间的深层因果关系链条？如何实现数字化场景中的思想政治教育主体的内化与视角转向？如何在数字化的重塑和再造中寻找人工智能与思想政治教育强关系联系的着力点和生长点，以形成全面优质化的思想政治教育？

## 四 研究的主要建树

### （一）研究的视角新颖

21世纪是AI的世纪，人工智能的发展引起了新一轮经济发展热潮，现已成为各国制定国家发展战略的重要基点。但社会的迅速变革给人们带来的"技术恐慌"与日俱增，亦不容忽视。本书将以马克思主义基本立场、观点和方法为立足点，以"人工智能与思想政治教育融合发展研究"为核心议题，全面阐释人工智能与思想政治教育之间的关系，探索人工智能时代思想政治教育的创新之路。这是一个较新的研究领域和话题，契合国家发展需要、顺应人民教育期盼，亟待系统深入的理论研究。

### （二）研究的内容充实

在研究内容上，课题从嵌入性切入，一举把新技术、新场景、新行为纳入思想政治教育范畴之中。诠释现代信息技术群赋能增权的实质，以实现从过去的"互联网+"思维，转向未来的"人工智能+"思维。如今的"人工智能+"上升为一种行动，这意味着国家将加强顶层设计，加快形成以人工智能为引擎的新质生产力，进而开辟发展新领域、新赛道，塑造发展新动能、新优势。这意味着在推动建立"以人为本""智能向善"的人工智能发展生态的基础上，使人工智能从思想政治教育系统外部走向系统内部，并成为思想政治教育系统中结构性要素的基石。

嵌入性恰恰在于强调从具体、特定语境中的社会关系建构过程来认识人工智能等新技术与思想政治教育之间的关系，进而将关系视角作为人工智能与思想政治教育融合发展的研究方法和思维框架。本书十分重视关系维度在思想政治教育研究和创新中的运用，认为关系维度对思想政治教育研究的立场、意识、思路、认知都提出了新的要求。这种关系导向性不仅为思想政治教育理论提出了新的视野和新的发现，还提出了从本体论出发延伸到认识论、机制论的系统性变革，进而提出思想政治教育学术范式的革命。

**（三）研究的方法开放**

本书灵活运用比较分析法，不仅辨析人工智能技术与传统技术之间的区别，确立以人工智能技术为标志的思想政治教育智能观，而且通过对空间、场景、场域、地方、移动空间等概念的比较，在时空分离、时空融合、时空一体的辨析中，揭示人本身的变化、进化、异化和云化，进而返回思想政治教育领域，思考这些变化的意义。本书还采用跨学科分析法，通过交叉学科范畴群给予的理论供给，探索场景融合、主体身份叠合、时空一体等多维向度下的观念交锋、思想迭起与价值多元的深层原因。

## 第四节  核心概念与课题预设

理论的建构始于概念的精准界定，概念竞争的焦点在于对现实问题的解释力度。现代信息技术主要表现为大数据、互联网、云计算、智能算法、区块链、元宇宙等技术赋能。为了便于研究，笔者对本书所涉及的核心概念进行简述，对课题的前提预设展开说明。

## 一 核心概念

本书是综合性地运用思想政治教育、哲学、教育学、政治学、社会学、IT科学、统计学、管理科学与工程等相关成果展开的跨学科研究，涉及的概念多，需要对其核心概念及其关系做出诠释。

### （一）"概念域"与"连接域"

第一，概念与概念域。概念是逻辑思维最基本的单元和材料，是反映事物类的本质属性的思维形式和思想结果。概念域是一个概念在形成、发展和使用过程中其影响所辐射的相关环境和特定范围的统称。"概念域"统摄概念"能指"与"所指"的含义，表征概念"存在"与"本质"的统一。就此而言，"概念域"不仅关系概念的内涵和外延，而且关系涵摄概念的生成或衍生区间，这个区间或隐或显地伴随着概念自身，其中各种因素都会对概念的理解产生一定影响。

第二，连接域，是指在识别类别关系过程与其他类型过程的关联，以及在"类"与"类"之间连接的空白地带挖掘出更多的创新潜能。

### （二）人工智能与智能技术

人工智能提供了尖端技术来处理人类无法处理的复杂数据。人工智能自动执行冗余工作，使工人能够专注于高水平的增值任务。当人工智能大规模实施时，它会导致成本降低和收入增加。在人工智能从纯分析过渡到创造的时代，即生成式人工智能时代，且它将在教育和研究等多个行业引发颠覆性变革。生成式人工智能指称一种通过学习大规模数据集生成新的原创内容的新型人工智能，它是基于算法、模型、规则生成文本、图片、声音、视频、代码等内容的技术。当下以ChatGPT、sora为代表的生成式人工智能成为全球科技热点，它不仅影响着人类的生活和生产方式，还为各行各业的创新和发展提供了新的工具和视角。

智能技术是为了实现某种目标或者达到某种预期，所利用的一系列知识以及所采用的方法和手段。在应用中，智能技术主要体现在计算机技术、精密传感技术、GPS定位技术的综合应用。

### (三) 虚拟社会与现实社会

网络社会以虚拟化、符号化、数字化的行为展开预演。因为网络行为主体是现实的、具体的人,所以,"人的网络行为既有区别于、超越于现实的'虚拟'成分,又有源自、依赖于现实的'真实'因素,具有了虚实交融性"①。这意味着虚拟社会不再是与现实社会平行的虚拟社会,而是与现实社会高度交融、渗透、共存、彼此映射、互相影响的一种新型社会。

### (四) 连接与断链

连接即存在,是互联网发展过程中不可回避的问题。在互联网发展的每一个阶段,"连接"都发挥重要作用。互联网社会演化的目标和手段都是连接。②互联网技术以参与和共享功能增强了用户之间的联结,使得既往通过血缘、地缘、业缘、趣缘的连接方式和新生的缘分铸就了线上连接网络的奇迹,建构和维系新的关系和身份,获得新的社会支持。然而,永久连接和永久在线使用户产生信息过载、隐私监视等数字压力。为了冲破过度连接的藩篱,断开连接、逃离线上生活,逐渐成为人们的呼声。

无论何种连接,个体皆能在连接中获得一定程度的满足。线上的生活似乎是个体逃离现实生活或者真实世界的捷径。③一旦他们所面对的信息量和关系链超出了自己可以处理的限度和能力,就会因社交倦怠选择短暂休息、减少或停止使用等断链行为。正是由于线上过度连接对线下连接的挤占,习惯了数字孤独的人们可能会在现实社会中感到诸多不适。④这足以说明线上连接永远无法代替线下连接。当然,无意义的线上连接也会浪费时间,分散注意力乃至成网瘾。

断连是一种生成状态,是作为一种权利的正当性。同连接一样,断

---

① 龚振黔:《网络社会的行为失范及根源探析》,《贵州社会科学》2019年第12期。
② 沈阳、冯杰、闫佳琦、向安玲:《网络连接观:类型划分、演化逻辑及风险防范》,《西安交通大学学报》(社会科学版) 2020年第3期。
③ [美] 马克斯·斯劳卡:《大冲突:赛博空间和高科技对现实的威胁》,黄锫坚译,江西教育出版社 1999年版,第1—4页。
④ 彭兰:《连接与反连接:互联网法则的摇摆》,《国际新闻界》2019年第2期。

连是一个不可忽视的重要议题。断连有明确的目标指向性,它与连接密不可分且与连接共存。断连是为了更好地连接,断连会为在线体验增加价值和个人意义。由此,断连不仅是一种状态或行为,而且是观察和行动的过程。基于此,我们把断连作为"个体自我控制和调节连接与不连接边界大门闭合程度的策略"①。

**(五)场景融合**

场景融合是指场景系统有内外两种联结关系,即同一场域的系统内连接与不同场域的系统外部之间的联结关系。在数字环境驱动下,思想政治教育在各场域系统内、不同系统之间、空当处、连接口、交界带等的离场介入,改变了传统思想政治教育的现场化与在场性,丰富了人与社会乃至人与人之间联结的方式,拓展了思想政治教育活动场景,使主流价值弥散于所衍生的空隙与空间且呈现出全天候、立体化、多维度的高度开放特点。

## 二 课题预设

(1)本书涉及概念较多,理论竞争的焦点在于对概念解释的精准度。因此,本书在科学厘定互联网、大数据、云计算、物联网、5G、人工智能、元宇宙等相关概念的特点及其动态关系时,细化了概念域与概念之间的区别与联系。如果说概念是逻辑思维最基本的单元和材料,是反映事物类的本质属性的思维形式和思想结果,那么概念域是一个概念在形成、发展和使用过程中其影响所辐射的相关环境和特定范围的统称。因此,"概念域"统摄概念"能指"与"所指"的含义,表征概念"存在"与"本质"的统一。就此而言,"概念域"不仅关系概念的内涵和外延,而且关系涵摄概念的生成或衍生区间,这个区间或隐或显地伴随着概念自身,其中各种因素都会对概念的理解产生一定影响。

---

① 陈雪薇、张鹏霞:《"不在线是一种奢望":断连的理论阐释与研究进展》,《新闻与传播评论》2021年第4期。

（2）中国在社会急剧转型的历史当口与以互联网、云计算、区块链、人工智能为主要特征的现代信息技术发展相遇与叠加。信息技术与智能算法叠加突变，使思想政治教育处在一个开放性的界面上，人工智能技术重塑思想政治教育不是作为单一的技术力量重塑思想政治教育，而是一个组合进化的过程，经由单一技术、单体技术走向复合技术、组合技术，即以技术群的方式展开。具体而言，我们在探索人工智能与思想政治教育融合发展的时候，实际不是采用人工智能或者智能算法等单一技术，而是采用包括互联网、大数据、云计算、物联网、5G、人工智能、元宇宙等现代信息技术的集合，智能技术对思想政治教育的重塑实际上就是域的更替、是新域代替旧域的重新域定，乃至重新定义思想政治教育的过程。思想政治教育随着技术的进化发生结构的变化，改变了思想政治教育方法、过程等整套安排，重构其系统结构。

（3）本书在思维方式上从过去的"互联网+"思维，转向未来的"人工智能+"思维，如今的"人工智能+"上升为一种行动，这意味着国家将加强顶层设计，加快形成以人工智能为引擎的新质生产力，进而开辟发展新领域、新赛道，塑造发展新动能、新优势。这意味着在推动建立"以人为本""智能向善"的人工智能发展生态的基础上，使人工智能从思想政治教育系统外部走向系统内部，并成为思想政治教育系统中结构性要素的基石。

（4）本书探讨人工智能与思想政治教育的融合发展研究，实际上，一刻不停地致力于揭示从单一技术走向复合技术，并以现代信息技术群的形态与思想政治教育融合发展，进而所呈现的关系维度，诠释二者之间的连接、断链、再连接等。在此基础上，揭示二者相互形塑的机理，进而描述思想政治教育从平面的"互联网+思政""转向立体的""元宇宙+思政"的沉浸式发展图景。

（5）本书探索人工智能是如何全景式渗透在社会发展中，驱动思想政治教育的思维理念、内容图式与实践路线不断升级转向，主要从两个维度展开。一是技术赋能，思想政治教育时空的嬗变，催生思想政治教育理论与实践的重构；揭示思想政治教育在互联网与元宇宙中

存在的形态、预演的机理。二是智能算法赋权对思想政治教育诸要素之间关系的改写。就技术本身而言，包含"信息技术+"智能算法叠加革命。信息技术是以移动互联网、物联网、大数据、云计算、算法、人工智能、元宇宙等为主的现代信息技术，"人工智能+"智能算法叠加革命，以分众、精准、精细化的特点，推动思想政治教育的数字化重构。

（6）如果说互联网在线平台展开的思想政治教育活动，实现了从"离线"走向"在线"，那么元宇宙的临场感、即时性特征，则实现了从"在线"走向"在场"（或者说从虚拟在线到仿真在场）。在元宇宙里，我们能以更加逼真的化身，更加身临其境的多元互动，展开思想政治教育理论研究与教学实践活动。人类和机器人主体的双重主线同时出现在思想政治教育创新进程中，以落实其在线上与线下两栖登场。

## 第五节 总体框架与章节介绍

### 一 总体框架

人工智能的发展推动思想政治教育学研究在广度与深度上产生了质的飞跃，并呈现跨学科交叉趋势，形成了人工智能驱动的思想政治教育研究范式变革。在思维方式经历了从过去的"互联网+"思维，转向"人工智能+"思维，再上升到如今的"人工智能+"行动的变革。本书始于对人工智能等概念群的精准解读，着眼于人工智能与思想政治教育之间的关系维度的探索及其引发的根源性问题反思，延展于在实践场中思想政治教育的力量释放与价值再转化，关注思想政治教育在实践场域里落实、落细乃至在与智能技术多次融合后，将人类福祉引向何方的问题，进而把数字化作为人工智能与思想政治教育融合发展的前景。这无疑为思想政治教育创新提供理论思路与哲学洞见。其逻辑线索是从概念群→连接域→关系网→逻辑链→实践场→数字化，建构人工智能与思想政治教育融合发展体系。

一是在人工智能概念群里，"概念域"统摄概念"能指"与"所指"的含义，表征概念"存在"与"本质"的统一。本书主要阐述以互联网、大数据、云计算、人工智能（chatGPT, sora）、区块链、元宇宙为主要组成的现代信息技术正悄然改变人们的生活现实，并引发了与技术共处、与机器共生、与代码共事的一次全方位的变革。社会变革的新形态也给思想政治教育发展带来了新契机，即凭借人工智能技术从外部撬动思想政治教育的内部变革，激活思想政治教育生命的力道，使之再焕生机。

二是从连接域→关系网→逻辑链等线索，诠释以人工智能为主要代表的现代信息技术和思想政治教育之间始终贯穿一种相互形塑的基本关系，制约着思想政治教育理论研究的立场、思路、认知等。本书旨在依据大数据、互联网、区块链、智能算法乃至元宇宙等现代信息技术，揭示人工智能与思想政治教育融合发展的嵌入的关系维度，优化思想政治教育结构，以整体思维方式全面推进思想政治教育学科发展。连接域塑造优质的联结，打造思想政治教育的新质生产力，促成新要素、新模式、新动能的形成。

三是重勘实践场中思想政治教育力量释放与价值再转化。实践场的价值不仅是用来辨析空间类别，更在于将其作为一个理论视角，来分析思想政治教育与实践场的动态关联，以揭示思想政治教育创新如何从内容、形式向场域的过渡。探索思想政治教育如何实现从符号世界走向日常生活世界。这种新理念必将培育形成思想政治教育的新质生产力。

四是提出数字化是人工智能与思想政治教育融合发展的前景。数字技术是新质生产力的代表，是当今世界竞争的高地。这场由新技术带来的新思维与新方法，将思想政治教育变革嵌套于由数字文明引发的复杂

时空中，并受"虚拟—现实""理论—实践""技术—价值"多维关系的矩阵影响，激活思想政治教育创新的驱动力，推动了思想政治教育研究视野的转换和学术范式革命。

具体框架与技术路线如图1-8所示。

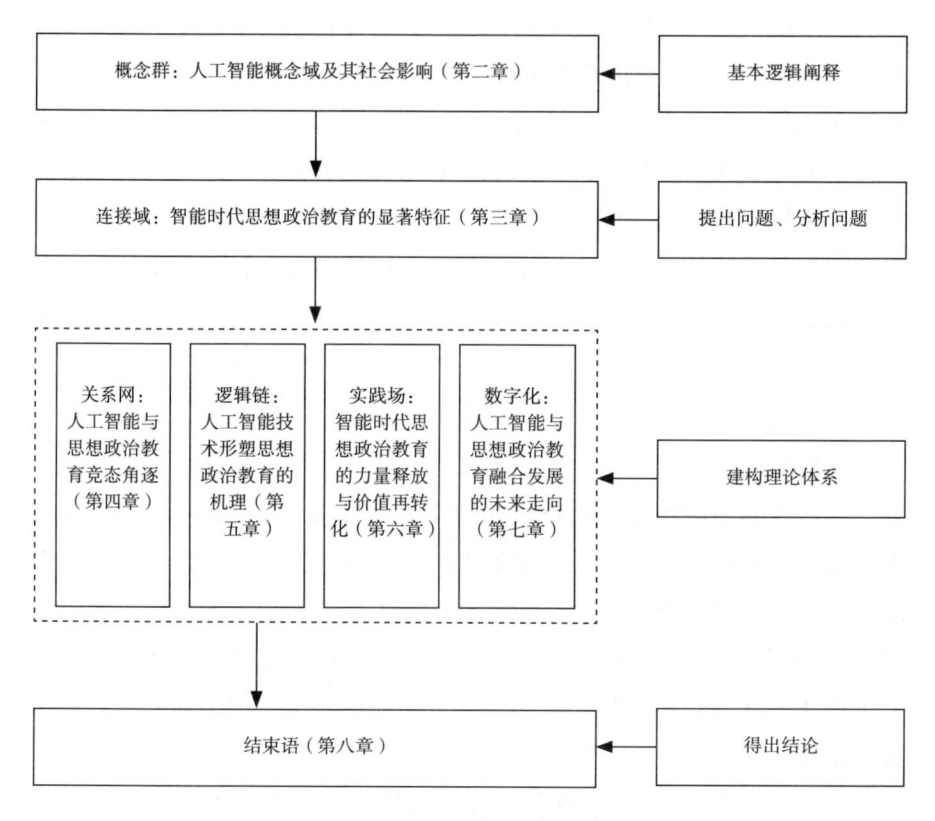

```
┌─────────────────────────────────────────────┐      ┌──────────────┐
│ 概念群：人工智能概念域及其社会影响（第二章）│ ←──  │ 基本逻辑阐释 │
└─────────────────────────────────────────────┘      └──────────────┘
                      ↓
┌─────────────────────────────────────────────┐      ┌──────────────────┐
│ 连接域：智能时代思想政治教育的显著特征（第三章）│ ←── │ 提出问题、分析问题│
└─────────────────────────────────────────────┘      └──────────────────┘
                      ↓
┌───────────┬───────────┬───────────┬───────────┐    ┌──────────────┐
│ 关系网：   │ 逻辑链：  │ 实践场：  │ 数字化：  │ ←──│ 建构理论体系 │
│ 人工智能与 │ 人工智能技│ 智能时代思│ 人工智能与│    └──────────────┘
│ 思想政治教 │ 术形塑思想│ 想政治教育│ 思想政治教│
│ 育竞态角逐 │ 政治教育的│ 的力量释放│ 育融合发展│
│ （第四章） │ 机理（第五│ 与价值再转│ 的未来走向│
│            │ 章）      │ 化（第六章│ （第七章）│
│            │           │ ）        │           │
└───────────┴───────────┴───────────┴───────────┘
                      ↓
┌─────────────────────────┐                        ┌──────────┐
│    结束语（第八章）     │ ←──────────────────── │ 得出结论 │
└─────────────────────────┘                        └──────────┘
```

图 1-8　具体框架与技术路线

## 二　章节介绍

第一章，绪论。这是全文的缩影，旨在探讨选题意义及其研究价值，梳理和分析国内外研究人工智能以及思想政治教育的研究现状。此外，本部分还对课题研究的重点难点和创新之处进行阐释，对课题的核心概念、基本框架、主要内容、主要观点等作出说明。

第二章，人工智能及其相关理论概述。我们处在一个前所未有的"文化大变局"时代，互联网、大数据、物联网、云计算、人工智能、元宇宙等现代信息技术是这场大变革中的重要因素。本章系统梳理这些概念及其相互关系，在此基础上揭示人工智能对现代社会发展的影响，明确现代信息技术所催生的数据范式，使得人文社会科学包括思想政治教育领域也发生了研究范式变革，并给其理论发展带来巨大的震荡与机会窗口。

本章拟解决以下问题：一是厘清人工智能的概念、发展阶段、包含的技术更迭等相关理论，阐释大数据、可视化、区块链、智能算法、元宇宙等概念，对相关概念群、概念域进行辨析，为研究以大数据、互联网、智能算法、元宇宙等组成现代信息技术群形塑思想政治教育的机理奠定基础。二是探究人工智能的发展对现代社会发展产生的影响。三是探索人工智能等信息技术如何进行数字挖掘与数字处理，明确人工智能驾驭的数据成为推动社会发展的新要素。四是揭示智能技术之间的加速融合与彼此赋能机理，探索智能技术生态的价值，进而实现从过去的"互联网+"思维，转向"人工智能+"思维，再上升到如今的"人工智能+"行动的变革。在推动建立"以人为本""智能向善"的人工智能发展生态的基础上，使人工智能从思想政治教育系统外部走向系统内部，并成为思想政治教育系统中结构性要素的基石。

第三章，连接与再连接是智能时代思想政治教育的显著特征。以人工智能为重要代表的现代信息技术正以新颖独特的方式重塑道德伦理秩序，使得社会场域的延伸从时空分离到时空延伸再到时空一体的场景体验，且无数场景是并置关系。这种延伸不是简单意义的接触、碰撞，而是在对话、交流的基础上产生思想、观念的升华。在这种科技发展背景下，思想政治教育发生了一系列新变化。本章深入分析智能时代思想政治教育面临什么样的挑战，各要素之间发生了哪些变化，以此精准把握智能时代思想政治教育的特征，并通过连接域塑造优质的联结，凸显人工智能时代思想政治教育的连接、联结、链接等显著特征。它强调联结思维，在联结中促成思想政治教育诸要素的涌现与跃迁，打造思想政治教育的新质生产力。

本章拟解决以下问题：一是明确"链接""联结"和"连接"等概念，分析为什么连接与断链是互联网发展中相互矛盾、相互衔接的现象。二是分析现代信息技术发展过程中有哪些负面清单，又给思想政治教育带来哪些影响。三是研判在人工智能快速发展的今天，思想政治教育面临什么样的挑战。四是对思想政治教育诸要素之间的连接、断链和再连接进行深入分析。

第四章，人工智能与思想政治教育之间的关系。人工智能等现代信息技术的发展，改变了人们的沟通交往方式，使得异地交往变成网上即时在线。人工智能不仅嵌入思想政治教育中，还打造了一个虚实融合的关系网，为实现思想政治教育从软科学向硬科学的飞跃创新提供了一种可行性路径。本章考察人工智能与思想政治教育之间的逻辑关系，并将其关系维度纳入思想政治教育学科基本问题中，作为思想政治教育一个新的生长点，激发出新的思想政治教育学基本问题，增强思想政治教育实效性。

本章拟解决以下问题：一是揭示人工智能与思想政治教育之间的关系维度，进而探讨思想政治教育与人工智能"互嵌"所形成的联结、链接关系的驱动力，并将新技术、新场景、新行为纳入思想政治教育范畴之中。二是明确思想政治教育在现实与虚拟之间的区别和联系，分析其所呈现出的姿态与功能。三是把关系维度提升为思想政治教育一个新的增长点，分析关系成为思想政治教育创新重要维度的合理性，展望关系维度为思想政治教育创新提供新图景。

第五章，人工智能技术形塑思想政治教育的机理探索。互联网塑造了一种不同于工业化逻辑的时空结构——虚拟时空，完成了一种不同于工业化逻辑的整合方式——虚拟整合。现实时空、互联网制造的虚拟空间（各种微空间、社交平台）、现实空间与元宇宙（虚实结合）这三个系统相互形成思想政治教育的空间场域。由于人与人之间的关系本质在网络技术作用下实现了新的拓展，多种力量同场竞技博弈下社会思潮的风起云涌预示着思想政治教育将迎来种种变迁，即思想政治教育在线上与线下的自由穿梭，在现实空间与虚拟空间的无缝衔接。有了技术对空间场域的拓展，思想政治教育运行机理具有智能化的时代特征。本章主要探索人工智能技术形塑思想政治教育的机理，为进一步研究智能时代思想政治教育创新的实践路径奠定坚实基础。

本章拟解决以下问题：一是以人工智能为主要特征的现代信息技术形塑思想政治教育的纵深逻辑是什么？二是现代信息技术的发展以及由此带来的新思维与新方法，是如何推动思想政治教育方法研究视野的转换和学术范式革命的？三是在形塑思想政治教育过程中，人工智能技术需要遵循什么样的逻辑？

第六章，在实践场里再现思想政治教育的力量释放与价值转换。实践场的价值不仅是用来辨析空间类别，更在于把实践场作为一个理论视角，来分析思想政治教育与实践场的动态关联，进而分析思想政治教育创新如何从内容、形式转向场域的过渡。

本章拟解决以下问题：一是在实践场里如何再现思想政治教育的力量释放与价值转换？思想政治教育创新是如何从内容、形式转向场域的过渡的？二是在实践场中思想政治教育如何实现从符号世界走向日常生活世界？

第七章，以人工智能为主的现代信息技术推动人类社会快速迈进数字化时代。数字化生存所带来的实体空间的身体在场与虚拟空间的思想在场的混杂交织和融合，改变了人们的实践方式与思维模式。这场由新技术带来的新思维与新方法，将思想政治教育方法变革嵌套于由数字文明引发的复杂时空中。数字赋能思想政治教育，可以将在场空间与虚拟空间的场景融合，打破现代性的原子化局限，将人际交往以"看不见的弥散"方式刷新和升级到互联网时代，并借助互联网跨越时空将人类智慧紧密相连，这有助于探索全新的思想政治教育育人模式，激活思想政治教育创新的驱动力。本章主要探索智能时代思想政治教育创新的实践路径，即对思想政治教育的数字化转型开展研究。

本章拟解决以下问题：一是为什么要推进思想政治教育数字化转型？二是推进思想政治教育数字化转型的终极目标是什么？三是如何推

进思想政治教育数字化转型？四是人工智能时代思想政治教育学转向的价值边界有哪些？

第八章，结束语。顾名思义，本章主要对全文进行总结和展望。本章将对人工智能与思想政治教育融合发展的逻辑链进行梳理分析，并从"量"的测算、"道"的挖掘、"策"的贡献入手，把握思想政治工作的现状和问题，从而更好地预测未来。

# 第二章　概念群：人工智能概念域及其社会影响

概念是逻辑思维最基本的单元和材料，是反映事物类的本质属性的思维形式和思想结果。概念域是一个概念在形成、发展和使用过程中其影响所辐射的相关环境和特定范围的统称。"概念域"统摄概念"能指"与"所指"的含义，表征概念"存在"与"本质"的统一。就此而言，"概念域"不仅关系到概念的内涵和外延，而且关系涵摄概念的生成或衍生区间，这个区间或隐或显地伴随着概念自身，其中各种因素都会对概念的理解产生一定影响。

作为技术创新的人工智能，其历史发展比互联网还悠久。当下，人类社会正从工业社会走向智能社会，以计算机、人工智能、互联网等领域发生的智能革命为主要推动力，其背后的数字数据支撑带来了又一次社会变迁与转型[①]。无处不在的信息自动采集、传递和计算，使得人类能够用来分析和使用的数据大量增加。通过数据交换、整合、分析，人类可以发现并创造新的价值，进而带来大知识、大科技、大发展等。我们在经历了信息技术引致的眼花缭乱的眩晕之后，首先要弄清人类即将面临的智能社会的真实面目，探索其背后运行的规律，厘清人工智能、智能观、智能社会、智能时代及其相关概念，进而描述数字化社会的生成

---

① 杨述明:《人类社会的前进方向：智能社会》,《江汉论坛》2020年第6期。

与数字化交往的特征。①智能算法通过数据的记录和分析，把人们思想和行为等痕迹的信息转化为数字化，全面精准记录个人在真实世界的活动，这将为社会科学定量分析提供丰富数据，也为善治提供了基石，进而推动社会科学从软科学向硬科学的飞跃。

总之，对现代信息技术群进行概念辨析，诠释其赋能增权的实质，旨在实现从过去的"互联网+"思维，转向"人工智能+"思维，再上升到如今的"人工智能+"行动的变革。在推动建立"以人为本""智能向善"的人工智能发展生态的基础上，使人工智能从思想政治教育系统外部走向系统内部，并成为思想政治教育系统中结构性要素的基石。

## 第一节　人工智能相关概念概述

概念是反映客观对象本质属性的思维形式。自人工智能概念在1956年达特茅斯会议上被提出，至今已经过60多年的发展。学界对人工智能的概念说法不一。为了有效理解人工智能的本质特征，我们首先对人工智能的概念进行科学界定和精确把握。

大数据、人工智能等现代信息技术与其说是一项技术，不如说是一种文明。随着人工智能技术的发展，机器学习超越了数据挖掘。当前处于大数据技术前沿的技术则是机器的学习，即人工智能算法。尽管智能算法也是凭借计算机算法，但它与数据挖掘存在区别。算法是机器自我调适的，机器将获得更多的独立性，随着多次计算、运行使得机器像人一样不断地提高学习水平。人们学习水平的提高可以看作是一次又一次的模考和模考后的总结，机器学习亦如此，只不过"模考"不是试卷，

---

① Henry Jenkins. *Confronting the Challenges of Participatory Culture: Media Education for the 21st Century,* Massachusetts: MIT Press, 2009, pp.5-6.

而是一次次给机器输入的算法和数据。机器学习使得数据挖掘和预测能力更加准确,这就是机器学习概念的由来。大数据被称为当今革命性技术的原因源于其所支撑的"人工智能",即机器学习,它将标志着我们人类的信息时代已经从知识时代快速地向智能时代推进。问题是人类的幸福、快乐能否计算?如何计算?这给人工智能机器学习(智能算法)提出警示。

## 一 人工智能的内涵

人工智能作为计算机学科的一个重要分支,是由 Mc Carthy 于 1956 年在达特茅斯学会上正式提出,在当前被人们称为"世界三大尖端技术"之一。[①] 在关于人工智能概念的界定上,业界无论对于人工智能是知识的学科,还是超越人类智能的技术科学,抑或是人工智能就是哲学,都尚未形成共识。尽管人工智能概念的精准界定还存在悬置,但并不影响人工智能发展如火如荼,也不影响人们对它的高度重视。从内在本质来看,人工智能的核心关键是算法。

### (一)智能与智能技术的概念

1. 智能概念简析

我们在讨论人工智能的概念之前,首先必须明确智能的概念是什么,这样才能在其基础上进一步了解"人工智能"一词。在《词源》中,"智能"一词被解释为人的才华和智慧,人在社会实践中对客观事物做出的最基本观察、记忆、分析和批判等系列动作,并做出相对应的、有目的的行动且具备高效解决遇到实际问题的综合性能力。因此,许多专家认为,智能是人类这种高等智能生物所特有的一种特征,也是人类和动物的根本区别。有的人说,非人的智能载体具备类人类智能认知水平即为实现智能。也有人认为,智能的标准在于是否具有类人类的灵魂和高级的自主思想。

---

① 转引自张先锋《人工智能及其发展应用》,《信息网络安全》2012 年第 2 期。

17世纪，莱布尼茨最早提出了有关智能的设想。在应用科学、工程技术领域，智能（Intelligence）指的是非心理学领域的智力或自然智能。《计算机与通信字典》对智能的释义为"（1）源于各种资源汇集而成的信息化；（2）有用的、确证的、经处理过的以及在时效基础上可实现的信息"①。阿兰·图灵对于智能标准检测的图灵测试。他在文章中提到一个问题，机器能否思考？他认为如果找到一个验证智能存在的统一标准极为重要，如果一个机器其表现和一个可思考的人一样，那么此机器可以被认证为可以"思考"。

2. 智能技术的概念

智能技术是指利用数字信号处理、数字编码和数字传输等方式处理信息的一种技术。数字技术可以将各种信息转换为数字形式，并使用算法处理这些数据，以实现各种操作。数字技术的应用范围非常广泛，如数字图像处理、数字音频处理、数字视频处理等。智能技术指的是人工智能技术，也就是通过计算机模拟人类智能的方法，实现自主学习、推理、识别等智能行为。智能技术的应用非常广泛，包括机器学习、自然语言处理、计算机助觉、智能控制等领域。

（二）人工智能的概念

自1956年人工智能被提出以来，这一概念随时代发展日益演进。同时，人工智能与计算机技术的联系十分紧密。在人工智能研究过程中，人们试图创造一种像人一样、对外界刺激可以作出相应反应的智能机器人，最后达到智能机器对人类智能的模拟，制造类似人脑的计算机。人工智能涉及学科众多，包括计算机科学、脑科学、语言学、哲学、心理学等学科。如今的人工智能技术越发得到重视，内涵也越发丰富，涵盖专家系统、计算机视觉、自然语言处理、智能机器人、人工神经网络等。

1. 人工智能概述

什么是人工智能？我们如何定义人工智能？目前学界看法不一。

---

① Martin H.Weik, *Computer Science and Communications Dictionary,* Springer: Kluwer Academic Publishers, 2001, pp.804-805.

起初的定义是"让机器的行为看起来像人类智能行为一样"①。而随着人工智能的不断发展,人们对人工智能的内涵和外延的认识更为丰富。至今,国内外学界对人工智能的理解,主要存在以下三种观点。

一是将人工智能看作一门学科来理解。国外学者 Andrew 认为,人工智能研究的是使用机器代替人去工作和劳动,随着时间的推移和计算机技术的发展,人工智能的内涵会扩大。Winston 认为,人工智能是一门新的研究与开发用于模拟、延伸与扩展人类智能的理论、方法、技术及应用系统的科学技术②。

二是将人工智能视为一种自动化过程。Korinek&Stiglitz 认为,人工智能是长期、持续的自动化过程。这一自动化过程即为"通过计算机实现人的大脑思维所产生的效果"③。

三是将人工智能视为一种智能行为或能力。Nielsen 认为,"人工智能是关于人造物的智能行为,而智能行为包括知觉、推理、学习、交流和在复杂环境中的行为"④。Aghion et al. 将人工智能理解为"机器模仿人类智能行为的能力",或者"代理者在广泛环境中实现目标的能力"⑤。

2.学界关于人工智能的三种学说

一是模仿说。模仿说的主要观点认为,人工智能主要是通过对人脑思维过程的探索来模拟人类智能,最终创造出某种能够具有人类智能的物理装置。人工智能就是利用机器计算机实现代替人执行如推理、判断、识别、理解、决策、规划和问题求解等复杂功能的能力,从而达到

---

① 张海、陈小龙、张财生、黄勇:《人工智能时代智能化海战模式》,《科技导报》2019年第12期。
② [美]温斯顿:《人工智能》(第3版),崔良沂、赵永昌译,机械工业出版社2009年版,第1页。
③ Korinek A, Stiglitz J. "Artificial Intelligence and its Implications for Income Distribution and Unemployment", *NBER Working Papers*, 2017.
④ [美]尼尔森:《人工智能》,潘云鹤译,机械工业出版社2000年版,第1页。
⑤ Aghion P, Jones B F, Jones C I,. "Artificial Intelligence and Economic Growth", *NBER Working Papers*, 2017.

部分代替人类从事脑力与体力劳动。例如部分学者认为,人工智能是对于人类思维模拟的科学,目的就是实现计算机可以像人类一样思考[①],从而赋予计算机视觉识别、语音输入和输出,以及大脑的抽象思维能力,成为知识和思维的结合体。总的来讲,这种说法在学界比较流行,即认为人工智能是对人类思维方式和行为模式的模仿。

二是拓展说。拓展说的主要观点认为,人工智能并非只是对人类智能的简单模仿,而是以模仿人类思维方式与行为方式为基础,进而实现对人类智能的拓展,达到增强人类智能的最终目的。

三是综合说。综合说的主要观点认为,人工智能涉及的应用范围极为广泛,包含大量子领域的技术与术语。相关学者认为,人工智能除包含可以模仿人类智能的机器人外,还包含语音识别、图像识别、情感分析等具体技术。

## 二 人工智能的分类及其发展阶段

人工智能是指机器像人类一样执行认知功能的能力。它几乎被用于所有行业,并能为所有大规模集成人工智能公司提供技术优势。换言之,它是从计算机应用系统的角度出发,研究如何制造人造的智能系统,来模拟人类的智能活动和能力,以及模拟如何诞生人类意志的一门学科。本节主要探索人工智能的分类与发展阶段。

### (一)人工智能的分类

人工智能是一种被赋予类似人类属性的计算机,是训练机器模仿或复制人类任务的科学。它是一门模仿人类能力的大型科学。根据人工智能的能力,我们可以把人工智能分为三种类型:弱人工智能(解决某一方面的问题,如扫地机器人)、强人工智能和超人工智能(只是概念,存在科幻小说中)。然而,由于着眼点不同,人们对人工智能分类也不同。例如,著名人工智能专家雷·库兹韦尔将其分为狭义 AI 和强 AI。

---

① 贺倩:《人工智能技术发展研究》,《现代电信科技》2016 年第 2 期。

其中，狭义 AI：与弱 AI 合流——"应用 AI"（applied AI），在特定领域具有人类的智能或者超过人类智能的 AI。

我们根据技术突破程度，将人工智能分为 strong AI、weak AI、artificial superintelligence。[①]

一是弱 AI（限制域人工智能／应用型人工智能）：专注于且只能解决特定领域问题的人工智能。1980 年，美国哲学家约翰·希尔在《心灵、大脑和程序》中指出"在人类认知能力的计算机模拟方面应该重视什么样的心理和哲学意义？"强 AI 和弱 AI.研究者认为，从严格意义上讲，人类只能制造出看起来智能的机器，而非制造出能够进行完全自主判断推理并解决问题的真正智能机器。这只是通过对数据和参数的分析，来相应做出大数据系统中已有的程序来进行行动，来作出类似人类行为的选择。但这种机器并不具备真的智能，只是看起来智能，给人一种它在进行自主思考判断的错觉。从计算机科学、仿生学、脑神经科学等学科研究现状来看，目前，人类关于人工智能的研究主要是针对弱人工智能展开的，即以硬件软件相结合来模拟智能。学术界普遍认为，人类在弱人工智能方面的研究取得了相当成功。弱人工智能属于工具性的心智研究，计算机的核心价值在于提供一种有用的工具。

二是强 AI（通用人工智能或完全人工智能）。从人工智能的发展趋势来看，未来是在迈向能够真正挑战人类智能的通用人工智能方向，其实 chatGPT 与 AIphaGO 的最大不同是在通用性任务上展现了远远超过人类的能力，具备人类通用人工智能的特点。随着技术不断更迭，以元宇宙、chatGPT、GPT-4 乃至 sora 为代表的数字技术正加速人工智能升级，不仅具备了通用人工智能的特点，AGI（Aritificial General illtelligence，AGI）的特征也在众多领域得到应用，这无疑对思想政治教育提出新的要求。尤其是 chatGPT 新一波的智能技术展现其几乎无所不知的知识掌握能力。这无疑给思想政治教育带来巨大挑战。诸如主体角色、沉浸体验等。

---

① 茆意宏:《人工智能重塑图书馆》,《大学图书馆学报》2018 年第 2 期。

因此，随着基于大数据、计算机硬件开放乃至深度学习模型在计算机视觉，自然语言处理，智能推荐等方面的应用，各类专用 AI 诸如 AIphaGO 在特定领域达到了超越人类的智能，今天 chatGPT 开始让人们看到基于大规模语料库的训练语言模型在通往 AGI（通用人工智能）路上的可行性。①

**（二）人工智能的发展阶段**

如图 2-1 所示，通过对人工智能进行溯源可以发现，它始于人类的想象，并在科学技术的迅猛发展中变为现实。基于时间演进和科技发展水平，人工智能自出现以来，大致经历了两次低谷、三个阶段，即人工智能的萌芽与诞生（第一次浪潮）、人工智能的崛起与寒冬（第二次浪潮）、人工智能的复苏与爆发（第三次浪潮）。现在，人工智能正处于第三次浪潮，并且快速发展，为生产力的提升提供变革的动力。

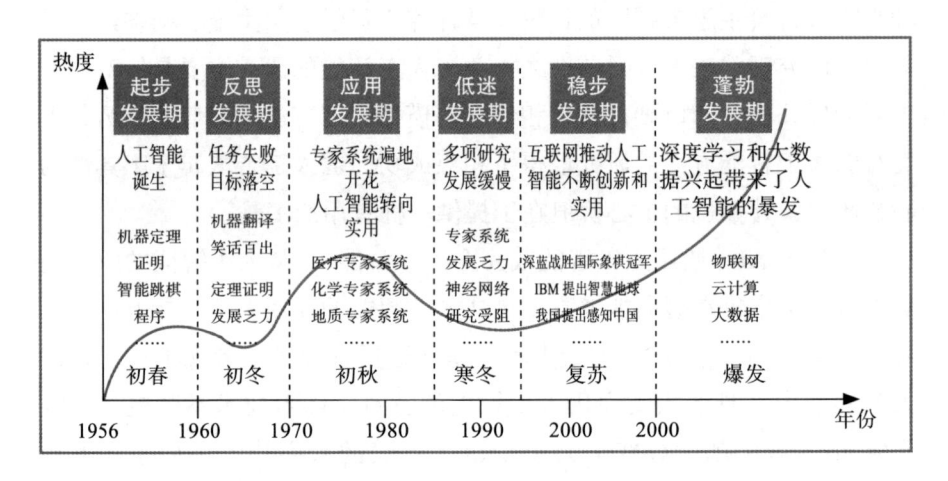

| 热度 | 起步发展期 | 反思发展期 | 应用发展期 | 低迷发展期 | 稳步发展期 | 蓬勃发展期 |
|---|---|---|---|---|---|---|
| | 人工智能诞生 | 任务失败目标落空 | 专家系统遍地开花 人工智能转向实用 | 多项研究发展缓慢 | 互联网推动人工智能不断创新和实用 | 深度学习和大数据兴起带来了人工智能的暴发 |
| | 机器定理证明 | 机器翻译笑话百出 | 医疗专家系统 化学专家系统 地质专家系统 | 专家系统发展乏力 神经网络研究受阻 | 深蓝战胜国际象棋冠军 IBM 提出智慧地球 我国提出感知中国 | 物联网 云计算 大数据 |
| | 智能跳棋程序 | 定理证明发展乏力 | …… | …… | …… | …… |
| | 初春 | 初冬 | 初秋 | 寒冬 | 复苏 | 爆发 |
| 1956 | 1960 | 1970 | 1980 | 1990 | 2000 | 2000 | 年份 |

图 2-1 人工智能的发展阶段

（1）人工智能的萌芽与诞生（第一次浪潮）

"人工智能"这一概念究竟何时出现？目前的文献没有精准的确定时间。人类对于人工智能的最初幻想，源于寻找能够代替人类思考或者

---

① 顾小清等：《AGI 临近了吗：chatGPT 热潮下再看人工智能与教育发展》，《华东师范大学学报》（教育科学版）2023 年第 7 期。

工作的机器。人们面对繁重的体力劳动，曾幻想创造出一种和人一样明白主人的指令和心意的机器，去代替人的劳动，进而使得人类能够从繁重的劳动中解放出来。直至 20 世纪 50 年代，人工智能才随着人类社会技术积累产生了萌芽的基础。

19 世纪三四十年代，随着数理逻辑形式化与智能可计算（机器能思维）思想出现，逐步形成了构建计算与智能关系的概念。尤其是 20 世纪 40 年代，美国科幻作家阿西莫夫提出了"机器人三定律"（Three Laws of Robotics），成为有据可查的最早的关于人工智能的文献。它确立了人工智能主体的行为规范：（1）机器人必须不能伤害人类，或者由于不作为而使人类受到伤害；（2）在不伤害人类的前提下，机器人必须绝对服从人类的命令；（3）在不伤害人类和服从人类命令的前提下，机器人必须保护自己的存在。随后艾伦·图灵（Alan Turing）开启了对机械智能的革命性研究。

"二战"爆发不久，英国对德宣战，艾伦·图灵应征入伍，进入英国战时情报中心"政府编码与密码学院"服役。为破解德军使用的密码——恩尼格玛（Enigma），图灵为英国发明开发了密码破译机器。这个被命名为邦比（Bombe）的机器大概 1.8 米高、2.1 米宽、0.3 米厚、约 1 吨重，被认为是世界上第一台可运行的机电计算机。邦比破译机破解恩尼格玛密码的能力极为强大且大获成功，超过了当时人类最优秀的数学家团队，这使得图灵开始探索思考这种机器是否具有智能的问题。之后，人工智能在哲学方面的第一个严肃提案"图灵测试"（Turing Test）被广泛承认为测试机器是否具有智能的标准方法，即测试者与被测试者（人或机器）在分割开来的情况下，通过特定的装置与被测试者随机提问，若经过多次测试后超过百分之三十的测试者不能确定出测试者是一个人或一台机器，则此机器通过测试且被认为具有人类智能。

人工智能雏形的出现，是在 1955 年"学习机器讨论会"上，著名科学家艾伦·纽厄尔和奥利弗·塞弗里奇在会上分别提出了下棋与计算机模式识别的研究①。1956 年，位于美国新罕布什尔州的达特茅斯学院举办了长达两个月的人工智能研究项目研讨会，"人工智能"这一词汇第一次被创造出来，这标志着人工智能作为科学研究的对象正式诞生。在这次会议上，除前文提到的两位科学家外，约翰·麦卡锡、克劳德·仙农、马文·明斯基、赫伯特·西蒙等当时顶尖的科学家也参与其中②。这次研讨会为人工智能领域的研究者提供了思想交流碰撞的舞台，确定了人工智能最初的发展目标与发展路线，人工智能研究迎来暖春。在这个时期，国际学术领域关于人工智能研究的浪潮涌现，相关学术交流日渐频繁。

（2）人工智能的崛起与寒冬（第二次浪潮）

达特茅斯会议后 30 年，人工智能技术发展的第二次浪潮经历了两个时期，分别是符号学派盛行时期（1956—1975 年）和联结学派兴起时期（1976—1988 年）。在这期间，人工智能的发展既有崛起，也有低谷。

① 1956—1975 年：符号学派盛行时期

1956 年会议之后，各研究机构开始从不同的角度对人工智能进行细致研究，其中心理学研究组、IBM 研究组和 MIT 研究组的研究实力和研究前景最好。他们在研究过程中培养了很多专家学者，取得了包括配合人工智能研究的编程语言等一系列的科研成果。这就是符号学派发展的蓬勃时期。符号学派的观点是智能的实现建立在符号知识建立的大厦之上，经过逻辑推理求解问题。在这期间，大量理论成果和实际成果涌现，如由约翰·麦卡锡开发的人工智能研究编程语言 Lisp。由阿瑟·塞缪尔提出了机器学习理论，根据这一理论编写完成了能够与人类进行对弈的西洋跳棋程序，并于 1962 年战胜了美国的西洋跳棋大师③。在当时的技术条件下，人工智能研究中出现的成果还远未达到大规模投产应用的程度，但是这些成果足以体现人工智能新兴学科的强大创新性

---

① 张梓堃：《人工智能的历史与发展》，《数字通信世界》2018 年第 11 期。
② 林永青：《人工智能起源处的"群星"》，《金融博览》2017 年第 5 期。
③ 李红霞：《人工智能的发展综述》，《甘肃科技纵横》2007 年第 5 期。

与生命力，同时为后期人工智能研究的发展奠定了理论和实践基础。这些成就充分证明，人工智能不是追新求异的噱头，而是能够在多年技术积淀后可以真正实现的科学产物。

由于当时人工智能技术的成就颇丰，发展速度极快，人工智能领域的研究者们便对人工智能的发展前景陷入了盲目的乐观中。1958年，西蒙和纽厄尔就曾预测，人工智能在10年内能够完成四项任务，即击败国际象棋大师、完成数学理论的发现与证明、进行音乐创作、实现大多数心理学理论。事实证明，第一项任务直至20世纪90年代末才得以实现，而使用计算机依据给出的特定需要进行音乐创作，也直至近几年才初步取得了如DeepMusic等实验性的成果。

进入20世纪70年代，人工智能发展跌入低谷。人工智能研究高额的经费支出，给各国继续研究带来极大压力。1973年，美国和英国政府开始批评人工智能研究的巨大花费，先后暂停了对人工智能项目研究的经费支持。此外，由于人工智能硬件算力不足、符号主义学派算法缺陷、所研究问题的复杂且计算量巨大，人工智能的研究陷入了科技寒冬。

② 1976—1988年：联结学派兴起时期

1976年前后，符号主义学派降温并走向低谷，以仿生学为基础的联结主义学派逐渐兴起。这段时间，信息技术与神经科学研究交互发展，神经元网络理论与方法大行其道，在人工智能研究领域的重要性日益凸显。例如，人们开始在计算机神经科学和人脑认知学研究的基础上，设想开发搭建一个脑神经模型，并以此作为研究人工智能的方向。虽然这种研究方法困难重重，但其实也标志着联结主义的兴起。后来，"人工神经网络"（Artificial Neural Net）由于BP算法的广泛应用获得了高速发展，BP算法促进了人工神经网络训练技术改善，人工智能专家系统（Expert System）被投入实际，它可以基于已有的知识解决实际问题，在电子设备生产组装、地质勘探等容易形式化的领域表现得很出色，降低了工业界的生产成本，并成功帮助其创造大量收益。

进入20世纪80年代，日本国际贸易和工业部为人工智能研究注入近9亿经费，旨在研究开发出可以从事对话、翻译与图片识别解释的，以及具有类似人类推理能力的第五代计算机。与此同时，美国国防部高级研究计划局开始逐步对人工智能研究进行资金投入。值得一提的是，互联网技术的加持、算力的提升、软硬件的发展是本次人工智能浪潮飞速发展的有利条件。但由于当时的技术水平尚未达到进一步发展的要求，因此，深度学习在当时的条件之下仍然无法实现。除此之外，人工智能专家系统也遇到了应用领域单一、无法通用于非形式化领域的问题，如识别面部信息时无法分辨各种图片内容，通用于各领域的人工智能程序的研发遇到了巨大困难。当时的日本因无法达到人机对话，第五代计算机的研发遭遇失败，这严重打击了人工智能研究的信心。进入20世纪90年代，人工智能发展被寒冬再次笼罩。

（3）人工智能的复苏与爆发（第三次浪潮）

随着人工智能科学理论、算法的新突破和计算能力的提升，人工智能迎来了第三次浪潮。这一时期，人工智能的发展经历了复苏和爆发两个阶段。

①人工智能的复苏时期

1990年之后，随着神经网络技术的逐步发展，再加之人们对人工智能的理解和认识变得客观理性，人工智能的发展开始复苏，进入良性的平稳发展期，其间诞生了一种新兴的智能观——行为学派的理论。此学派的研究者认为，智能是一种行为，需要通过建造仿生智能机器人进行人工智能的相关研究，他们认为只有通过构建与人类智能程度相当的机器人，才能在研究机器人的基础上实现人工智能。例如，1997年是人工智能发展的里程碑之年，IBM公司研制的"深蓝"智能系统击败了国际象棋冠军，彼时在世界上掀起了一波现象级的人工智能讨论热潮。2000年，日本企业本田打造了可以在餐厅行走送餐的人形机器人——ASIMO。机器人技术在这一时期发展迅速并取得很多成果。

②人工智能的爆发时期

21世纪的第一个十年是移动互联网发展的时期，为人工智能的应用开拓了更多场景，人工智能发展迎来爆发期。2004年，第一届DARPA自动驾驶挑战赛中，人工智能领域自动驾驶技术研究开始起步。2006年，Hinton在神经网络的深度学习领域迎来了具有标志意义的技术突破,这点燃了人类对人工智能超越人类智能的希望火苗。2012年,人工智能的深度学习算法在视觉识别和语音识别领域取得了突破性进展。2016—2017年,谷歌开发的人工智能围棋软件阿尔法狗(AlphaGo)先后击败围棋世界冠军李世石和柯洁,这正是以深度学习为形式的人工神经网络再次复兴的标志。它的出现引发人类思考一个问题:未来人工智能将如何改变人类社会?

现如今,人工智能已不仅仅是一门实验室研究的学问,而是满足各领域需求的应用技术。我们所熟知和使用的智能手机、智能应用软件、智能家居、无人驾驶汽车等运用的语音识别和图像识别算法均是以人工神经网络和深度学习为基础的。毫无疑问,人工智能正在也必将重塑现代社会样态,在未来十多年将拉动全球经济十万亿级别的增长。世界各国为了抓住本次人工智能浪潮机会,纷纷出台了人工智能发展框架和原则。其中,走在人工智能发展前列的国家主要是美国与中国,美国作为人工智能的诞生地,在人工智能的研发与创新方面具有先发优势。与美国为代表的国际发展相比,中国的人工智能技术发展起步较晚,中南大学自动控制工程系教授、博士生导师蔡自兴将我国的人工智能发展事业分为五个阶段:迷雾重重、艰难起步、迎来曙光、蓬勃发展和国家战略①。总之,在起步较晚、发展艰难的情况下,中国迎来了发展人工智能事业的黄金时代,在国家政策文件的支持下人工智能发展取得了丰硕的科研成就。现阶段,中国正在利用自己十亿多的庞大的互联网人口以及他们对新的人工智能技术产品和服务热忱的独特优势,积极在人工智能研究创新领域追赶发力,促进人工智能新技术抢先在中国落地应用,并积累大量的数据信息,为下一阶段人工智能的大数据分析能力与算法进化提供无与伦比的数据土壤。

③从发展深度学习技术、构建深度学习芯片到人机融合智能及人工生命

一是研发新的类脑学习算法和模型结构,包括强化学习、迁移学习、

---

① 蔡自兴:《中国人工智能40年》,《科技导报》2016年第15期。

构建智能文本、语音、图像等多模式结合的深度学习结构,以及受到生物学启发而建立起来的一种神经网络计算结构,从概念上模拟人脑构成。

二是研发人机融合智能。相关研究人员通过植入芯片,收集大脑的电流电信号,并破译这种信息,转换为计算机可处理。例如,植入式脑机接口(在特定大脑皮层植入芯片)、残疾人机能提升。

三是开发人工生命。试图从传统工程技术开辟生物工程技术途径,发展人工智能。计算机科学中,智能行为不能用简单的数学模型来描述。从信息处理视角来看,生物体通过自身演化具备良好的信息处理能力,可以成为人工智能研究的重要灵感来源,即人工智能"应该从生物学而不是物理中受到启示"。

(4)人工智能的构成要素与人工智能系统原理图解

人工智能是计算机学科的一个重要分支。计算力、算法、大数据是构成人工智能的三大基石,其中算法是人工智能技术的核心关键。所谓算法,是指数据不是用来简单地堆叠,而是要用算法好好利用这些数据,且这些数据能够被自由地合和拆分,并能随着算法的迭代实现充分应用。目前,人工智能技术正在高速发展,并日益走向成熟,深刻影响和改变人们的生活。

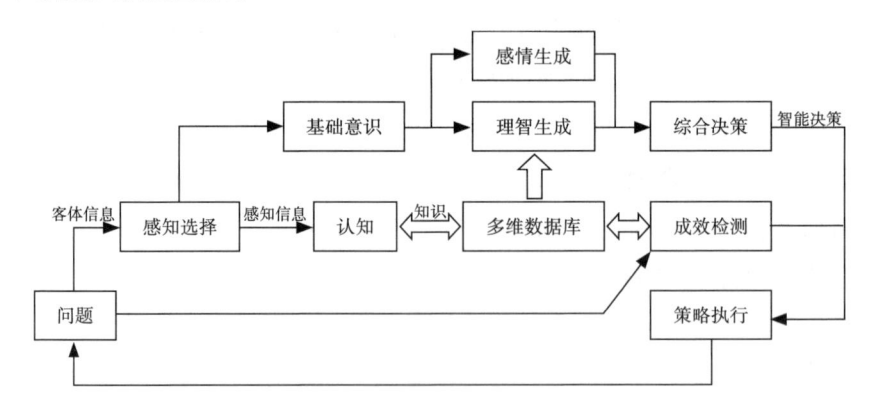

图 2-2 人工智能系统原理模型

人工智能在当下之所以能在国内外引起广泛关注与积极实践,源于人工智能的赋能。作为人工智能核心关键的算法,看似是"理性"的计算机生成的代码，实际则为掺杂人们主观臆想的、密闭的"黑箱"。因此，人工智能技术有潜在的风险，而这种风险源于其背后的、具备主观能动性的人。因为技术是不具备主观性的，算法是设计者主观的产物。从这个意义上说，人工智能并不意味着智能化将取代人，其背后还是人。人工智能系统的模型如图2-2所示。

### 三 现代信息技术群的相关概述及关系辨析

进入信息时代，无论是互联网、大数据、云计算，还是物联网、5G、区块链、元宇宙乃至人工智能等，这些现代信息技术皆不是以单体、单数、单一的方式呈现，而是以复数、组合的方式，即以信息技术群的方式，对现代社会发展产生影响。当下，互联网、大数据、云计算、5G、区块链、物联网、人工智能、元宇宙等组合形成的现代信息技术群，正在成为推动现代社会变革的杠杆。[①]这就需要人们对区块链、5G、物联网、人工智能等概念进行辨析。

#### （一）互联网与物联网

互联网（英语：Internet）兴起于20世纪末期，指的是电脑网络与电脑网络之间所串联成的庞大网络系统。它是由从地方到全球范围内几百万个私人、学术界、企业和政府的网络所构成，通过电子、无线和光纤网络技术等一系列广泛的技术联系在一起。开始是一个局域网，后来无数局域网形成广域网，如图2-3所示。

这些网络以一些标准的网络协议相连。倘若把互联网模型简单化，只有三个区域（可以理解为三个国家），每个区域都可以看作一个局域网，互相连在一起，在这个只有三个国家的世界，就是互联网。至于传输介质，一开始用的是一条分出来的电话线，经过猫（调制解调器）后进行ADSL拨号，现在已经发展到光纤，我们更多的是使用Wi-Fi接入网络，而不是通过网线。

---

① [以]拉兹·海飞门：《数字跃迁：数字化变革的战略与战术》，习移山、张晓泉译，机械工业出版社2020年版，第IX页。

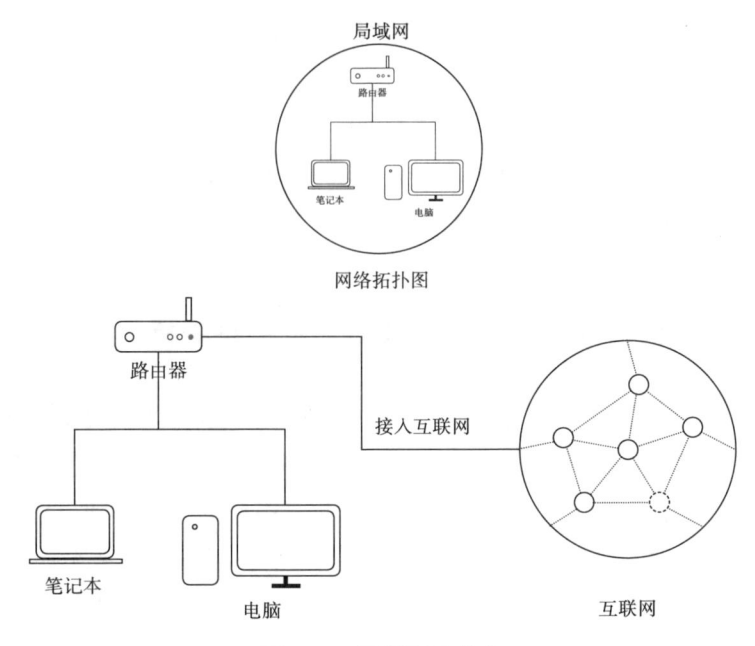

图 2-3　互联网是什么

本图源自知乎 https://zhuanlan.zhihu.com/p/139646602。

　　物联网是互联网向物理空间世界的渗入、拓展和延伸。条码与二维码、射频标签阅读装置、传感器网络等设备以及互联网是物联网的重要组成部分，其中传感器网络是物联网的关键技术部分。发展速度快、赋能领域广、创造产业巨大，是当前物联网发展的现实表征。物联网作为数字环境的构成部分，充斥萦绕在人们的火热生活中，使人们体验更加高质量的服务。物联网的"物物相联、人物互动"特征，更是体现出人类对于未来生活的美好期许和奋斗。物联网的发展离不开人们创新能力的培养执行，但从另外一个角度来看，物联网的发展就是人脑中对于世界的创新改造在现实中的展现。

　　总之，互联网是人与人的连接，物联网则是人与物、物与物的连接。互联网信息会消失①，也会重造，对大数据和云计算价值有限。物联

---

① [以]拉兹·海飞门：《数字跃迁：数字化变革的战略与战术》，习移山、张晓泉译，机械工业出版社2020年版，第Ⅸ页。

网的数据可交易，对于大数据和云计算的价值巨大。物联网的核心和基础仍然是互联网，是在互联网基础上的延伸和扩展的网络。

### （二）大数据与云计算

大数据（Big Data），或称巨量资料，是多技术的组成，它不是一个数据，而是大数据集的集合，不能使用传统的计算技术来处理。从宏观来讲，它不仅包括需要处理的数据，还包括各种工具、技术和框架。

云计算是一种利用互联网实现随时随地、按需、便捷地访问共享资源池（如计算设施、存储设备、应用程序）的计算模式，可分为私有云和公有云。私有云是一个面向服务的环境，针对性能和成本进行了优化，部署在用户的数据中心。私有云使用一系列服务器产品，这些产品可以与现有的应用程序兼容。公共云由服务提供商提供，可以为客户提供部署和应用服务。

大数据和云计算不是同一层面的东西，但密不可分。大数据是一种移动互联网和物联网背景下的应用场景，各种应用在方便人们日常生活的同时，也产生了巨量数据，这就需要对这些数据进行处理和分析，从中挖掘出有价值的信息。云计算说的是一种技术解决方案，通过运用这种技术，计算、存储、数据库等一系列IT基础设施的需求，可以得到有效解决。换言之，大数据是云计算非常重要的应用场景，而云计算则为大数据的挖掘和处理提供了技术解决方案。

### （三）区块链

区块链技术就是依靠分布式记账、加密算法等来实现去中心化的一项技术，是对当前现有技术的一种整合，具有不可更改、永不消失、去中心化、可追溯性的特点。区块链技术作为一项新兴互联网技术，是营造数字环境的重要技术之一，赋能产值巨大，并且发展迅速。但也带来了相关冲击和问题。如何应对区块链技术的影响与冲击？如何对区块链技术所带来的未来可能影响进行分析和超前布局？如何在"去中心化"中坚持中心化？如何在不可追溯、不可更改中重塑人生？这些都是数字环境中区块链技术带给我们的精神思考与心灵震撼。

1. 区块链的由来

通俗来说，区块链是一个大数据库，这个大数据库是由相对独立的数据块组合而成，这些相对独立的数据块按照一定的结构、次序连接串联起来，以实现信息的共享和高效利用。在区块链条上，每个点都是中心，所以安全性更有保障。除此之外，信息在区块链条上是共享的，且每个中心都有备份，容易防止信息篡改。有人或许会担心信息共享后出现隐私的泄露，但是要知道区块链的信息都是加密的，表面是乱码，只有授权通过才可以显示出来。总之，区块链就是对分布式记账法、加密算法等现有技术进行整合，以实现在陌生人间建立共识机制、打造互信等目的的一种技术。

对于区块链的由来，需要从大的背景来看。2008年，全球经济危机（又称为美国次贷危机）爆发。这场危机爆发的导火索就是银行、证券等金融交易中心缺乏诚信。美国把房地产行业当作拉动经济的支柱性产业，鼓励大家买房，同时施行宽松的货币政策和金融创新，导致大量本来买不起房，或者不应该买房的社会底层人群用金融创新的方式贷款买房。房贷利率不断收紧之下，大量社会底层购房者开始断供违约，金融机构因为给这些购房者发放了巨额购房贷款，由此导致金融机构破产，进而引发信贷收缩，影响实体经济无法从金融机构融到资，最终导致大面积企业倒闭，工人失业，引发经济危机。这种背景与原因直接催生了区块链技术的产生。为实现"去中心化"，创建共识机制，实现信任再造，一个名叫密码朋克（由数学、计算机、密码学等领域青年匿名组成）的组织，创造出一项新技术——"区块链"。密码朋克成员"中本聪"在密码学研讨中发表《比特币：一种点对点电子现金系统》一文，此后区块链宣布诞生[①]。

2. 区块链的主要特征

一是"去中心化"，即绕开中心，摆脱中心存在的弊端，实现信息对称。"去中心化"是区块链最核心的特点，其优势主要集中在数据安

---

① 参见徐明星、刘勇、段新星、郭大治《区块链重塑经济与世界》，中信出版社2016年版，第4—10页。

全和透明诚信两方面。一方面，我们不应该将安全性作为某种高级加密方法及其他外部保护措施的功能考虑，而是将安全性视为一种经济问题，目的是增加攻击成本，让攻击者知难而退。①"去中心化"可以保障数据的安全，原有中心化数据库的存在给了黑客可乘之机。换言之，盗取中心数据库所获得的价值，远远大于所损耗的价值。而区块链的"去中心化"则使得黑客盗取数据的成本巨大，即得不偿失。原因在于，区块链技术采取分布式记账和哈希密码算法结合方式，数据不再集中在一个中心，一旦黑客攻破一个区块的数据，则将被系统标红显示为错误数据而被排除在外。黑客想获取所有数据就需要一个区块接着一个区块地攻破，其时间和效率不言而喻。另一方面，"去中心化"可实现信息的透明和对称，打破原有数据中心的数据垄断和数据造假。分布式记账法又称为"掷骰子记账"，系统对于最优记账的节点给予奖励，奖励即众所周知的比特币。一旦记账完成，记账的数据将会自动拷贝到所有节点中，从而实现信息的真实有效，打破中心垄断，而数据篡改更不切实际，因为数据拷贝到全球所有节点，篡改也变得遥不可及，从而保持了数据的真实性和可靠性。

二是不可更改和可追溯性。信息一旦上"链"就不可更改，只可追溯。不可更改、可追溯性主要得益于区块链技术中心的哈希密码和区块技术。其一，不可更改在于区块链的构成：区块头＋交易信息＝区块链，每个区块链都被特定的哈希算法编号，这个编号是动态的，是利用密码学从一组庞大到不可想象的数据中心，抽取一些代码，以保护数据。2017年8月，哈希算法每秒能够尝试700万兆（一兆是一万亿）不同的数字，网络需要花费$45 \times 10$的39次方年才能试遍所有数字，这仅仅是一个区块，因此更改区块链上的信息在如今技术水平下，已经不可能。其二，区块间实现了首尾衔接，即前一段的哈希是下一个块的一部分。这就给可追溯性提供了可能，在知道某一区块链私钥的情况下就能实现信息的追溯。这也是国外和国内将区块链技术运用

---

① [美]保罗·维格纳、迈克尔·凯西：《区块链——赋能万物的事实机器》，凯尔译，中信出版社2018年版，第38页。

到慈善事业中的原因。一旦上"链"不但不能更改，还可追本溯源。

三是匿名性。当前在数据加密保护中采用的是共享密码模型，这种模型控制权限制在供应商（补丁），即我们的数据安全由供应商来管理，自然不免有被偷窥的感觉。而区块链技术采取的数据加密保护方法是设备身份模型法，这种模型的控制权在消费者（设计），即我们通过私钥掌握自己的数据安全，其隐私将会得到有力保障。区块链技术所带来的匿名性，其实是建立在分布式记账法、哈希密码学等一系列技术基础之上而产生的特点。其实，区块链技术不是一项新的技术，因为它是由现有技术进行整合，但区块链技术又是新的技术，因其所具备的特点特征超出其各要素的总和，将实现一加一大于二。区块链技术诞生的初衷就是为了重构一种信任，而且这种信任是建立在陌生人间的信任，它打破了种族、性别、国家等自然地理条件的限制，也打破了贫富、阶级、意识形态等社会条件的限制。换言之，区块链就像一件隐身衣，在复杂的现实社会中实现了一种既是虚拟又是现实的公平。

### （四）从4G到5G乃至6G的演进

4G支持下的短视频可以让普通网民随时分享自己的生活点滴，展示自己的所思所想，按照自己的思想进行发声，成为真正意义上的信息传播者。自此，网民从过去的沉默地带变成网络活动的主角，尝试建构网络权力。如果说4G时代实现了人与人连接，那么5G时代则带来了人与物、物与物的连接，带来了网络交往的形式和新逻辑，进而实现智能。基于5G技术，立体化、全方位、广覆盖的社会信息化得以形成。如果说4G改变了生活，那么5G则改变了社会，平民逻辑将替代精英逻辑，成为网络社会交往的重要逻辑。乃至今后迈入的6G时代，亦会带来新的社会交往逻辑和生活方式。

### （五）从互联网到元宇宙

何为元宇宙？其实元宇宙就是在5G基础上的"ABCD"大聚会[①]，

---

[①] A是人工智能（Artificial Intelligence），B是区块链（Blockchain），C是云计算（Cloud），D是大数据（Big Data）。参见郑纬民《元宇宙可能成为互联网发展的新方向》，《人民邮电》2021年11月11日。

是在多项技术紧密嵌套、同向发力的叠加优势上形成的。虽然元宇宙尚未在日常生活里全面落实，甚至说它潜藏着危机抑或变局，但皆需提前谋布局、开新局。

1. 元宇宙的由来

元宇宙是一个舶来品，源于电影《雪崩》所勾勒的人类使用化身在虚拟世界开辟生存领地与社会互动图景。在这部科幻作品之中，作者尼尔·史蒂芬森将元宇宙描绘成为一个由计算机进行模拟且与人类现实世界平行的虚拟空间，人类可以借助现代信息技术以"虚拟人"的身份进入其中，根据自己的意愿对该空间进行建造，并展开一系列与现实世界同向同行的实践活动，如创造、生活、工作、体验等。

随后，这种与现实相仿的虚拟空间构建开始逐渐出现在科幻电影及虚拟游戏之中，为人们展现出一个个基于现实又高于现实的逼真的预设世界，使人们沉浸其中并享受虚拟所带来的仿真体验，慢慢渗透在人们的社会实践之中，元宇宙也由此逐渐与人类社会产生了紧密联系。元宇宙并不是一个新生的概念，而是伴随着现代信息技术的进阶发展开始对以往的概念进行重生与关注。

在文学与游戏领域，元宇宙及其相关概念已经变现，并引起社会各界的广泛热议。由于元宇宙概念并未定型，一千个人眼中会有一千个元宇宙。即便在今天，元宇宙仍是一个虚大于实的概念，但它却又是一个现实问题，距离我们并没有想象中那么遥远。

随着算力的进步，元宇宙至少不会出现 2016 年前的巨大泡沫。元宇宙的相关硬件设备也在加速发展。目前，国外元宇宙虚拟现实头盔的销量已经超过 1000 万台，足以支撑一个生态系统。加之，新一代 VR 的上市以及 AR 重量的减轻，其整体技术进步是扎实的。如果说 iPhone 定型了智能手机的形态，那么什么时候元宇宙装备形状能够明确下来，元宇宙也就基本能明确下来。

2. 元宇宙的概念解读

2021 年被称为"元宇宙元年"，学术界对元宇宙的关注日益提高，学者们尝试着根据现有经验与信息技术的实际发展对元宇宙进行内涵的界定,以明晰其科学概念。一方面,学者们将元宇宙视为一种数字化媒介,即"元宇宙是集成与融合现在与未来全部数字技术于一体的终极数字媒介"[①]。元宇宙并非毫无根据地凭空想象,也并非新鲜创造,而是集合了现代信息技术为一体且依托于网络发展的数字化高级媒介,不仅是对现代信息技术高阶发展的延续,同时也是对已有现代信息技术的全面数字融合。另一方面,学者们认为元宇宙正在创构一个新型的世界,是"以互联网、人工智能、区块链技术为支撑,通过信息通信技术和智能设备把虚拟世界与现实世界耦合一体,依据自己的主观想象建构和再造的一个虚实融通的现实镜像世界"[②]。元宇宙的创构离不开主体人的主观能动性,是以人为本的新型世界的创构,其不仅能够在虚拟世界中映像、拓展和延续现实世界,同时还能够通过一定的手段与技术将虚拟世界与现实世界有机耦合成为一个一体化的世界,形成一个虚实统一体的在线数字世界。

可以说,元宇宙是继大数据、物联网、云计算、人工智能、区块链等现代信息技术发展之后的又一热门技术概念,同时又是将这些信息技术融合升级的统筹形态。关于元宇宙概念的解读,我们应注意以下几点。

一是要关注主体人在元宇宙中所发挥的重要作用。元宇宙形成的前提是现实中的人依据现实世界的模样,并结合自己的理想化方式所预设出来的数字世界,主体人主观能动性的发挥对元宇宙的构建起至关重要的作用。

二是要注意元宇宙对人类世界的创构不同于以往的初级形态的虚拟世界简单融入现实世界,而是从不断推进人机的简单互动迈向人机的复杂交融,促使人与技术、人与机器之间的紧密融合。

三是要注意人们在元宇宙中的虚拟分身是时刻处于交互状态的。在

---

[①] 喻国明:《元宇宙:以人为本、虚实相融的未来双栖社会生态》,《上海管理科学》2022年第1期。

[②] 蒲清平、向往:《元宇宙及其对人类社会的影响与变革》,《重庆大学学报》(社会科学版)2022年第1期。

元宇宙中活动的"人",并非现实社会中的人,而是现实人分化在虚拟世界中的分身存在。但是这种虚拟化的分身的背后必须有"现实人"作为支撑,人们在虚拟空间中可以像现实世界一样进行社会实践活动,正常交流与彼此沟通。因此,元宇宙是现实人借助一定的信息技术集合与手段所创构出的,基于现实又高于现实的,能够为现实人的虚拟分身提供交互实践活动的虚实相融的新型世界。

四是元宇宙是从单一的自然宇宙扩展到虚实并存,是现实世界的孪生形态与延伸部分,给人以跃出此刻物理现实的可能。当然,元宇宙在萃取和融合现实世界的同时,依托强大的现代信息技术力量,变革了人类生存的时空场域,推动了人类社会生活新方式的产生,也形塑了人类思想行为的新特点,使得主体可以在虚实中自由穿行,元宇宙也因此有了"当下"与"具体"的温度。元宇宙的 VR 与 AR 的沉浸式体验,也将波澜不惊的日常生活带到另一个全新的维度之中。

3.元宇宙的主要特点

元宇宙作为当下的一个热门概念,在与人类社会相触碰的同时,也展现出一定的融合性、具身性、高仿真性以及技术引领性等特点。

一是融合性。元宇宙的融合性主要体现在对现代信息技术的融合以及现实世界与虚拟世界的高度相融。一方面,元宇宙是现代信息技术的集合体。元宇宙本身并不是一项新兴技术,也不是某个单项技术的延续,而是现代信息技术多元化发展过程中彼此连接、彼此作用而形成的技术融合形态,"是互联网、虚拟现实、沉浸式体验、区块链、产业互联网、云计算及数字孪生等互联网全要素的未来融合形态"[1]。元宇宙依托于互联网及信息技术的发展,需要在现代信息技术的共同推动下才能够得以运行。另一方面,元宇宙实现了现实世界与虚拟世界的深度交相融合。"虚拟与现实的深度融合是元宇宙最基本的特征"[2],现实世界的主

---

[1] 喻国明:《元宇宙:以人为本、虚实相融的未来双栖社会生态》,《上海管理科学》2022年第1期。

[2] 刘革平、王星、高楠、胡翰林:《从虚拟现实到元宇宙:在线教育的新方向》,《现代远程教育研究》2021年第6期。

体人利用现代信息技术以虚拟分身的形式进入虚拟世界,并将现实世界的实际情况与自己理想意愿相结合来构建一种与现实世界平行的数字化的孪生世界,这意味着现实世界中的现实物质能够顺利转移至元宇宙之中,而元宇宙中的虚拟元素也可以互体转换到现实世界之中。在这种无缝衔接与深度契合中,元宇宙实现了现实世界与虚拟世界的积极互动与深度融合。

二是具身性。随着现代信息技术的不断发展,人与技术、人与环境之间的相互嵌入、共生共存的关系日益凸显,技术与环境的有机融合也为人们的身体提供了身临其境的逼真体验,元宇宙正是基于一定的信息技术融合为人们的身体融入虚拟环境中提供了具身交互平台。具身意指"身体通过意向性与世界和他人达成的一种实践过程,所谓意义、理解和沟通都奠基于这种身体实践过程"[1]。具身性主要是源于主体人作为元宇宙中的信息交流符号,时刻展现出身体持续在场与沉浸式体验。一方面,"在元宇宙场景中,技术嵌入身体实现人机交融,身体对接到虚拟场景之中,表现出具身传播的特征"[2],人们的身体在虚拟场景中享受身临其境的氛围的同时,也在借用该场景进行自己意识的创造与发挥,而这一过程就需要人们的"现实身体"与"虚拟分身"的持续在场才能够完成,这也就是主体人的身体持续在场。另一方面,在身体持续在场的同时,主体人也享受着元宇宙所带来的沉浸式体验。元宇宙所创构出来的数字化世界,是一个能够让受众群体深度参与、深度交互并且深度沉浸的空间,极大地发挥了受众群体的能动性与创造性,创设出符合其预期与设想的虚拟世界,最大限度地能够使受众群体的身体高度沉浸于其中的实践活动。

三是高仿真性。元宇宙所具有的高仿真性是相较于以往一般网络世界所具有的仿真性而言的。从桌面虚拟到人机的简单互动,再到人机交

---

[1] 芮必峰、昂振:《传播研究中的身体视角——从认知语言学看具身传播》,《现代传播》(中国传媒大学学报)2021年第4期。

[2] 张洪忠、斗维红、任吴炯:《元宇宙:具身传播的场景想象》,《新闻界》2022年第1期。

融以及人与人在虚拟世界中的彼此真实交流与互相影响，元宇宙的虚拟空间越发与现实社会的发展保持高同步与高互通，人与人、人与社会之间的交互效果更加逼近现实，这也意味着现实社会中所发生的真实事件可以同步在虚拟世界中上演。同时，主体人在元宇宙中所创构的虚拟世界也可以映射到现实世界之中，用户们在虚拟场所的交互交流也可以得到接近真实的信息资料等。因此，元宇宙具有高度的仿真性特征，全方位地展示人们的实践活动与情感表达。

四是技术引领性。元宇宙是信息技术与互联网高度发展的一个阶段，是升级版的互联网，成为现代信息技术发展的高阶层次。元宇宙"在当下被历史性地定位为内嵌在整个互联网以及数字化发展序列中的新阶段，并被赋予了超脱话语层面之外的社会意义和未来想象"[1]。因此，元宇宙不是简单地存活在话语层面的文字描述，而是在数字化发展过程中借助智能设备与信息技术在虚拟空间中完成现实活动的数字化实践，对构建理想化与实际化相结合的未来社会有重要意义。"元宇宙作为虚拟现实的高阶发展产物，集 VR/AR/MR、5G、云计算、人工智能、数据孪生等新兴信息技术于一体，将成为下一代互联网的最新形态，标志着人类社会将进入一个崭新的网络时代。"[2]

元宇宙的兴起与发展始终离不开互联网，离不开数字环境，而在现阶段，元宇宙对诸多信息技术的有效融合也将整个现代信息技术的发展提升到了一个新的高度，在有效地搭建起人类穿梭于现实世界与虚拟世界的桥梁的基础上，将人类社会带入了一个体验感极真、虚拟操作性极强的数字环境之中，这也预示着未来的数字环境将围绕着"人与技术如何和谐发展"这个核心关键问题进行构建。

（6）生成式人工智能

生成式人工智能的发展，是弱人工智能走向强人工智能的重要环

---

[1] 胡泳、刘纯懿：《"元宇宙社会"：话语之外的内在潜能与变革影响》，《南京社会科学》2022年第1期。

[2] 刘革平、王星、高楠、胡翰林：《从虚拟现实到元宇宙：在线教育的新方向》，《现代远程教育研究》2021年第6期。

节。生成式人工智能（AIGC）的快速更新迭代，以其强大的多模态数据处理能力，使人们对人工智能的总结、提炼、抽象、推理、创作等能力充满憧憬。可以说，生成式人工智能的产生表明人工智能开始了接近和超越人类的能力，具备推理能力，自我改进与创造能力以及个性、智力等属性。诸如ChatGPT、sora可以实现文生文、图像乃至由文字或者语言生成视频大模型。更为重要的是，其生成的内容可以有效支撑文献综述、理论建构、研究设计、收集数据、分析数据、文本撰写等研究任务并成为社会科学研究的重要素材。AIGC作为"生成式的AI"，也被称为"生成式的人工智能"，ChatGPT亦属于这个范围之内。随着美国初创公司OpenAI于2022年11月30日推出划时代人工智能产品ChatGPT后，生成式人工智能产品迅速成为数字经济发展的最新趋势。人工智能掀起新一轮浪潮。生成式人工智能指称一种通过学习大规模数据集生成新的原创内容的新型人工智能，它是一项基于算法、模型、规则生成文本、图片、声音、视频、代码等内容的技术。当下以（ChatGPT、sora）为代表的生成式人工智能成为全球科技热点，它不仅影响人类的生活和生产方式，还为各行各业的创新和发展提供了新的工具和视角。

生成式人工智能诸如ChatGPT、sora与以前的DeepBule、ALpha-GO等人工智能应用不同在于以下三点。

一是生成式人工智能不仅在日常生活中展现出惊艳的能力与效率，更让我们真切地意识到"即使人类在逻辑推理，信息处理和智能领域主导地位可以因人工智能而不复存在，但这却不是让人们感到沮丧和绝望的理由，因为人工智能也能把人类拉伸到前所未有的智能智慧起点之上"，即以ChatGPT、sora为主的生成式人工智能不仅能够弥补人类的不足，强化与拔高人类智慧的起点，而且它推进了人们与机器的竞争走向关注人机协同开启的良性循环。

二是生成式人工智能的优势还在于为人类提供跨学科、跨领域的知识交叉交流，并通过横向突破知识壁垒，同时向下兼容人类基础理论，帮助我们进行科学验证、论证和计算等文献梳理与重复性演算、计算，为人类节省更多时间和精力进行创造。

三是大数据整合与计算力支持和大模型分析，有助于我们延续传统，盘活存量，涌现增量，使思想政治教育从愿景走向美景。

## 第二节 人工智能对现代社会发展的影响

回顾人类社会的历史演进历程，科学技术是一个国家经济社会发展的内在推动力，是在激烈国际竞争中立于不败之地的重要法宝。近年来，人类在移动互联网、芯片算力以及算法领域取得重大突破，在此基础上的人工智能技术飞速发展，收获了许多成果并投入应用，在一定程度上将人类社会带入了人工智能时代。截至目前，人工智能已经被运用于军事战争、医疗、教育、金融、交通物流等领域，影响和改变人类社会的方方面面，其影响随着人工智能的发展不断增强。

### 一 人工智能对经济的影响

人工智能技术的发展对经济增长具有促进作用，甚至可能在技术突破的基础上促进经济的指数级增长。影响经济增长的因素主要包括劳动、资本和生产技术，人工智能也是通过这三个渠道对经济产生影响。相比于传统技术，人工智能技术的创新优势在于其对经济的影响更具增长效应。如果人工智能自动化技术能够持续满足人类新的生产需求，那么经济就能实现指数级增长。但我们也需要认识一个客观事实，这就是包括人工智能技术在内的任何技术，它们与经济社会的融合并非一帆风顺，而是存在阶段性特征，需要在导入期、探索期、成熟期等阶段进行磨合和调整。在导入期，人工智能对经济增长的影响是消极的，甚至是停滞的、破坏性的。只有经过探索期的调整和磨合，人工智能才能对经

济增长产生促进作用。

(1) 人工智能对劳动渠道的影响

人工智能时代的到来对劳动渠道的影响迅速显现。人工智能的发展使得劳动力逐渐摆脱机械性、低创造性的工作以及程序化脑力劳动的枯燥工作。它所创造的新型工作机会，要求劳动者具有更高的知识和技能水平，结果是劳动力市场对高素质高技能劳动力需求的爆发增长与随之而来的劳动收入的提高，进而推动经济升级进入高质量发展阶段。由此可见，人工智能技术发展对经济的推动作用的重要渠道之一是劳动。从劳动就业路径来看，人工智能的发展使得劳动者从过去繁重枯燥的劳动中解放出来，同时带来新的就业机会，拉动劳动力就业，从而推动经济的新增长；从劳动收入路径来看，伴随着人工智能发展带来的新岗位，劳动收入有所提高，对经济增长具有正向作用。不可忽视的是，目前人工智能与经济社会的融合处于探索阶段，对于拉大不同技能水平劳动力收入差距的风险开始出现，随着边界延展将加剧技能收入差距的扩大效应。在人工智能与经济社会融合渗透的导入阶段，社会上会不可避免地出现智能系统或者智能机器取代低端劳动力的情况，如许多工业企业生产线人工智能自动化技术的应用以及黑灯工厂的建设，使得大批低端制造业工人失业。这段阵痛期在一定程度上降低了劳动收入水平，将变相加大收入不平等，对社会经济增长不利。我们只有积极关注这一时期遇到的问题，并强化技术积累寻求解决方案，才能使人工智能对经济的增长效应达到最佳。

(2) 人工智能对资本的影响

人工智能在经济社会渗透融合过程中离不开资本的投入，需要大量的资本积累促进二者的渗透融合。同时，这个过程将吸引更多的资本投资，之后为资本增殖提高效率，从而显现其对宏观经济增长的支撑作用。在人工智能促进经济发展过程中，资本渠道占据重要地位，这主要是通过资本的积累路径和结构路径起作用。从资本积累路径来看，人工智能与经济结合导入时期增加的人工智能资本会挤占传统资本，人工智能资本带来的经济增速收益低于被挤出的传统资本的损失，这将抑制经济增速。新兴的人工智能资本在经济导入期后的调整和技术的积累会使人工智能得到更多的资本投入，进而使得资本积累增加，增幅大于跌幅，总体上资本积累呈上升趋势。目前，中国作为全球第二大经济体，未来资本积累空间很大，增加资本积累是经济增长的一大动力。从资本结构路径来看，人工智能融合渗透各行各业中，受到行业间的差异影响，其难度是不同的。例如，在产品供给侧的生产部门，人工智能渗透的难度相对较低，故除少部分传统资本外，大量的人工智能资本将流入其中。在服务部门，人工智能渗透其中的难度很大，因此，部门内新产生的大量高技能职位会被传统资本占领。这两种资本的流动不管是生产部门的大量劳动力被人工智能资本取代，还是服务部门采用少量人工智能资本取代劳动力，抑或是传统资本结合新增高技能劳动力开展生产活动，毫无疑问都将提高资本的生产效率，刺激经济增长。

（3）人工智能对生产技术的影响

20世纪80年代末，美国学者查斯曼（Strassman）调查了292个企业，发现了一个奇怪现象，这些企业的IT投资和投资回报率（ROI）之间没有明显关联。这一现象被称为"索洛悖论"（Productivity Paradox），又称"生产率悖论"。人工智能技术的出现，有助于提高技术效率，进而提高全要素生产率，最终突破"索洛悖论"，为经济增长提供强劲动力。促进经济增长的第三渠道是生产效率渠道。此渠道包括两条路径，一是技术进步路径，二是技术效率路径。通过实证发现，技术效率路径对生产率渠道的作用是最主要的，且远大于技术进步渠道。目前，人工智能的创新对新技术发明、新科学发现、新科学革新的作用有限，故无法以技术进步路径刺激经济增长。而在技术效率路径其作用尤为明显，通过优化各生产要素间的配合，补强传统生产要素短板，改革社会管理模式，提高经济社会组织的运行效率促进经济增长。同样地，人工智能提高全要素生产力不是一蹴而就的，要经历初期的技术积累和调整。在人工智能导入阶段，的确也会陷入"索洛悖论"的怪圈，对经济增长的促进作用有限。而到了磨合阶段，人工智能技术能够更加成熟地运用于各行各业，从而跳出"索洛悖论"。通过提高全要素生产

率到大于前期的下降幅度，促进经济增长。

总之，人工智能作为一项快速发展的革命性技术，代表现代先进生产力水平，可以为人类社会带来巨大的经济效益。人工智能技术不仅可以提高社会的生产力水平和生产效率，而且可以带动智能经济产业的出现与发展。其直接显现为对整个社会生产力和生产效率、劳动生产率以及资本利用率和资本收益率的提升，对技术进步和知识重组的推动，从而促进以智力劳动和脑力劳动为主要劳动形式的智能经济的发展。

## 二 人工智能对政治的影响

如今人工智能已经进入了一个发展爆发期，成为全世界都在研究的前沿技术。以算法为代表的人工智能既是一门新兴技术，也是一种新的权力形态。在某种程度上，人工智能算法技术就是一种权力[①]。如今算法已渗透于政治的各个方面，与政治的融合已成为时代发展趋势，变革了传统的政治治理模式与政治传播领域，如人工智能辅助政治决策，利用算法信息传播政治观念和价值观。算法技术在政治中的作用和影响不容忽视，其内在缺陷也给政治带来不可避免的风险，如算法"黑箱"、算法偏见、算法操纵问题使得社会各界对其长期的发展充满指责和担忧。从这个意义上说，人工智能算法政治不仅是技术问题，更是道德与政治问题。因此必须正视算法政治的风险，明晰算法内在缺陷的生成逻辑，加以规范治理，从而发挥其对政治的帮助作用，避免负面影响，促进人工智能算法技术与政治的健康融合发展。

（1）人工智能在政治领域的特征

近年来，人工智能技术的发展呈现出多样化特征，其深度学习、跨界融合以及人机协同特征明显，在政治领域体现为四个方面的特征。

第一，政治行为信息的数据化。"人的本质不是单个人所固有的抽

---

① Taina Bucher. *If...Then*: *Algorithmic Power and Politics*, New York: Oxford University Press, 2018, p.3.

象物,在其现实性上,它是一切社会关系的总和。"① 进入人工智能时代,人处在一个数据信息构成的时代,公民个体在日常经济生活中无时无刻不生产数据留下的痕迹,所以,人的本质也就慢慢体现为一切数据足迹的总和。数据是人工智能技术的养料。通过对庞大的数据进行提纯与分析,人工智能技术体现出数据特性,在政治结合过程中使得政治行为过程也呈现出信息数据化特征。如今的国家治理、政治管理以及公民生活对数据的依赖越发明显,依赖于智能技术对信息的整合筛选后提出科学方案。

第二,政治情感理想的非中立化。在理想情况下,人工智能对数据的分析和提纯不受人为因素影响,客观得出结论,实现所谓的抽离主观情感因素干扰的政治情感中立。然而实际情况却复杂得多,首先,不容忽略的是算法数据本身就存在偏见,那么数据中的偏见在经过人工智能大数据算法分析后,其结果也带有偏见。在现实情况下,数据偏见不仅出现在数据采集偏见,还会出现在编码偏见。其次,由于机器学习算法极为复杂,使得结果难以控制和预测,所以大数据算法也会制造偏见。最后,人工智能大数据算法的偏见会表现在实践过程中,构成现实的偏见结果。基于这些大数据算法可能产生的偏见,政治领域依靠所谓的客观数据信息,为政治决策提供的建议或许是不切实际的,甚至会给政治决策带来更大的风险。此特征需要我们审慎看待。

第三,政治权力的"去中心化"。人工智能时代互联网数据存储和分布是多节点、无中心的构建,这造成了在网络数据空间,任何主体相较于其他主体均不能处于相对更高的位置。在数据信息化时代,线上政府、企业、各类社会组织和民众均是掌握数据的主体,这就使得权力分布不断分化、去中心化,使得传统的线下多层级国家权力结构和自上而下单向度治理模式弱化。

第四,政治权力结构的非对称性。人工智能技术的开发投入巨大,应用场景创建艰难,只有政府和龙头科技公司才有足够的资源和能力收

---

① 《马克思恩格斯选集》第 1 卷,人民出版社 2012 年版,第 135 页。

集海量的数据并形成垄断。人工智能技术作为现代社会一种重要的权力，大量掌握数据资源和智能技术的政府、企业和组织的权力将得到强化，而个人和小企业的权力将被弱化。

（2）人工智能对政治的积极影响

对于政治治理来说，人工智能技术能够提高社会治理效率，同时倒逼社会进步，对政治的积极影响体现在以下五个方面。

第一，人工智能技术将加快国家的现代化建设速度，增强国家实力和国际竞争力。人工智能技术是具有战略意义的前沿技术，对于任何一个国家来说都极为重要。中外各国均出台国家战略规划和政策，力图在核心技术、专家人才、技术标准等方面抢占主导权。我国紧跟人工智能发展的前沿，促进技术在具体场景中落地应用，在人工智能技术发展中抢占先发优势，聚力建设创新型科技强国。

第二，人工智能技术帮助政府经济管理部门强化对经济的宏观调控和管理。对国家经济进行管理，是政府的重要职能之一。人工智能技术不仅能够提高资源配置效率，进一步推动产业升级，还能够优化市场资源在生产、分配、交换、消费各环节的配置效率，也有利于政府经济部门收集各企业数据信息，从而强化监管。此外，人工智能可以催生智能经济业态，成为经济的新增长点。

第三，人工智能技术提升政府管理效能。人工智能技术能够帮助政府分析海量的数据，进而提供有价值的参数数据，实现精准治理。同时，人工智能技术还有利于打破各部门间的数据壁垒，提高政府决策的准确性，推动简政放权由管理向服务智能转变。在帮助政府维护治安管理方面，人工智能技术通过数据分析可以提前感知和预警社会安全态势，为社会安全保驾护航。

第四，人工智能技术帮助政府提供精准化公共服务。人工智能技术通过运用大数据算法能够精确把握民众的喜好，有助于改善民众在教育、医疗、交通、司法、金融方面的服务体验，提升生活品质。

第五，人工智能技术开辟了民众参与国家政治的新渠道。现代国家治理需要公民有效参与国家政治，人工智能技术的发展使得每个社会公民都有自己的数字世界代码,民众参与国家政治的形式也由间接被动参与转变为直接主动参与,逐渐实现社会治理格局趋向多元。

(3)人工智能对政治的消极影响

随着人工智能的深入发展,国家政治安全问题、信息安全问题、就业问题接连涌现。政治系统的本质属性是为一个社会权威地分配价值[①]。理想政治的重要特性是公平公开、民主合法,而现实证明政治是无法去除价值观念达到中立的。政治问题需要通过定量和定性两种方法解决,二者缺一不可。其中,定性研究方法仍是主流,定量政治是为定性政治而服务的。作为主要依靠定量研究的跨自然和人文学科的人工智能技术,自然也是无法做到价值中立,无法给政治决策带来客观中立的建议。因而,我们必须意识到包括人工智能技术在内的任何技术都是一把"双刃剑",在带来技术便利的同时,也会给政治带来风险和挑战。

首先,人工智能算法技术偏见损害政治正义,造成道德伦理风险。任何一个追求公正合理的国家所需要的政治基础是政治正义,但是人工智能算法技术依靠大数据的滋养,从现实中抽取的数据资料本身携带着非平等、偏见和歧视的内容。数据中包含的固有价值取向被有意或无意地注入算法规则中,使得算法的偏见问题难以消除。人工智能算法技术在帮助政治决策时容易造成责任主体模糊,审查追责陷入困难,同时也造成了政府公务人员被算法貌似科学客观公正的幻想所蒙蔽,进一步加深官僚体制中盲目崇信工具理性的积弊,埋下了巨大的决策风险隐患。一方面,在对社会福利补贴和扶贫工作中,人工智能算法虽是协助政府决策,但是一旦发生失误,影响范围和后果将十分严重。倘若出现了令社会不满的决策结果,不论是不是人工智能算法本身的漏洞造成,参与决策拍板的行政人员都会倾向于将主要责任推到算法技术或其开发公司。由于责任主体模糊,对算法技术与其开发公司的司法审查和问责难以进行。另一方面,政治领域内广泛应用算法辅助决策系统,使得官僚

---

① [美]戴维·伊斯顿:《政治生活的系统分析》,王浦劬等译,华夏出版社1999年版,第26页。

体制内部工作人员对算法工具越发依赖，过于相信算法的权威性和安全性，把思考、选择、决策的责任和主导权让渡给智能算法，算法成为决策的"主人"，而官僚成为不会质疑批判的机械"辅助者"。过度滥用算法不利于发挥官僚体制内人员的自主性和积极性，被算法绑架的长期后果只会加深官僚体制的积弊，阻碍制度发展创新。

其次，人工智能算法的"黑箱"问题威胁政权合法性。政权的合法性来源于政治统治的程序正当，外在体现为决策过程的公开透明。然而矛盾的是，人工智能算法辅助决策的程序并非透明公开的，其决策理由很难清晰地自我解释。通过人工智能算法技术进行政治辅助决策，看似科学合理，然而却忽视了高效能的先进算法被高度垄断在大型的科技公司，他们将收集的海量数据信息和算法技术当成私人资产和商业机密，拒绝向社会和公众公开，这使得智能算法"黑箱"的问题难以在短时间内解决。私人公司对算法技术的垄断产生的算法"黑箱"，必然潜移默化地强化其对辅助决策的掌控力和影响力，背离政治民主正当性原则。这就需要政府重视算法"黑箱"的弊端，正视民众对于算法辅助决策造成不公后果的抗议以及对于算法正当地位的质疑，维护政治系统的合法地位不动摇。

最后，人工智能算法技术武器化威胁各国政治安全和世界和平。目前，人工智能技术虽远未达到"强人工智能阶段"，但是其快速发展的势头和强大的威力令人瞩目。占据人工智能技术发展优势地位的个人、社会组织和国家政权，已经开始将算法技术作为武器谋取利益，这将破坏国际局势的稳定。其一，算法公司利用社交媒体向敌对分子散布虚假新闻，在算法的加持下虚假新闻成为舆论炸弹，以一种低成本的方式达到政治动乱、经济动荡、社会分裂的效果。其二，算法公司通过对民众信息数据的非法收集，并分析用户画像和恶意利用。通过假新闻引导和固化民众认知图式，民众也被算法公司利用成为舆论假新闻风暴的助力者。其三，人工智能算法的偏差和失灵，容易引发政治误判风险。由于算法技术数据土壤中存在杂质，样本抓取存在误差，必然造成算法偏差风险影响政策判断。新闻来源的多样化、传播成本、及时核实真假难度高,也会使得假新闻对国际政治稳定和世界和平产生威胁。

## 三 人工智能对文化的影响

技术与文化属于相互适应的关系,随着技术的发展进步,文化也会发生变迁。人工智能技术的诞生满足人类的需求,不断渗入社会文化领域,给人们带来全新的物质生活和精神生活状态。作为一种技术,人工智能对文化的影响有利有弊。

(1) 人工智能对文化的积极影响

一是有助于传播知识。随着人工智能技术的发展,机器人学习研究中形式化和有效性知识的新方法被引入。例如,归纳推理、规则形式化及其组合等方式方法,可以有效精练和加工知识,建立优质知识库。政府研究机构、教育行业都可以运用这些知识库,这对知识传播无疑有重要意义。

二是有利于丰富语言。在人类的进化过程中,语言是人类智能发展的重要标志,随着生产力的进步逐渐产生和发展。传统的语言学认为,语言作为思维的外在表现工具,可以利用语言学的规律研究思维规律,但对于人类的某些只可意会不可言传的潜意识研究却存在困难。如今,人工智能技术带来了一系列的语法语义和形式知识的表示方法,有助于改善自然语言,并将其转述为适用于人工智能的形式。

三是有益于改善文化生活。技术发展打开了人类文化新窗口。各类智能游戏设备的出现,使得人类的文化娱乐手段丰富多样。虚拟现实技术的出现,使得游戏的体验感和沉浸感不断加强。"初音未来""洛天依"等虚拟偶像的出现,是人工智能数字技术与二次元亚文化相结合的产物,这种沉浸式交互的智能化人格化偶像,逐渐成为人工智能时代文娱产业的新热点。

(2) 人工智能对文化的消极影响

人工智能技术在给文化带来积极影响的同时,也带来了一系列问题,给人类带来了法律和伦理问题。首先,人工智能技术的迅猛发展给

法律性质和地位带来了挑战，如人工智能对司法裁判的影响系统性知识体系破坏。其次，自人工智能在围棋领域战胜世界围棋冠军以来，社会舆论界出现了各种人工智能威胁论。人权伦理、责任伦理以及道德地位伦理等问题，是目前人工智能存在的主要伦理问题。最后，随着人工智能技术的发展，知识获取少了自主性、系统性和准确性特征，而是变为个体性、分散化、颗粒化特征，信息接收者被困在信息茧房之中。这对于人类的知识获取途径和基本逻辑而言，无疑会造成不利影响，不仅会挑战人类获取知识的内在科学逻辑，而且会削弱知识中的人文价值，使人们逐渐失去知识获取过程中的获得感和充实感。

## 第三节　人工智能催生数据挖掘与数据结构化

我们正处于一个前所未有的"文化大变局"时代，以互联网、大数据、物联网、云计算、人工智能为主的现代信息技术是这场大变革中的重要因素，并以新颖独特的方式重塑伦理秩序。现代信息技术的本质是信息化，核心是大数据。现代信息技术融入社会政治经济活动是通过大数据（数字化的知识与信息）为生产要素，人工智能技术实现对数据的识别—选择—过滤—存储—建模—预测，以信息网络为载体，通过信息技术的使用，提高效率和优化政治经济社会结构的一系列活动。数字已经进入人们生活的方方面面，我们的生活已经深度融入数字经济，从线上购物、手机打车，再到线上办公，都离不开数字化，甚至一个街边小小的包子铺如果离开外卖平台，生意都会直线下滑。尤其是疫情以来的精准调控，"行程码"和"健康码"强大到能够刻画多达十几亿人的时空数据，毫无疑问，背后就是数字的力量。

## 一 数据运行机理与数据可视化

数据最早是作为计算机领域内的专用术语，是对客观事物的逻辑归纳，是用于表示客观事物未经加工的原始素材。这里需要特别说明的是，数据与信息二者之间具有紧密相连、不可分割的关系。信息是数据的内涵，数据本身是没有任何意义的。数据的意义在于其施加于实体之后而产生。数据是信息的展现形式与载体，数据既可以是如图像、声音等连续的形式展现，又可以以文字、符号等离散的形式出现。大数据是多技术的组成，其自身的属性与特点也将在广泛应用中不断得到展现。而要揭示大数据的运作机理，我们首先要了解数据挖掘。

### （一）数据挖掘

数据挖掘是大数据运行机理中的重要环节，是决定大数据效益实现高低的关键，其是建立在数据仓库和联机分析成立的基础之上的。关于数据挖掘，目前学界尚未形成统一的定义。本书认为，它是由数据或数据库及相关技术构成主体，以发掘有效的未知新模式为目标的探索、分析过程。[①]

1. 数据挖掘的特点

数据挖掘包括数据准备、规律寻找和规律表示三个步骤。其中数据准备是指根据多维数据模型的需要或者面向主题的需要，从庞大的数据来源中进行相关数据的捡练、整合转换，最终形成数据挖掘所需要的数据集；规律寻找，顾名思义，就是找寻出数据集中的规律；数据表示就是将数据集中的规律找寻出来之后，进行可视化转换，转变为决策者所能识别和读懂的规律呈现方式，以此来辅助决策者进行决策。其主要特点如下。

一是数据的巨大性。数据挖掘的对象是由海量数据组成的，当然，这个海量数据是一个相对概念，但数据集数据的体量将决定最后规律的

---

① M.J.A Berry, G.Linoff, *Data mining techniques for marketing, sales and customer support*. Wiley Computer Publishing, 1997.

可行性和说服力。针对一般小数据,数据挖掘也可以根据其算法得出规律,从成本的角度考虑,小数据的规律展现一般通过人工进行;从普遍与特殊关系角度来讲,小数据所析出的规律还不具有普遍性,不具备海量数据下的普遍意义。

二是模型的复杂性。在建模时,数据挖掘的重心往往会在"学习"上,较为关注模型的复杂性和需要的计算量,而对大样本的渐进推论关注较少。"数据挖掘技术有能力对复杂的数据关系进行建模,适用于解决复杂的问题。"[1]

三是挖掘的价值性。数据挖掘既是一种规律的找寻,亦是一种价值的找寻。数据集被挖掘出的规律,其应用目的是获取潜在的价值,无论是在知识角度还是利益角度,数据挖掘具有重要价值,可以变成提升效益的利器。当然,不可否认,数据挖掘的价值体现,离不开数据仓库中海量的数据、联机分析处理中多维数据模型的建构,等等。

2. 数据挖掘的功能

作为从大型数据库或数据仓库中提取隐含的、未知的、非平凡的及有潜在应用价值的信息或模式,数据挖掘具有以下五大功能:数据总结功能、数据分类功能、数据聚类功能、数据关联分析功能、数据预测及检测功能。各项功能不是相互割裂的,而是在数据挖掘中紧密联系,共同发挥作用。

第一,数据总结功能,继承于数据分析中的统计分析,旨在为决策者提供一份紧凑、翔实、丰富的可视化描述。我们常见的多维分析、饼状图、柱形图、折线图等都是其表现方式。在统计方法的选择上,一般采取较为常用的平均值、极差值、加权平均值等有效方法。

第二,数据分类功能,也就是要构造一个分类函数或分类模型(也常常称作分类器)。该模型有一个重要作用,就是把数据库中的数据项映射到给定类别中的某一个。[2]

---

[1] 朱建平、张润楚:《数据挖掘的发展及其特点》,《统计与决策》2002年第7期。
[2] 于涛:《数据挖掘技术在入侵检测中的应用》,《科技风》2009年第7期。

第三,数据聚类功能,目的是把整个数据库分成不同的群组,使同一个群之间的数据尽量相似,而群与群之间的差别明显。此目的在于对不同受众群体进行划分,将同一或者相近特征的受众群体进行聚合,从而为精准引导做好前期准备,以节省投资成本,实现利益最大化。

第四,数据关联分析功能,即是寻找数据库中值的相关性。关联规则和序列模式是两种常用的技术。前者是寻找在同一个事件中出现的不同项的相关性,后者寻找的是同一个事件中出现的不同时间上的相关性。

第五,数据预测及检测功能,把握分析对象发展的规律,对未来的趋势做出预见并对分析对象少数的、极端的特例的描述,揭示内在的原因。例如,沃尔玛公司通过数据挖掘发现"啤酒与尿布"销量呈正相关,就是利用数据挖掘的预测功能。检测功能一般适用于投资部门,对已有的交易数据进行检测,捕捉其风险防范点,推演其投资风险率,提升其投资回报率。

### (二)数据运行机理探索

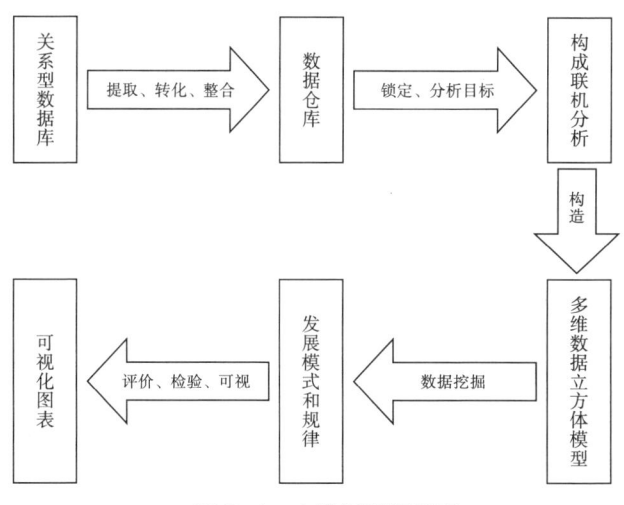

图 2-4 大数据运行机理

大数据的运用目的,从功能主义学派角度来看,就是使数据变为收益的过程;从管理学角度来看,就是使数据变为可视化来辅助决策的过

程。因此，我们说大数据的运作过程，就是数据成为信息进而转换为知识的过程。其运作机理如下：各种来源的关系型数据库—提取、转化、整合—数据仓库—锁定目标数据—目标分析数据—构造联机分析—多维立方体—数据挖掘—发现模式和规律—评价、检验—知识—可视化进程—可视化图表，如图1-12所示。

### （三）数据可视化

数据可视化是大数据运行机理中的最后环节，是将数据挖掘后所展现规律的处理、转换与呈现。数据可视化是将大数据在数据仓库建立、联机分析数据、数据挖掘之后紧接的重要一环，将获得的数据通过可视化手段进行有效表达，准确高效、简洁全面地传递某种信息，甚至帮助我们发现某种规律和特征，挖掘数据背后的价值。数据可视化是对大数据所带来成果的展示，其所具备的展现形式多种多样，目的就是将大数据成果最直观、最大限度地展现在决策者和公众面前。数据可视化具有以下四个要求。

第一，转换成便于接受的形式。关于数据转换的问题，很多时候数据、指标、关系、背景数据都具备，只按照原始数据进行可视化可以吗？可以，但是还会存在一些问题。数据本身可视化除记录和传递外，还具有沟通的功能。如何使数据可视化起到沟通的作用和便于人们接受，这就不得不考虑人们的行为习惯、思维方式、接受能力等，以及可视化显示的设备能力问题。因此，运用技巧和方法使数据可视化的呈现更加便于接受是至关重要的。

第二，聚焦。所谓聚焦，就是利用一些可视化手段，把那些需要强化的小部分数据和信息按照可视化标准，进行再次处理。聚焦是为了更好地凸显受众和决策者所需要的信息，也是数据可视化的内在要求。数据可视化本身就是为了信息的凸显和呈现，再次聚焦就是强化可视所需要的数据。当然，聚焦的方式和方法是多样的，在实际操作中要求更高。

第三，扫尾的处理。在有了便于接受的形式和聚焦后，其实已经达到很好的可视化效果，但是还需要做一些修饰性工作，这些工作是为了使可视化的细节更为精准，甚至优美。针对不同的数据可视化效果，后续的处理和修正也会有不一样的方案,扫尾的处理可以说是数据可视化最后的把关和检查。

第四,完美的风格化。所谓风格化,就是标准化基础上的特色化、美观化。数据可视化的风格化要充分掌握数据的属性和特点,贴合数据本身的特性是至关重要的,这也是风格化的基础和前提,可以说是风格化的来源。除此之外,关于风格化的技巧和方法很多,比如考虑数据可视化背后产品理念、公司宗旨的影响、排版的技巧等。总之,完美的风格化使得数据可视化更加赏心悦目和细致严谨。

数据可视化就像产品出厂前的包装,将优质的产品更加生动、更具吸引力地展现在人们的面前。可视化程度的高低、视觉冲击效果的好坏,同样对大数据产出或者收益,再或者数据转化为知识的效度产生重要影响。

## 二　生成式人工智能的优势

人工智能是一个广泛的领域,旨在使计算机能够模拟人类智能,包括学习、推理、感知、自然语言处理等方面。

生成式人工智能（Generative Artificial Intelligence, GAI）是当下人工智能发展的热点,是通用人工智能 AGI 的最初版本,也是 AI 奇点临近的标志性技术。[①] OpenAI 发布的最新版本的大型语言模型生成式预训练模型 4.0 就是典型的生成式人工智能,其具有多模态数据处理能力,在总结、抽象、推理等多种能力上达到或超过人类水平。大语言模型的更新换代发展速度被总结为人工智能发展的"新摩尔定律",越来越多的人将人工智能生成的内容运用到日常生产与生活之中。[②]

ChatGPT 是 OpenAI 开发的一种大型语言模型,它使用了深度学习

---

[①] Sebastien Bubeck, et al., "Sparks of Artificial General Intelligence: Early Experiments with GPT-4", arXiv preprint arXiv: 2303. 12712, 2023.

[②] 政光景、吕鹏:《生成式人工智能与哲学社会科学新范式的涌现》,《江海学刊》2023 年第 4 期。

技术，特别是 Transformer 架构，来处理自然语言处理任务，如对话生成、问答等。Sora 是 OpenAI 开发的一种视频生成模型，随便拿出视频中一帧，效果都不亚于 Dalle-3 精心生成一张图片，而且这些图片放在一起可以构成基本符合真实世界物理逻辑的视频。Sora 采用深度学习的方法，特别是扩散型变换器模型，通过构建深度神经网络模型来模拟人脑神经元的连接方式，从而实现对复杂数据的处理和学习。

以 ChatGPT、Sora 为主的生成式人工智能在带来高科技的惊艳与眩晕的同时，也应区分技术进步究竟是真实的知识进步还是不切实际的幻想，并花费我们更多的精力和时间关注循环的陈词滥调。这就需要我们对人工智能生成内容（Artificial intelligence Generated Content AIGC）进行科学检验、实践检验与交叉检验，对数据的样本设计、样本选择标准和结果，乃至算法的逻辑结构、模型参数等进行检验。通过跨库、跨领域交叉检验 AIGC，规避其自说自话。

## 三 人工智能驾驭的数据成为推动社会发展的新要素

互联网、大数据、区块链、5G、人工智能、元宇宙等共同构成了现代信息技术的综合体。那么，大数据、云计算、人工智能、区块链等数字化技术之间，究竟有怎样的关系？厘清其演进逻辑，进而把握现代信息技术的算力，是正确认识信息时代社会发展和时代进步的关键点。

第一，互联网、大数据、人工智能、元宇宙等是逐次递升、渐进演变的一种技术形态。

互联网的核心是连接，大数据的核心在于预测，而人工智能的核心则是算法，即组织好数据，进而深度挖掘数据。可以说，互联网拓展了新空间，使得线上与线下有机连接起来，不同要素的强链接成为可能。大数据通过实体世界向数字环境投射和转化，获取不同数据轨迹。人工智能则是基于大数据流的全面分析，依靠算法对海量数据流进行聚合和算法创新，以快速、稳定、精确的方式赋能。由此可以看出，互联网、大数据、人工智能等之间呈现出多技术融合与多领域协同的特点，不能以一种技术一劳永逸地替代另一种技术。

互联网技术发展经历了三个阶段，web1.0（1991—2006），web2.0（2007—2018），web3.0（2019年以来）。在web1.0时代，即门户网站时代，在实现了去中心化的、分布式的服务器网络中进行传播，用简单与通用的软件标准将用户联结起来，是"可读"（read）阶段。在web2.0时代，即大数据时代，用户可以便捷快速地借助第三方软件，将海量的文本、图像、音频、视频等信息传递给亿万用户，是"可读+可写"（read+write）阶段。web3.0时代是互联网技术发展的新阶段。它是基于区块链技术体系搭建的去中心化网络系统，由用户和建设者共享和控制。同时也是综合了5G、边缘计算、人工智能、虚拟现实技术的"立体的智能全息互联网"，是"可读+可写+拥有"（read+write+own）阶段。从这个意义上来说，Web3.0就是元宇宙。其本质上相辅相成、密不可分，将共同构建下一代互联网的底层技术和应用场景落地。因此，可以说Web3.0是互联网的升级版，元宇宙需要芯片、强算力和深度沉浸感技术，而芯片是算力的基础。5G、大数据、云计算、物联网、人工智能、图像渲染技术提供了强算力和高速率低时延的超真实交互体验。VR/AR/MR/XR、脑机接口、全身追踪、全身传感等技术可以为用户提供更好的临场感，使用户的体验逼真度和沉浸度更高，进而实现虚实结合。

第二，针对数据"体量巨大、结构丰富、分布广泛"的特点，产生了新计算。

第三次工业革命被称为"信息时代"，开发了"算力"这种能源。1946年，第一台现代计算机ENIAC诞生。这台计算机重30多吨，占地170平方米，每秒计算5000次。然后，计算机的算力就顺着摩尔定律，疯狂生长。今天，我们手上一部iPhone的算力，是第一台计算机ENIAC的几十万倍。如果说前两次工业革命中，蒸汽机驾驭的煤炭、内燃机驾驭的石油，那么第三次工业革命则是软件驾驭的算力、人工智能驾驭的数据。

伴随着新一轮科技革命的持续深入发展，各行各业开启全面数字化。

一个以计算能力为基础，万物感知、万物互联、万物智能的智能化数字化世界，呈现在人们面前。区别于传统计算产业，算力时代的计算产业是在万物互联的时代背景下，构建的多架构共存、多技术融合、多领域协同和多行业渗透的软硬件产业体系。为了满足对海量数据的实时处理能力，要采取"多技术融合"（与人工智能、量子计算等技术融合，形成多种形式的运算能力），"多领域协同"（计算从云端向物联网、边缘计算普及；计算无处不在，不同计算领域相互协同）。随着全球信息数据总量的爆炸式增长，计算和算力不再局限于数据中心，开始扩展到云、网、边、端全场景。计算开始超脱工具属性和物理属性，演进为一种泛在能力，实现新蜕变，我们称之为"新计算"，即从"工具"到"能力"的蜕变。

总之，用人工智能驾驭的数据，可以为社会"生育出"无穷无尽的、不眠不休的硅基劳动力[①]。科技是第一生产力，这意味着技术这种生产要素，以一种看不见、摸不着，叫作"知识"的方式，存放在人类世界。数据的奔涌而出，使得向数据要增长成为可能。而数据增长的基本前提是越来越高效的连接。一是连接的力量，二是挖掘。从连接里面挖掘数据，从数据里面挖掘交易。人工智能驾驭的数据，正在成为推动经济增长的新要素。

## 第四节 智能时代技术间的加速融合与智能技术生态的生成

技术间的加速融合、协同创新与相互赋能所形成的智能技术生态是驱动互联网时代思想政治教育创新的关键。我们掌握技术生态的应用和

---

[①] 人体的主要元素是碳，芯片的主要元素是硅。所以，人类又被称作碳基生命，而机器人／人工智能则被称作硅基生命。

高品质数字资源的共享，旨在对抗单一技术在创新思想政治教育时所遭遇的技术瓶颈问题，进而以智能技术生态的方式，与思想政治教育进行交融联结与能量激活。这不仅赋予了思想政治教育研究新视角，也促进了新问题域的开发，而且有助于在交叉学科领域找寻思想政治教育理论生长的生命之源，重构其理论体系，推进思想政治教育科学化、精细化发展。

## 一 智能时代技术间加速融合及其价值

互联网、人工智能、区块链、5G通信、元宇宙等皆是一种迭代升级的技术形态，且每一种技术的演进不是孤立的，也不是后者对前者的替代，而是存在技术间的加速融合，彼此赋能的特征。这种融合与赋能所打造成的智能技术生态，不仅改变了人们的交往方式，也改变了社会形态。因此，互联网时代智能技术生态，在技术上，是一项重大革新；在社会层面，也将引发一场社会变革，推动人与人、人与社会"交互秩序"的再结构化与空间环境的延伸。

### （一）互联网的演化逻辑及其向现实社会结构与空间环境的延伸价值

自20世纪90年代以来，中国开始了全新的互联网时代。它不仅给人们的社会生活带来前所未有的自主性空间，而且促使一个新的社会关系形态和社会场域——网络社会的形成。[①] 20年前，讨论互联网环境时，离不开"虚拟"二字。因为，互联网作为"虚拟空间""虚拟世界"是独立于现实空间、现实世界而存在的。今天，"脱虚向实"发生在认知与实践的许多领域，即网络信息环境所带来的社会全域性变化是深刻的，结构性的。它重构了人与人之间的关系，持续改变传统社会生活结

---

[①] "所谓网络社会实际就是由互联网架构的网络空间中产生的社会形式。"参见郑中玉、何明升《"网络社会"的概念辨析》，《社会学研究》2004年第1期。

构和人们的生活方式、思维方式和价值观念。①

第一，互联网的演化与互联网时代的崛起。

中国社会的网络化进程，经历了三次发展期（Web1.0—Web3.0进化阶段）。在这三个阶段，互联网技术不仅拓宽了信息资源的传播范围，而且在其每一个发展时期，互联网都产生了不同的社会文化和新的时空关系，其功能也随即迭代升级。当然，由互联网促成的网络社会日渐成为一个人性培育和社会化的场域，互联网时代开启了一场社会革命。

第一代互联网是指最初的Web1.0时代，其特点是人们获取信息的门槛大大降低，缺场交往兴起。人们在线上互动结成各种网络群体创造了具有鲜明互联网特色的文化形式，并向地方空间延伸。这一时期，网络对人们的影响力主要停留在线上。

第二代互联网是移动互联网，即Web2.0技术。其永远在线的属性，使得人们不再是上网，而是活在网上。不仅网民借助更感性化、游戏化的交往情景展开丰富的交往形式，同时原有的线下社会关系也大量地被引入互联网，在场的网络空间展现出连接线上、线下的强大活力。②尽管互联网创造了一个虚拟空间，但脱胎于网络空间中的虚拟的、符号化的文化要素借由网络化的交往与传播机制获得了实体化的社会意义，并进一步向线下延伸，对现实社会产生了真实影响力，社会生活也实现了全面网络化。这个过程是从网络空间开始生成并逐步拥有线下影响力，到扩展至线下，且绝大部分线下社会关系都被纳入网络社会之中。③

被称为第三代互联网Web3.0的元宇宙，是升级版的互联网。在元宇宙里，线上和线下界限不再分明，网络社会的虚拟符号在社会空间具

---

① 张小锋，张涛:《社会组织在中国网络社会治理中的作用》，《哈尔滨工业大学学报》（社会科学版）2017年第6期。
② 周骥腾:《从虚拟社会化到社会虚拟化——"元宇宙"引发的网络社会拟像秩序变迁》，《河北学刊》2022年第5期。
③ 周骥腾:《从虚拟社会化到社会虚拟化——"元宇宙"引发的网络社会拟像秩序变迁》，《河北学刊》2022年第5期。

有真实的影响力。互联网改变生活最重要的意义在于：它用自己的逻辑、机制和模式对社会生活进行了重构。①

另外，互联网时代的主要特征体现在：这是一个通融互联的时代，"融"意味着整个世界的多要素融为一体，相互交织；"通"意味着超越了时空差距，无障碍沟通与交流价值倍增，为跨时空资源配置提供支持。这是一个网状价值结构的时代。连接的特质使得各组织由串联到并联成为可能。内部呈现网状结构，外部也是由无数个微型组织编织而成的一个价值创造交互网。这是一个开放的有机生态圈，开放、互联、互动、互享、重塑结构、连接一切是其特点。因此，互联网时代的特质要求我们注重以生态思维、互联网思维乃至数据范式来处理社会生活问题。

第二，互联网时代智能技术生态的形成及其价值。

智能技术生态是一个由多项技术融合而成的技术体系。任何一种技术的发展与应用皆离不开特定的技术生态。技术之间既有相互依存与共同发展的共生关系，也有竞争关系。在互联网时代，技术间的关系日益指向加速融合、相互赋能、协同共进的智能技术生态目标，指向高品质数字资源共享与跨时空的虚实融合。从生态系统的视角整体把握技术的演化逻辑与内在结构是互联网时代的主要特质。智能技术生态是一种开放动态的合作关系。它不仅实现了物理世界、数字世界乃至文化世界的跨时空融合，而且借助全息影像、高清视频与三维模型等技术，使得理论知识生成的真实场景、技能应用的真实情景乃至学习方式，与资源配置的方式也发生了巨大变化。借助互联网，人与人联结线索、交流场景与手段变得丰富，用户的"使用场景"与"视野范围"也获得解放，远距离的在场感得以落实，跨时空的资源配置成为可能。正是移动互联网实现了实时信息，多任务并发、多种社交平台的存在，才使个体能随时与他人交流、分享，提升了个体的独立存在感。因此，智能技术

---

① 喻国明、欧亚：《新闻传播：未来的学科发展与媒体转型》，《出版广角》2021年第7期。

生态不是单向技术进步与升级，而是双向乃至整体式的认知提升和观念转变。①

**（二）互联网时代②，技术从作为工具概念转向作为社会学意义范畴的飞跃**

我们说信息技术对人类生存方式的改变，不是在物理结构上的重新设计与布局，而是指人的交往方式从现实世界走向虚拟世界并具有社会性的过程。③社会不是孤立的，是人的联结形成社会关系才构成了整个社会。④社会联结是社会形成的基础。同理，虚拟空间，基于连接，也具有在线社会性。由互联网催生的网络社会早已超越了工具意义上的物质器具，从社会学意义范畴上说，互联网上的交往关系不仅是现实社会"交互结构"的折射，⑤而且互联网这个由个人与各种组织构成的网络结构，也对现实社会起重构作用。因此，揭示在线社会性形成，有助于我们掌握人、社会等在线交往的机理，进而推进信息技术从作为工具概念转向作为社会学意义范畴的飞升。

第一，作为工具概念的智能技术，是如何参与建构在线社会性的。

所谓社会性，是指社会不同行动者聚集和关联的方式。它包含人类和非人类，尤其是技术等之间的关联。⑥互联网时代，当人们交往空间拓展至虚拟空间时，人与人、人与社会之间同样具有联结关系，具有社会性，即在线社会性。它是虚拟空间的再结构化。智能技术生态作为工

---

① 王国成：《数字世界中的人文社会科学研究》，《天津社会科学》2020年第6期。
② 互联网时代，技术这一表达主要指在互联网时代包括互联网、大数据、云计算、物联网、5G、人工智能、元宇宙乃至chatGPT等现代信息技术的集合，即现代信息技术并非以单一的技术形态嵌入社会，而是一个组合进化的过程，是经过多项技术间的加速融合，彼此赋能，协同演化所形成的技术生态。
③ 陈龙：《界面依赖："云交往"时代的交往实践批判》，《暨南学报》（哲学社会科学版）2021年第9期。
④ 王天夫：《构建数字时代社会理论的历史性机遇》，《公共管理与政策评论》2022年第6期。
⑤ 戚攻：《"虚拟社会"与社会学》，《社会》2001年第2期。
⑥ 陈龙：《界面依赖："云交往"时代的交往实践批判》，《暨南学报》（哲学社会科学版）2021年第9期。

具概念对在线社会性建构表现在,在线社会性是被编程的社会性。被编程是指我们的行为方式被软件所建构,软件借助某些手段确立虚拟空间的价值、规范和具体实践。①

那么软件和算法如何塑造在线社会性呢?

一是数字化是技术对在线社会性再结构的过程。大数据运算力的不断升级,为人类完成数字化提供了物质基础。社交网络、人工智能等技术为人类生存方式的数字化开辟了路径。

二是技术参与在线社会性建构时隐蔽算法,在不知不觉中重构在线社会性。当下现实的生活世界逐渐被虚拟世界嵌入,其嵌入的面积日益拓展,却没有违和感。即便是成千上万的 App 成为处理各种工作、生活事务的工具,我们丝毫没有被算法设计的感觉。其实,软件与算法正在通过不同的 App 界面在不知不觉中建构了新的生活方式,久而久之,也重建了社会形态。

第二,作为社会学意义范畴的智能技术生态,建构在线社会性交往的逻辑理路。

互联网作为行动场域,容纳了特定的社会关系、制度与结构,包含了我们日常生活中的地理空间以及发生各种关系的社会结构与制度,它一直处于不断形塑与再形塑、生产与再生产的变动当中。②因此,尽管互联网上的规则是作为工具概念的技术赋能的结果,但虚拟空间的建构还包含了诸多社会力量,诸如政治的、经济的、法律的等多重力量的交织与合围。③从表层看,人们在虚拟场域的活动是由技术主导建构的在线交往秩序。但由于"技术进化是一个不断被选择、被发展、被强化的

---

① 陈龙:《界面依赖:"云交往"时代的交往实践批判》,《暨南学报》(哲学社会科学版)2021 年第 9 期。
② 陈龙:《界面依赖:"云交往"时代的交往实践批判》,《暨南学报》(哲学社会科学版)2021 年第 9 期。
③ 陈龙:《界面依赖:"云交往"时代的交往实践批判》,《暨南学报》(哲学社会科学版)2021 年第 9 期。

过程，起决定作用、掌握进化方向的还是人。"①而人是社会的人，存在于具体的、特定历史的现实社会中。因此，讨论在线社会性时，需要超越互联网作为工具概念的技术表层，探究其内在的社会属性，②进而在社会学意义范畴里探索人们在线联结与交往的方式、行动场域与算法等机理。

互联网是关系的动态空间。它将我们的社会关系网络和物理环境联系起来，移动互联网使得我们能随时、随地、随意连接，个人可以突破组织边界束缚。无所不在的连接突破了空间限制，催生了新的社会交往方式。这使得在线交往不仅丰富了现实社会的面对面交往方式，也能替代现实世界的交往行动。因此，我们要超越互联网的工具概念，透过在线社交网络中用户的交往痕迹、数据流，深刻地理解人类的社交行为，在社会学意义范畴内确立在线交往的研究对象、研究场景。同时这些研究又反过来不断地改进和优化现有的应用，从而间接地影响人们学习、生活和工作中的交往实践。

因此，线上连接是线下连接的延伸。现实空间与虚拟空间的连接提供了空间互补的可能。虚拟空间可能会在某些方面帮助释放现实压力，但也存在现实的压力。甚至还会制造新的冲突与矛盾，当然，线上与线下既有的矛盾也会纠缠交织。概言之，虚拟空间也会映射出现实空间中的权利与利益、权力结构、文化、资本等多重要素，且对现实的反作用方式更多元。这无疑展现了智能技术生态从表层的工具特性转向社会学意义范畴的飞跃。③

---

① 陈昌凤、霍婕：《权力迁移与人本精神：算法式新闻分发的技术伦理》，《新闻与写作》2018年第1期。
② 陈龙：《界面依赖："云交往"时代的交往实践批判》，《暨南学报》（哲学社会科学版）2021年第9期。
③ 彭兰：《虚实混融：元宇宙中的空间与身体》，《新闻大学》2022年第6期。

## 二 智能技术形成新的空间冲击传统空间场域

互联网技术制造出移动空间、网络空间、地方空间、微空间等，它们彼此交融并置，形成了崭新空间。传统互联网改变了人们消费、社交和信息获取的方式，也相应地创造了电商、社交、搜索引擎三大互联网的盈利模式，但互联网想要进一步推进就遇到了需求饱和的瓶颈。一个不争的事实是，互联网经济的爆炸式发展已经进入尾声，当前互联网很难刺激出更大的用户需求。因为人们一天的时间只有 24 小时。抖音等产品可以最大限度地抓取人们的注意力，但却无法实现在离开屏幕的时间和空间中刷抖音。然而，元宇宙可以做到。元宇宙试图通过创造一个全真的数字世界，把人们的办公、娱乐、社交、消费等行为整体搬到线上。VR、AR、MR 技术如今被视作未来元宇宙的入口。

其实，每一次技术革命都是社会机制、结构和关系的联动变革。互联网造就了虚拟世界，作为互联网的升级版——元宇宙使互联网充满生命力。尽管目前元宇宙很难描述清楚，因为它是人类社会尚未出现的一种新的交互模式和商业生态，但是佩戴智能设备，你就可以在另一个被数字模拟的世界中进行社交、游戏、办公，足不出户就体验到身临其境的冒险经历。元宇宙提供了一种突破限制的可能性——虚实结合。在元宇宙里，人人都是创造者，可以选择在这个世界里建立自己角色的价值，且在这个世界中将会有远比现实世界更加丰富的社群和经济生态，区块链技术支撑下的数字资产也可以跨界流通。换言之，从互联网到元宇宙形塑的数字化空间场域，早已通过嵌入的方式与人们的生活空间发生叠合，更催动人类空间感受和体验的革命性变迁。信息技术重构现实社会，并带来了社会真实感的转移、社会交流方式的变革以及人的观念的全面改变。以互联网、大数据、人工智能为主的现代信息技术，全面融入人们生活的方方面面，对于社会的影响不可低估。它不断重构人类生存的时空场域、改变了时间认知，使得人们在主观上感受到空间厚度与广度的增强，进而形成了人类生活的新形式。

### (一)从互联网到元宇宙的技术演进

"对于所有的思维模式而言,空间都是一个必不可少的思维框架。空间也由此成为思想领域当中一个尤为重要但又很难分离和分析的概念。"① 元宇宙营造了一个虚实联动、融合、共生的全新时空,提供制造出碎片化的文化图景,为数字化插上了翅膀,而推动元宇宙进程的力量是"区块链派"和"互联网派"。

1. 互联网的工具延伸与对环境的重构

互联网延伸并拓展了社会生活环境,改变了人的存在方式,引发了思想观念的深刻变革,也影响了思想政治教育变革。因此,全方位考察信息时代思想政治教育的生成,既要立足于网络技术与社会变迁对思想政治教育的深刻影响,也要关注思想政治教育自身的场域拓展、结构优化与功能跃升。现代信息社会引致时间、空间、主体关系的变革。随着数字、信息、智能、全方位强有力地推动社会转型,信息和意义流动构成了社会结构的基本线索,并带来认知观念、理论研究、思维行动方式的变革,主要体现在时间、空间、主体关系的断裂与拆解。

首先,以速度为中心的时间感知,将时间从既定的社会结构中脱嵌出来。时间在面临速度时大大压缩,"错过了""赶不上""快速变现"等成为人们怕跟不上节奏的普遍焦虑。人们甚至用时间荒、时间焦虑等来描述个体对时间紧迫感的心理体验。加之技术的突进,时空距离开始不断压缩,时间和空间中的一切距离都在缩小。缩短时间和克服空间为主要征候的时空压缩席卷了日常生活的各个领域②。现代人甚至以躺平缓解内卷的压力。

其次,以流动为常态的空间拓展与空间叠加的现象日益彰显。互联网诞生以前,人们可以在自身体验到自己灵魂所在的地方,能思想、能影响自己的身体,但是不能影响百里以外的一个物体或一个地方。人的

---

① [美]罗伯特·戴维·萨克:《社会思想中的空间观:一种地理学的视角》,黄春芳译,北京师范大学出版社 2010 年版,第 5 页。
② 王竹:《虚拟财产物权化与网络时代的物权法——评福建师范大学林旭霞教授新作〈虚拟财产权研究〉》,《信息网络安全》2010 年第 8 期。

思想和心灵都是在场性的。①"个人才是自己身体及各种能力禀赋的最终拥有者，其独占性非社会或他者所赋予。"②而互联网冲破了这一限制，尤其是移动互联网的出现，人们只要取出手机，便能即时即地实现工作、消费、娱乐、学习等日常事务的处理。身体衍化成一个无所不包的移动空间站，盛载着催人兴奋的话题，使视觉性的在场能为人的肉眼所捕捉。新技术与新状况不仅改变了我们的思维方式，更重要的是改变了人类的生活方式、交往方式，乃至伦理道德。③

最后，伴随新一轮科技浪潮，由体能的替代和解放转向智能的探究与数字空间的开辟和建构，既往的主体关系被解构，形成了社会的新形式。④借助舆论力量，众多被隐匿的信息与复杂的诉求得以呈现，打破了既往的主体关系，获得了多维话语表达渠道。因此，"网络不单单是一种新技术，更重要的是它引领人们思维方式和生活方式的变迁。个体、组织、政府、国家等各种社会组成要素都要通过网络这张网建立联系，确定关系，实现权力勾连和资源分配"⑤。

2. 互联网作为工具向度的延伸及其对环境的重构

现代信息技术不仅带来了文明要素、文明结构、文明形态的变革，也推动了人类自身的性质和演化的大转折。人类在认知和创造人工智能技术的同时，也不断地提升自己的理智能力。而人类有意识地见证和促进自身的进化，则是把握网络时代思想政治教育研究问题的阶梯和支撑点。

首先，互联网作为工具向度的技术延伸是指凭借技术手段，对空间上彼此分离的供给与需求进行匹配和组合，并能对虚拟结合的信息沉

---

① [英]洛克：《人类理解论》上册，关文运译，商务印书馆1983年版，第278页。
② C. B. Macpherson. *The Political Theory of Possessive Individualism: Hobbes to Locke.* Oxford: Oxford University Press, 1962, p.3.
③ 卢岚：《网络嵌入、风险叠变与思想政治教育创新研究》，《湖北社会科学》2021年第11期。
④ [美]曼纽尔·卡斯特：《网络社会的崛起》，夏铸九等译，社会科学文献出版社2001年版，第569页。
⑤ Habermas. *The Theory of Communccative Action.* Bost: Beacon Press, 1984.

淀进行数字化处理。这不仅引致人类信息采集、处理、传播、管理等整体性的变革,而且人类社会信息生产、信息输入与信息输出形式也将发生翻天覆地的变化。它使社会生活更加智能、更加智慧,且实现了多领域、跨领域应用。换言之,人们凭借信息技术,可以精准观察思想政治教育渗透在日常生活中、浸泡在人性之海的每一道波纹、每一个浪涌之中最有力与最感人的画面。

其次,互联网对环境的重构。"任何技术都倾向于创造一个新的人类环境。"① 现代信息技术造就了数字环境,正以超乎人们想象的速度在许多领域深度改变我们所处的社会空间结构和状态。在互联网时代,网络传播与在线生存已经成为大众的日常体验。通过体验、行为,世界在我们的意识当中越来越充实,越来越全面。"社会不再是空间上被界定的地点,而是由网络成员根据归属感和集体认同来划定边界并可以朝各个方向延伸的社会网络。"② 正是由于互联网对环境的重构,才实现了人们在虚拟空间与现实空间的两栖存在模式。

最后,互联网作为工具的延伸与其对环境的重构,皆不是基于某一项技术的突破而发生的,而是基于创新驱动、开放共享、结构优化的观念,采用多点突破、各学科竞相领跑,尖端技术融合汇聚的并发。它推动了人类社会不断发展,进而发出具有前瞻性的学术声音。因此,随着信息技术嵌入的深度和广度不断扩展,思想政治教育、政治、文化、经济、社会、环境等各个领域逐渐从嵌入现实世界到融合现实世界,形成了一个共生共荣的信息圈。这为实现思想政治教育全员联动、全程监测、全域行动、全景描述、全时展开提供了技术支持。

## (二)互联网与元宇宙对传统空间的形塑的可行性

一方面,元宇宙入口的技术布局和探索,研发计算机与人脑融合技术。脑机接口技术则展示出人类意识与互联网更深层结合的可能性,也

---

① [美]理查德·A.斯皮内洛:《世纪道德:信息技术的伦理方面》,刘钢译,中央编译出版社1999年版,第1页。
② 聂磊、傅翠晓、程丹:《微信朋友圈:社会网络视角下的虚拟社区》,《新闻记者》2013年第5期。

为元宇宙的实现带来了更多遐想。因此，各大互联网巨头开始对元宇宙入口的探索。诸如苹果组建了数千人的 AR 研发团队并开发了 ARKit；谷歌为安卓平台开发了 ARCore，方便安卓开发者对其进行调用与开发；华为利用麒麟芯片内集成的强大的 AI 芯片开发了 HUAWEI AR Engine 系统，实现了运动跟踪、平面检测、手势识别、手部骨骼跟踪、人体骨骼跟踪等重要的 AR 基础功能。

另一方面，元宇宙更大的驱动力还体现在互联网数据传输和数据处理技术，包括数据存储方面技术的革新。其中，人工智能为数字角色提供高互动性；云计算和边缘计算为元宇宙解决了推动效率；5G/6G 提供了宽阔的数据通道。而互联网 Web3.0 时代最为关键的区块链技术，同样在以惊人的速度改变互联网的形态。区块链技术作为元宇宙的驱动力，是元宇宙能够实现的核心要素。区块链本质上是一个去中心化的互联网数据库，人们可以核查这个公共账本，但却不能对它进行控制。凭借加密算法的力量，区块链技术用数学方法为人们提供了一种新的信任和协作机制。而在互联网基础设施建设上，区块链技术将利用分布式的特征重构数据存储和处理方式，为元宇宙提供更安全的数据传输通道和更强大的数据流处理能力。点对点传输同时解决了信息不对等和信任问题，在点对点网络中，每一个用户即一个节点，节点与节点之间可以互相传输，相当于每个节点都具备服务器的功能，整个网络中没有任何中心。

**（三）互联网与元宇宙对空间的形塑**

人类生存既是实在生存，也是虚拟生存，甚至更多表现为一种虚拟生存。因为只有人具备虚拟能力，才能够通过想象和符号系统来实现群体的联系，并借助媒介从自然界获取信息，按照自己的想象来改造自然赋予实在世界以意义①，进而在虚拟时空放飞梦想，凸显虚拟的力量。较之于互联网，元宇宙更像一系列高新技术的"连点成线"，是一种人类

---

① 夏德元、严锋、邓建国：《虚拟性与实在性相互建构的历史、现状和未来——关于文学、艺术、传媒与元宇宙的对话》，《文化艺术研究》2022 年第 2 期。

进行全面数字化迁移的生产、生活、生存的载体，并以实时性、在场性、融合性、持续性特征赋能思想政治教育。元宇宙发展代表当前技术正朝着更为立体的方向发展，它带给人类颠覆性的影响体现在媒介的二维表达向三维感知的升维上。因为在元宇宙里，VR、AR、裸眼3D、脑机接口等技术使三维化的表达得以落实，个体不再是二维现象中的坐标点，而是三维世界中的在场者和体验者[①]。

总之，在对空间领域的拓展上，"元宇宙与现有媒介之间，并非同一维度的迭代，而是对互联网发展的升维过程"[②]。我们在关注元宇宙构筑的所谓虚拟与真实两重世界之间的对峙及其关联的同时，也需要认识这种建基于网络化数字空间的完全"非物质"化社会交往。

### 三 智能技术塑造新的沟通交往方式

现代信息技术的迅猛发展改变了人类社会的交往形态、政治运行秩序、信息传播手段、国家与社会的交织和互动等，使得当代社会正在经历从传统向现代与现代向后现代的双重转向，呈现出关系纽带断裂，致使原本不太成熟的现代社会日趋板块断层。此外，数字社会逻辑的跳跃、断续与空白等碎片化特征，以及多元交互、主客统一的在场体验与迅速流动，异常活跃的网络信息空间，皆对传统沟通交往方式产生了颠覆性的冲击。而万物互联使得人的连接方式从以往的人与人的连接时代，到目前的人与物的连接时代，过渡到物与物的面连接，即任何事物都可以通过网络进行交互往来，相互通信。因此，互联网、人与人之间的连接、人与机器的连接、机器与机器的多层链接表明，互联网发展的每一个阶段都无法回避连接的存在意义。沟通是人类社会交往结构的基本要素之一，是人们相互之间传递、交流各种思想、情感、观念，以建

---

① 向安玲、陶炜、沈阳：《元宇宙本体论——时空美学下的虚拟影像世界》，《电影艺术》2022年第2期。

② 喻国明、滕文强、元宇宙：《构建媒介发展的未来参照系——基于补偿性媒介理论的分析》，《未来传播》2022年第1期。

立和巩固人际关系的过程。人类的沟通方式从最早的面对面沟通（语言的或肢体的），到文字发明后以文字为媒介的信函沟通（时空不同步），工业化时代到来后的电话、电报沟通，这些传统的沟通方式多受时间、空间、范围的限制。现代信息技术的发明应用，使得人类沟通发生一场深刻的革命，跨地域同步式沟通、多主体共享式沟通、跨时空网络式沟通等成为现实①。

**（一）从互联网到元宇宙的技术升维，催生了人的连接方式重组**

元宇宙是凭借现代信息技术构建的一个现实与虚拟融合的虚拟世界。在元宇宙里，人类能够使"缺席"的肉身，以智能身体"在场"②，并随时"进入"、"退出"和"切换"空间，以实现"在场"和"体验"。较之于互联网，元宇宙以其深度沉浸性特征重启技术与身体的关系，实现人的连接方式迭代、重组与升维。

1. 从互联网到元宇宙的技术升维

如果说在互联网发展的上半场，人与人之间的连接问题得到了解决。那么，在互联网的下半场——元宇宙里，实现任何场景下皆能"做事"就成为迫切需要解决的问题。

"元宇宙和此前互联网的最大区别是元宇宙支持实时性。元宇宙是一个持久不断更新的混合现实空间集合，可以映射到不同的地理空间位置，是一种在不同应用程序之间归档、映射、共享创建的虚拟空间。这是一个去中心化，点对点分享，相互协作且具有混合现实临场感的复杂系统"③。其信息资源可以随时"跳转""回溯"和"联结"。

作为互联网的升级版，元宇宙所增加的全真互动这一维，使得我们所处的并非全然的虚拟世界，而是虚拟世界与现实世界相互改造、再转化为新的现实。因此，人际关系、社会关系乃至人们的思想行为等各要

---

① 邹忠民:《论现代信息技术特性及其对社会的影响》,《图书情报工作》1999 年第 8 期。
② "在场"意味着各方社会行动者的主体或身体都处在同一个互动场景中。互联网时代的在线对话,进化到更为适应人类社会行动实践的深层次空间变革——元宇宙在场对话。
③ 胡泳、刘纯懿:《"元宇宙社会": 话语之外的内在潜能与变革影响》,《南京社会科学》2022 年第 1 期。

素构成了元宇宙便捷携带的全息数字产品。简言之,元宇宙提供的不是简单的平面信息,而是包含视觉、触觉、动觉等能使人在虚拟实践中发生情感波动,激发人的想象力、创造力的一种立体体验。

正是元宇宙通过不断重构人类生存的时空场域,人们才在主观上感受到空间厚度与广度的增强,形成了人类生活的新形式。因此,元宇宙不仅促使虚实融合,而且数字分身和数字孪生技术,可以用来模拟进行各种各样的思想实验,为我们优化思想政治教育理论与实践提供实验与结论分析。

2.在元宇宙里主体以非物质性的化身存在,重构了人的连接方式

如果说互联网只是提供了新的环境,以确保能更加轻松高效地使用现有资源,那么元宇宙则是以深度沉浸性特征重启技术与身体的关系,向外以VR、AR等技术装置延伸人类感觉器官,内嵌以赛博格"化身""在场",呼吁一种更加多元的身体观,以诠释人的连接方式的重组与升维。

首先,"我们之所以能够在元宇宙中获得一种'在场'的知觉体验,一是因为镜像神经系统借助人体的知觉和思维过程,对现实世界中获取的经验进行数字化模拟之后投射到了虚拟空间里;二是虚拟现实技术通过与人体的神经系统相配合,产生了一种新的知觉经验,形塑了一种新的身体实践。这是技术对身体边界的拓展"[①]。一旦身体和技术相互交织,那么身体和"在场"便不再捆绑在一起。于是有了身体的"真身在场"与"化身在场"的说法,线上一个ID即可以表示我们在场。犹如小说《黑客帝国》中由黑客打造的平行于现实世界的虚拟世界,人人都拥有自己的化身(Avatars)和一个虚拟形象,然后通过虚拟现实设备进入虚拟世界,与在其中的朋友们聚会和交流,从"在线"走向了"在场"。

其次,未来元宇宙应该是一个巨大的公共网络空间,能够将增强现实和虚拟现实结合起来。在这个不受现实时空条件限制、极具临场感

---

① 胡泳、刘纯懿:《具身元宇宙:新媒介技术与多元身体观》,《现代出版》2022年第2期。

的数字空间里，身体以"非物质性"方式存在——"化身"（虚拟化的数字替身）通过真身与化身，主体可以在多重时空系统里无缝跳转和切换。元宇宙的虚实融合特征，将人们在虚拟时空的体验、社交等元素延伸到现实世界。当然，现实世界中主体的时空感、认知判断也会返回虚拟空间，使主体走向某种更多元的形式。在元宇宙里，现实世界中的真身、虚拟世界中的化身是合二为一的。真身即本我，化身是与真身在认知、情感、交互体验上具有相通性。

最后，在互联网时代，当我们以身体是否在场来表现主体和再现主体时，身体和机器之间依然有一个清晰可辨的"界面"存在，而且界面"可见"和"可触"。而在元宇宙里，这个物质界面被隐藏，血肉之躯似乎被搁置在该虚拟空间之外。由于在元宇宙里，表现主体与再现主体的分属界面模糊，给人一种到场的幻觉，让用户沉浸在一个栩栩如生的数字世界中，有身临其境的在场感觉，能在身体不在场的前提下实现人的在场。

总之，元宇宙是一种指向未来且不受时空条件限制，极具临场性的数字空间。而人是联结虚拟和现实的主角，当身处元宇宙的数字人不会受到线性时间和物理空间的限制时，会拥有很多创意和无限的可能性，且借助不同时空的自由拼接与整合，也扩大了线上集合空间，提升了人际交往质量，实现人连接方式的更加多元、重组与升维。

**（二）人在"线下"与"线上"的自由转场及其对思想政治教育的影响**

"技术确实为一些人，特别是那些被边缘化但自我赋权的人们打开了新的大门"[①]。而"有了技术之后，人就变了，人就从进化的产物变成了新世界的创造者"[②]。伴随着数字技术的普及，信息传输方式已经发生改变，数据成为重要的生产资料，打破了时空界限，改变了人、社会等存在方式。智能技术赋能，使世界从一连串自然的或社会的现象转换

---

① ［美］亨利·詹金斯、［日］伊藤瑞子、［美］丹娜·博伊德：《参与的胜利：网络时代的参与文化》，高芳芳译，浙江大学出版社2017年版，第23页。

② ［美］保罗·莱文森：《思想无羁：技术时代的认识论》，何道宽译，中央文献出版社2003年版，第15页。

为信息与数字符号。人也形成了数字符号表达与虚拟镜像，并实现了从"现实、实体、线下"到"虚拟、用户、线上"的转场。以理性计算为主要特征的数字逻辑渗透在人际交往中，并建立数字化的交往空间。人的活动空间从物理空间延伸到网络空间，其主体从过去完全浸没其中的在场，转变成登录在线的观望状态。

1. 虚拟与现实的深度融合以及人的转场特点

在场与缺场的深度融合，虚实相生的空间复合状态，数字需要在空间符号中思考，激活空间交往路径，以实现数字空间与地方空间的双向激活。一是数字空间与地方空间的复合共生弥合了网络空间对地域空间的侵袭与挤压。二是数字时代亟须处理好网络空间与地域空间符合下的社会联结再生产问题。这种联结并非要求回归专注传统面对面的互动模式，而是强调结合多元数字媒介，拓展虚拟与实地共生的空间，动员更广泛的社会力量参与公共事务。

一方面,现代信息技术催生的海量数据与"海量连接"[①]构成了智能数据网。这种技术力量会推动人类将机器和大脑一起接入相互连接的智能数字网络。这将从根本上改变我们的生活和工作方式，并将物质世界和虚拟世界融合成一种全新的另类现实。[②]技术帮助我们创造了新体验，突破了人类现有的生理、时空和逻辑极限。诸如凭借 V 装置，我们可以沉浸在数字空间，体验与古人对话、促膝长谈。如果说，人的存在目的就是"在生命最广泛的体验中，提炼智慧"，那么"设法体验一切生而为人的感觉"[③]，使得人类所具有的最后防线或现代科技梦寐以求想要突破的"天花板"——意识，则同于"主观体验"。[④]

---

① [美]史蒂文·霍夫曼：《原动力——改变未来世界的 5 大核心力量》，周海云译，中信出版社 2021 年版，第 48 页。
② [美]史蒂文·霍夫曼：《原动力——改变未来世界的 5 大核心力量》，周海云译，中信出版社 2021 年版，第 48 页。
③ [以]尤瓦尔·赫拉利：《未来简史：从智人到智神》，林俊宏译，中信出版社 2017 年版，第 215—216 页。
④ [美]麦克斯·泰格马克：《生命 3.0——人工智能时代人类的进化与重生》，汪婕妤译，浙江教育出版社 2018 年版，第 376 页。

另一方面，智能化、智慧化、互联网全面向下兼容，拥有海量信息与即时同步功能，还具备感知、学习价值判断能力，并配合脑机接口等互联网技术，意义交互，人机协同实现了与人类全面共生。这无疑使文本、声音、图像等皆纳入实证分析中。由此，智能技术的高度发展，使得虚拟的现实逐渐步入人们的现实体验。"虚拟现实通过特有技术将观者纳入共同书写文化和记忆的过程中，观者与媒介互动，成为沉浸式共情体验的新主体"；"虚拟现实通过全景共情机制，成为重构空间虚实和探索文化记忆的重要革新动力。"① 换言之，我们的生活被技术彻底改变了，人不仅是物理的存在，而且具有一种新的虚拟的存在方式。尤其是信息技术全方位地浸入社会实践，社会场域中的时间性因新技术的影响，使得时间的表现方式和生产方式发生根本性变化。

2. 人的自由转场对思想政治教育的影响

智能技术直接影响思想政治教育的主体结构、空间结构、时间结构，进而决定了人的发展及其思想政治教育活动具有新的特点和规律。如何实现德、智、体、美、劳"五育"并举综合素质发展与数字化技能素养的发展，如何有效实现人的价值观、信仰与道德的发展，以及如何避免数字化带来的不利影响，等等。这些问题存在多时空、多主体、多层次、即时性、交互性等特点。这使思想政治教育理论与实践创新又有了新的方向。

首先，在虚实混合时空里，人工智能技术的广泛使用对于思想政治教育实践活动、主体身份认同等一系列相关问题深入研究。一是思想政治教育主体与客体变得相当复杂，从人际关系走向人际与人际关系；二是思想政治教育空间发生革命的变革，线上＋线下成为常态，并由此引来思想政治教育新的问题；三是大模型、大数据、可穿戴可植入与增强现实设备等带来方法论与方法革命的无限可能；四是科技的爆发式、叠加式增长要求我们重新认识价值观教育、道德教育、思想政治教育、人文精神的地位与作用，以探索数字文明时代思想政治

---

① 郭春宁:《全景式共情机制：虚拟现实再空间叙事与文化记忆中的应用》,《天津社会科学》2022 年第 2 期。

教育新形态以及所具有的独特的概念体系、问题体系、理论体系、方法体系与话语体系。

其次，作为智能技术的核心——算法，实质上是一种物理工具，它貌似中立，但结果却呈现出强烈的价值观，早已渗透于现代社会日常生活各个角落的数字处理服务之中。在它看似"人性化""私人定制"的表象背后，隐藏着一套操控手段，使得公之于众的数据真伪存疑。换言之，"技术对人类生活的影响具有两面性"，技术方式的变革必然会导致社会形态与社会制度的演变。制度包括观念、结构、实践和关系等层面，技术首先进入制度之中，推动制度转化为治理效能，在转化过程中也会产生新角色、结构、实践、价值观和信念等。这些内容形成的综合效应，会改变、威胁、取代或者补充现有的组织、制度、行业内现有的规则，推动制度的变迁。技术与制度具有同构性，数字公民与数字社会、数字国家融合在一起，呈现客体数字化与主体数字化的叠加效应。

最后，多元复杂的内外环境决定了思想政治教育变革的重点与短板，其表面上是捍卫人的价值与尊严，实则摆脱不了把其作为权力的牢笼。这也是算法推荐（偏见）、算法黑箱、算法歧视产生的思想基础，由算法分发、算法逻辑、效率逻辑、流量逻辑、价值偏向等引发的网络暴力，人的异化等更显现出技术与人文的关系。更进一步说，经由技术的强势赋能，使得虚拟世界在对现实世界不断再现的同时，又以模仿与创造之势改变现实世界，使用真实与虚幻、线上与线下交相辉映、相互制衡。

总之，当科学家不断优化人工智能系统的性能时，人文社会科学家更应思考哪些人类长久以来珍视的价值被写入智能系统，使得技术成为追求至善生活的助力，而非解构性力量。我们不能等到思想的列车行驶到站之后再用炸药包改变其方向，而应在其形式行驶途中就履行引导者的职能。算法建构了人们在互联网上的感知与现实，潜移默化地成为无形的空气，无处不在的幽灵游荡在人们的思维模式与行为逻辑中，内显于人的同时，重构着人。

第二章　概念群：人工智能概念域及其社会影响

**本章小结**

本章介绍了人工智能相关概念，分类及其发展阶段，并指出包含人工智能技术在内的单一技术要想具备重塑思想政治教育的力量，需要一个组合进化的过程，即经由单一技术、单体技术走向复合技术、组合技术，进而形成智能技术生态。在描述人工智能对现代社会政治、经济、文化等影响的基础上，揭示由人工智能驾驭的数据挖掘与数据结构化的量化价值，以及由 chatGPT、sora 等文生文、文生图、文生视频的崭新技术，进而提出人工智能对时空场域与交往方式的重构。

具体来说，本章主要包括以下四方面内容。

第一，揭示人工智能的相关概念及其延伸的概念群。一是对人工智能概念进行界定，揭示其历史发展阶段；二是探索人工智能等现代信息技术群的概念、功能以及技术形态演进之间的区别与联系。

第二，从政治、经济和文化领域入手，分析人工智能对社会发展的影响。

第三，探索由人工智能技术驾驭的数据挖掘与数字处理，为将信息流、思想流与人的行为之间建构可靠的数字关系。一是揭示数据运行机理；二是探讨数据的可视化（由 chatGPT、sora 等产生的文生文、文生图、文生视频的崭新技术）；三是揭示由人工智能驾驭的数据将成为推动社会发展的新要素。

第四，揭示智能技术生态的形成及其价值，探索智能技术生态对空间场域与人的交往方式的拓展。一是揭示智能技术生态形成的机理及其价值。一方面，揭示互联网的演化逻辑及其向现实社会结构与空间环境的延伸价值；另一方面，探索互联网时代，技术从作为工具概念转向作为社会学意义范畴的飞跃。

二是揭示智能技术形成新的空间，冲击传统空间场域。一方面，剖析从互联网到元宇宙的技术演进逻辑及互联网与元宇宙对传统空间的形塑的可行性；另一方面，揭示互联网与元宇宙对空间的形塑。

三是剖析智能技术塑造的崭新的沟通交往方式。一方面,揭示互联网到元宇宙的技术升维,催生了人的连接方式重组;另一方面,揭示人在"线下"与"线上"自由转场及其对思想政治教育的影响。

四是确立以智能技术为标志的思想政治教育智能思维。智能思维不仅是一种方法性、技术性思维,也是一种理论思维,更是一种人文社会科学与智能科学的交叉思维。

## 第三章　连接域：智能时代思想政治教育的显著特征

连接域，即识别类别关系过程与其他类型过程的关联，这意味着我们能在"类"与"类"之间连接的空白地带挖掘出更多的创新潜能。数字技术革命通过连接，承载和构建了新的社会化传播场域，重构了思想政治教育各要素之间的联结关系。既往的思想政治教育研究聚焦在内容的生产、传播、手段的选择等边界较清晰的研究对象，且各环节之间的关系较为单一，致使我们往往搁置了思想政治教育研究中的各环节和主体之间的复杂关系。互联网的连通特性不仅打破了时空界限，让人们重新找回精神的联结，锻造精神风骨，而且让思想政治教育与社会、技术、文化等有了更深入的勾连，加剧了思想政治教育的复杂性，人与机器、意识与代码、现实与虚拟之间的关系也被重构。本章试图审视人工智能时代思想政治教育的显著特征，考察其现象和挑战，以实现对思想政治教育既有理论体系和研究范式的延伸，进而通过连接域塑造优质的联结，打造思想政治教育的新质生产力，促使新要素、新模式、新动能的形成。

## 第一节 连接与断连是互联网发展[①]中相互矛盾、相互衔接的现象

连接是信息与数据正确传输的前提条件，断开连接则是让计算机释放暂且不需要的信息。缺乏断开的连接，极易造成数据传输错误，乃至因持续占用资源，服务器压力堪忧，引致过度连接。正是由于永久在线或永久连接的平台，让用户产生信息过载、社交倦怠、隐私担忧等数字压力，使得"不在线成为一种奢望"。有学者甚至提出了断连权来赋予用户自行支配非工作时间管理和控制连接的自主权，进而规避工作边界与生活边界之间的模糊带。

### 一 连接与断连关系辨析

连接即存在，是网络社会演化的目标和手段。随着互联网的快速发展，连接成为人们的生活习惯和方式，有学者将这种连接实践的感知称为连接在场[②]。互联网技术以参与和共享功能增强了用户之间的联结，使得既往通过血缘、地缘、业缘、趣缘的连接方式和新生的缘分铸就了线上连接网络的奇迹，建构、生产和维系新的关系、新的身份和新的社会支持。[③]然而永久连接和永久在线让用户产生信息过载、隐私监视等数

---

[①] 由于本课题前提预设是：互联网、大数据、云计算、人工智能等现代信息技术，是以技术群的形式与思想政治教育发生作用，因此，探讨人工智能时代思想政治教育的特点，必然绕不过互联网这一环节。

[②] 陈雪薇、张鹏霞：《"不在线是一种奢望"：断连的理论阐释与研究进展》，《新闻与传播评论》2021年第4期。

[③] 陈雪薇、张鹏霞：《"不在线是一种奢望"：断连的理论阐释与研究进展》，《新闻与传播评论》2021年第4期。

字压力，为了冲破过度连接的藩篱，断开连接、逃离线上生活成为呼声。为了揭示连接与断连之间的区别和联系，本章首先必须厘清"连接""联结"和"链接"等概念。

在揭示现代信息技术特征时，往往会涉及"连接""联结"和"链接"。它们之间既有相似之处，但各自侧重点则不同。"连接"既是指"（事物）相互衔接"，也有"使连接"的意蕴。"联结"即"结合（在一起）"①。"连接"强调事物头尾相互衔接；"联结"则强调通过中间物质融合在一起。"链接"是网络中常用的词语，指利用技术手段将网址、文字、图片等与相应的网页联系起来。本书在使用"链接"时常常包含三个词汇的整体概念。由于信息技术的变革集中体现在网络空间的拓展上，诸如快手、抖音、社交群、微信群等，其名目繁多，形式多样，内容丰富。这些通过数字技术连接起来的主体群体尽管在虚拟空间活动，但其活动内容与日常生活融为一体。链接意味着对空间的扭结处、技术场域交叉点乃至被遮蔽的空当与边角挖掘，以探索被遗忘的、被遮蔽的要素，为全方位呈现现代思想政治教育数字化转型发展轨迹提供技术支撑。

所谓断连，是相对于技术使用者来说的，是指个体反连接意识的强化行为，即个体基于抵制目的故意和通信设备切断连接，以躲避线上生活。这种断连有永久的，也有弹性的，它依赖个体自主行为。就此而言，断连是一种生活状态，它可以作为一种权力的正当性存在，也可以与连接共存。当然，对于像老年人、儿童等非技术使用者而言，断连是被动的。他们在信息技术断连中成为数字的弱势群体，成为网络社会中失语的他者。②而本书所说的断连，主要指技术使用者主观故意与移动设备断开连接的实践。

无论何种连接，个体皆能在连接中获得一定程度的满足。但一旦连

---

① 王丽霞：《小学语文教学中的"咬文嚼字"》，《教育》2018年第2期。
② 陈雪薇、张鹏霞：《"不在线是一种奢望"：断连的理论阐释与研究进展》，《新闻与传播评论》2021年第4期。

接过度，面对的信息量和关系链超出了自己可以处理的限度，就会产生社交媒体倦怠，进而产生一系列断链行为，比如降低使用频率、暂停使用等。面对这样复杂的社交局面，个体或多或少地会产生焦虑和倦怠。正是由于线上过度连接对线下连接的挤占，分散注意力乃至成网瘾。尽管互联网改写了"固有的时空结构和文化规则"①，个体实现了自身虚拟世界的在场，让他们迅速进入愤懑、骄傲的状态，以获得当下片刻的满足。但人们在虚拟信息场域中的位置却并非随机任意的，而是基于特定的兴趣召唤到一起。一旦兴趣转移，便会产生倦怠情绪、焦虑。人们渴望重潜于集体中抱团取暖，于是回到线下成为必然。

从这个意义上来说，断开连接可以使连接变得可能，是一个不可忽视的重要议题。在后连接主义时代，断连可以使个体从网络的束缚中摆脱出来，更好地休息和储能。生存在这个聒噪与喧嚣的数字尘世中，独处和交谈在数字时代的存在意义是值得我们思考的重要问题。

总之，在互联网的发展过程中，连接和断连是一对相互矛盾又相互衔接的概念。互联网发展中的断连（或者说出圈），并非简单意义上的边界突破，也不是从属原来圈子的外溢，而是社会关系网络的重新嵌套与连接，即再连接的过程。因此，本书把重点放在"连接"这一特性上，并由此延伸为对连接、联结、链接的考察与辨析。

## 二 技术场景的链接②

互联网突破了时空的局限，技术、场景、人、道德伦理问题以共生与交融的形态存在。技术场景的大链接包含互联网的强链接与技术场景的联结，进而带来场景的延伸。当然，场景延伸的实质不是简单意义的

---

① 蔡骐:《网络虚拟社区中的趣缘文化传播》，《新闻与传播研究》2014年第9期。
② 关于链接、联结、连接的界定。"联结"和"连接"既有相似之处，也各有侧重点。"连接"强调事物头尾相互衔接，事物之间有重合部分；"联结"则强调有一种中间物质将两种事物结合、融合在一起。"链接"是网络中常用的词语，指利用技术手段将网址、文字、图片等与相应的网页联系起来，一点击网址、文字、图片等就出现网页页面的

接触和碰撞，而是在对话、交流的基础上产生思想观念的升华。场景延伸的模式在于，场景从时空分离到时空延伸再到时空一体的场景体验，且无数场景是并置关系。场景延伸颠覆了人们传统的社会认知和社会关系，人们在真实时空的"异步"交往，转换为即时在线的"同步"交流。身体虽然缺席，但思想一直在场，异地交往变成网上即时在线。

第一，互联网的强链接。互联网的核心是连接，连接的目的在于获取数据，在于管理，在于提质增效。网络空间是人类迄今为止创造的最复杂工具。它正深刻地改变人类的心理和行为方式，影响人们的日常生活。人们从速度至上转换到追求智能技术下的时空一体的场景体验。而场景的符码化也使得我们对虚拟空间的渴求，从兴趣沉浸到身体沉浸再到心理沉浸。这意味着场景的联结与延伸不是简单意义的接触、碰撞，而是在对话交流的基础上产生思想观念的升华。

第二，技术场景的联结。海量的信息充盈着日常生活空间，并营造文化的碎片化。移动化虚拟场景不仅加深了人的数字化生存，而且推动了人本身的变化、进化、异化和云化。互联网技术的超强联结特点能够对碎片化的空间重组，实体空间与虚拟空间重新聚合生成虚实并存的社区。这是一个虚中有实、实中有虚的混杂场所，它们彼此密切互动，进而形成新的社会关系以及居住性习性。而在不同场地域里，每一次构建的道德实践活动各不相同。例如，当人们每天早上开始将大脑链接网络，我们所处的数字环境由此开启了一天的构建。让每一次浏览、每一次订阅、每一次点击等塑造不同的实践活动场域，影响主客体的思维方式和行为方式。

第三，在互联网时代，谁拥有先进的智能技术平台，谁就能在最短的时间内影响公众对社会的认知。技术负载着价值取向，也蕴含着权力。场景的拓展、社会成员在行动上的日益便捷等，其相互交织的复杂关系以及对各种资源的利用等现象，皆是传统社会无法想象的。当然，也有激发风险的可能，诸如在数字影像、互联网、人工智能的推动下，信息汹涌泛滥。而这种海量信息貌似眼花缭乱，却难以形成有思想意识的个性风格。由于其精神灵魂缺位，让人们陌生、疏离乃至丧失了那种

源自血脉的天然亲近感。当图像置换了思考，随处可见的便是依据肤浅套用图像图式没有思想和生命力的花架子，有高原缺高峰。其实，人与技术的关系就是人与人的关系。因此，我们需要厘清互联网的强链接与场域的整合效应。

### 三　人的连接方式迭代、重组与升维

从互联网到元宇宙的技术升维与虚拟连接，是一个持久不断更新的混合现实空间集合，可以映射到不同的地理空间位置。这是一个去中心化、点对点分享、相互协作且具有混合现实临场感的复杂系统。[①] 其信息资源可以随时"跳转""回溯"和"联结"。这种时空属性的升维，使得我们所处的并非全然的虚拟世界，而是虚拟世界与现实世界相互改造、再转化为新的现实。因此，人际关系、社会关系乃至人们的思想行为等犹如元宇宙的全息数字产品，可以便捷地移动携带。此时元宇宙提供的不是简单的平面信息，而是立体的体验。它包含视觉、触觉、动觉等能使人在虚拟实践中发生情感波动，激发人的想象力和创造力，且主体以非物质性的化身存在，重构了人的连接方式。

一是身体和技术相互交织，身体和"在场"便不再捆绑在一起。于是有了身体的"真身在场"与"化身在场"的说法，进而改变了人的连接方式，实现了从"在线"走向"到场"。化身，是虚拟化的数字替身，是人类与机器的统一体，是有机物与无机物的杂合体。

二是在这个不受现实时空条件限制、极具临场感的数字空间里，身体仿佛将脱离其物质性，以"非物质性"方式存在。"化身"成为人类和人类社会将要面临的一种新型身体。在元宇宙里，现实世界中的真身、虚拟世界中的化身是合而为一的。真身即本我，化身是与真身在认知、情感、交互体验上具有相通性。通过真身与化身，主体可以在多重

---

[①] 胡泳:《元宇宙社会：话语之外的内在潜能与变革影响》，《南京社会科学》2022年第1期。

时空系统跳转和切换。当然，现实世界中主体的时空感、认知判断也会返回虚拟空间，使主体走向某种更多元的形式。

## 第二节　人工智能时代思想政治教育面临的挑战

现代信息技术的跃升变革了信息的传播逻辑，信息传播呈现出全员性、即时性、交互性、开放性、自主性等特点，这为主流意识形态的传播塑造了全新的时代背景。[①]然而，信息技术引致的主客体异化、内容碎片化、环境复杂化等局限，加之敌对势力的意识形态渗透，都给思想政治教育带来了风险与挑战。

### 一　现代信息技术对思想政治教育的冲击

在现代信息技术的高速发展形势下，主流意识形态的传播生态遭遇入侵，致使主流意识形态的传播途径和方式悄无声息地发生变化，虚拟实境异化主流意识形态的主客体关系、主流意识形态的权威性被威胁。这无疑给思想政治教育带来了不小的冲击。

#### （一）多样化信息技术不断冲击主流意识形态的传播主体

随着信息技术的发展，思想政治教育以及意识形态传播环境有了很大的变化。虚拟实境中思想政治教育主客体获取各种共享信息与资源的渠道趋于平等化，主体具有的信息优势逐渐弱化。[②]意识形态传播的主客体获取和交流信息的形式发生了变化，人人都可以成为网络信息的发

---

[①] 徐国民、孙文秀:《新媒体时代主流意识形态传播力提升路径探析》,《思想政治教育研究》2021年第4期。
[②] 程兆宇、郭涛:《互联网背景下高校网络思想政治教育的变化与对策》,《教育理论与实践》2020年第12期。

布者和传播者。这就导致主体的主导性弱化与主客体关系的异化。因为在虚拟实境中，主客体以虚拟身份存在，表现为各种符号图像，主客体互动由直接转为间接形式，主客体无法直接感知对象。主体在场方式不断隐匿化，主体的媒介技术能力不足导致主体的主导性不断弱化。

一是主体的在场方式隐匿化。虚拟实境中思想政治教育主体在场方式表现为符号图像，不再以实体形式出现，思想政治教育主体不断被网络符号图像虚拟化，导致真实存在的主体被忽略，主体主导作用被减弱。思想政治教育以客体的思想为对象，在教育过程中尤其注重隐性教育，注重对人的思想产生潜移默化的影响，这种教育方式结合虚拟实境，导致主体的存在感不断减弱，表现为主体不在场的活动，主体实现引导作用更加困难。二是主体媒介技术能力不足。虚拟技术的强大手段很容易使教育主体产生技术依赖，教育主体通过大数据收集可以区分不同客体，通过自动检阅、自动批改作业、自动评价等手段可以更好地完成工作，这很容易让教育主体产生惰性，教育者不愿意再花时间仔细了解客体，教育主体的主导性就受到了限制。教育主体还存在无法适应技术环境的问题，没有及时掌握教育需要的技术能力，导致思想政治教育主体与客体产生分离，主体对于客体的一些思想和行为无法做到及时了解和采取合适的纠正措施。教育主体对网络环境反应速度较慢，有时面对客体的一些行为和语言无法理解，不能跟客体进行心理共鸣，客体就不能坚定信任主体，无法对主体进行全面倾诉。教育主体如果不能及时感知网络世界的变化，在教学过程中加入网络新内容，便不能激发教育客体的主体性发挥。三是主客体互动间接化。现实思想政治教育主客体是身份明确的存在实体，主客体进行思想政治教育活动是面对面、同时域、同地域，主客体可以直接感知双方。思想政治教育主客体在虚拟环境中，都是以符号图像等虚拟形象展现出来的，双方都以虚拟身份存在于网络世界，主客体无法真正感知自己的作用对象。主客体之间始终存在一个中介系统，通过网络进行虚拟互动，由人—人直接交互转变为人—机—人的间接交互模式。这种间接交互模式在便利主客体交流的同时，也分离了主客体，使主客体无法真正感知作用对象，也减少了双方的情感依赖，降低了双方的信任感（甚至有时候是不同时空的互动和角逐）。

人的本质是一切社会关系的总和，但是在虚拟实境中，人们的社会关系变成了符号图像，被数字化，人们的社会属性逐步被消解，虚拟实境中的数字本身是主客体的结合体，颠覆了传统的主流意识形态的主客体关系。在虚拟实境中存在不同圈层，圈层群体具有价值聚集和排斥的功能，群体容易陷入信息茧房的困境，潜在意识排斥圈外信息和价值观点，对实施虚拟实境思想政治教育带来一定难度。由于客体对主体的信息产生抵触心理，主体一直承担圈外人员的角色，无法有效进入虚拟实境中的互动场域，难以准确把握虚拟客体的实时动态、心理状态、网络语言等，无法运用自身的话语体系影响客体。主客体之间无法建立有效的联结，导致虚拟实境中的主客体分离，主体不断被边缘化，无法构建良性互动的主客体关系。主客体以数字化形式在场，主体能够给予客体更多的自由，客体的主体性得到充分地发挥。但是主体不能像真实世界一样把握思想政治教育过程，无法及时了解客体的心理动态和行为趋势，并根据客体变化来调整教育过程，容易造成客体不适应主体，无法形成良性互动的主客体关系。虚拟实境中客体的主体性不断增强，客体主体性增强在网络空间呈现异化趋势，客体以主体形式进入虚拟实境，发布信息、传播信息，导致主体的主导作用不断弱化。主体对客体的主体性没有及时控制，对客体发布的信息内容没有及时纠正，对客体错误价值观缺少正确价值导向，主客体不断分离，主客体关系逐渐走向异化。

**（二）现代信息技术的负面清单威胁主流意识形态的权威性**

现代信息技术在给社会带来巨大红利的同时，也有其负面清单，诸如信息茧房和"过滤气泡"。这些现象是"海量信息差异化消费的必然结果"，对意识形态传播环境、形式、内容存在巨大威胁。

第一，信息茧房固化喜好，致使意识形态传播隔阂。

"信息茧房"（Information Cocoons）是指公众在信息传播中只会关

注自己选择的东西和使自己愉悦的通信领域。①"信息茧房"一词并非随着现代信息技术的产生而诞生，但现代信息技术的发展，特别是大数据和智能算法在信息领域的应用和追踪，人们有意或无意地接受算法的规训，信息茧房效应更加明显。信息茧房的危害性是显而易见的，不仅阻碍主流意识形态流入，而且会强化对非主流意识形态的认同，给社会政治生活带来潜在忧患。

一方面，信息茧房致使个体所接收的信息僵硬，固化喜好，强化既有认知框架，无法自由地流动。在信息技术背景下，智能算法推荐信息的基本逻辑是通过大数据技术和智能算法，来分析网络平台对象的阅读、观看、聆听的内容，确定消费用户的偏好，同时向其推送符合偏好的信息。在互联网世界，由于大数据和智能算法的存在，人们生活在被封闭的圈子里毫无察觉，并沉浸其中。就像是被困在城里的人，自己的思维以及所见所知无法突破限制，不单单是自己走不出去，更多的时候是外面的事物进不来。这背后就存在智能算法的操纵。

智能算法编织的信息网，已经借助微博、QQ、抖音、哔哩哔哩、今日头条、微信公众号等媒介的传播，强化对于个体的影响和控制。受算法的影响，人们通过选择性媒介接触织就的个性化信息世界是充满偏移、单调和封闭的。它带来的信息环境是"菜单式"信息接触与信息消费，公民之间的共同经验可能因为"信息茧房"的隔阂而无法实现经验上的"共同在场"，进而阻碍协商民主的形成。②这是意识形态传播特别是主流意识形态传播所必须面对的现实问题。

另一方面，信息茧房效应的存在，致使个体的思想认同和肉身逐步产生分离。对于生活在信息空间的人来说，"信息茧房"是一个温暖而友好的地方，人们可以只选择他们接收的信息，排除他们反对的信息。因为喜好的固化，在网络上思想有认同，但是现实世界中肉身的集体在

---

① [美]桑斯坦：《信息乌托邦：众人如何生产知识》，毕竞悦译，法律出版社2008年版，第10页。
② 李龙飞、张国良：《算法时代"信息茧房"效应生成机理与治理路径——基于信息生态理论视角》，《电子商务》2022年第6期。

场是和思想分离的。其中最主要的是思想的共同在场也并非对于主流意识形态的认同,在网络思想共同在场的基础上,内部的认同也是离散的。信息茧房使得个体的思想和肉身有隔阂,同一在场思想的认同也有隔阂。在这种情况下,主流意识形态的传播必然遭受信息茧房的固化和阻碍。

个体的信息偏好是否与主流意识形态相符合,智能推荐算法都会为其"编织"一个与其偏好相符合的信息茧房,而且借助大数据技术,智能推荐算法能够搜集大量信息从不同侧面佐证特定个体的观点,从而使这个"编织"的信息茧房更牢固,使个体更加坚信自身观点的正确性。在传播学视域下,经典的知识效果研究实际上仍然假设了一个相当稳定的传播模型,即受众会通过惯性的媒介接触来获取信息,其结果之一就是培养理论所预示的,特定媒介的长时间接触能够影响人们的认知表现,如电视暴力研究显示出电视的叙事功能具有极强的能力,电视媒介的作用不是改变现状,而是维持现状。此外,对于已经认同主流意识形态的青年而言,信息茧房易导致其视野窄化,不能从全局层面认识和分析问题,对主流意识形态的认同流于表面。这对于主流意识形态传播是艰巨的考验和极大的挑战。

第二,过滤气泡分化社群,致使意识形态传播离散。

2010年,美国互联网观察家伊莱·帕里泽(Eli Pariser)出版了《别让算法控制你》。作者在书中提出了"过滤气泡"(Filter Bubble)的概念,认为网络媒介平台可以借助先进技术,最终生成个性化的信息筛选,将用户不感兴趣的信息主动过滤。对用户而言,这无疑为他们构造出一种"独特环境",一个由一系列过滤装置构成的个性化信息世界,这意味着用户信息"二次筛选"的权利被剥离。随着现代信息技术与媒介传播,特别是信息进行深度融合,基于现代信息技术的各种媒介在大数据智能算法的个性化推荐下,个体用户对于特定的信息"二次筛选"的权利逐步被剥夺和转移。"过滤气泡"致使个体与外界信息隔绝,以至于群体类社群分化。

过滤气泡对意识形态传播的威胁是具体的、巨大的、可见的,甚至是可查的。过滤气泡效应将个体分化成不同的群体,对于主流意识形态建设将会考虑不同群体的特质分析。由于个体转向群体化的过程中会进一步加强在信息茧房效应基础上的壁垒,主流意识形态传播的内容、环境和形式将会被极大地分化和离散开来,主流意识形态所携带的能量和力量将被消解。与此同时,在一个个离散的独立的社群里,非主流意识形态的入侵会更加猖狂和放肆。因为社群的壁垒已经"天然"为非主流意识形态打造成了"防火墙",社群里的个性化选择天然地为西方意识形态传播和非主流意识形态传播提供了广阔的空间和肥沃的土壤。

## 二 人工智能时代给思想政治教育带来的风险预警

信息技术的飞速发展,不仅为思想政治教育带来了一种思维推理和思想建构模式,也助力我们考察各种社会思潮和思想观念,当交锋与碰撞时,能够洞察其场域空间、话语特质、叙事内容以及在叙事方式之间相互影响、相互匹配的逻辑关系,为丰富思想政治教育概念内涵、方法研究等方面作出贡献。当然,思想政治教育在随网络实践的发展而不断丰富和完善的同时,也会面临一定的风险。但风险并不等于危险。这就要求我们把思想政治教育创新面临的风险置放在整个社会发展的文明高度,以此理性地分析和预警,在解疑释惑的范例中呈现其力量。

首先,互联网技术已经被整合到我们的经验之中,并形成了新的存在、认知和做事的方式。活跃于社交媒体上的意识形态传播主体,更多的是以平等者的视角展开。主体之间双向交往的交互关系,由传统单一的主客观关系,转化为主客体关系与主体际关系[①]并存的状态。当下思想政治教育面临的风险是,如何彰显思想政治教育的主导性?如何基于教育主体的双向互动关系,以平等的关系、真诚的情感、朴素的语言与逻辑对话沟通?这些都给思想政治教育带来巨大挑战。

---

① 主体际首先是一个哲学概念,它是一种"对话的逻辑",是一种沟通的理性,是种平等主体间的平等的、双向的、互动的商谈性的人类交往活动。

其次，互联网技术给思想政治教育增加了新的关系类型。在人与互联网关系过度连接之下，来自社交倦怠、圈层化约束、隐私侵犯等新的问题开始倒逼我们反连接的思考。① 问题是思想政治教育如何面对这种脱嵌所引起的断裂？如果说主体之间的交互关系不是谁主谁次，而是此消彼长、优势互补的迭代关系，那么榜样的力量、崇高品质与感召力如何被纳入网络交往中以彰显人格吸引力和精神感召力？这些都是互联网时代思想政治教育面临的巨大挑战。

最后，风险是建构的，它既是文明本身的构成部分，又是体现文明"副作用"的那部分。关系视角导向下的思想政治教育风险预警，是要以问题链的方式，对诸多关系展开层层追问。它以系统整体性的视角回答了"谁培养人""培养什么样的人""怎样培养人"的问题，进而确保思想政治教育实践活动有效性，加深教育者和受教育者之间的对话、交流和理解。

总之，在互联网时代，思想政治教育再连接是事物之间关系的连接，意味着全域式教育模式的形成。这为思想政治教育发展奠定了坚实的物质基础、理论基础和思想基础。因此，唯有找出关系连接的机理，才能使思想政治教育在平实的对话中饱含款款深情，在讲透深刻哲理中透露健康的人生态度与传递美好的信心，进而带着人文激情去呼唤理性主义的乡愁，让价值照耀技术的最初驻地。

## 第三节　思想政治教育各要素之间的联结与重组

思想政治教育学是一门因实践活动需要而发展起来的学科，但理论与实践的脱节是不争的事实。随着以互联网为代表的现代信息技术的发

---

① 彭兰：《连接与反连接：互联网法则的摇摆》，《国际新闻界》2019年第2期。

展，思想政治教育研究需要重返本体，再次嵌入复杂生动的互联网实践活动中。因为互联网不仅是一个发展工具，而且是社会实现跨越式发展的关键，也在客观上改变了思想政治教育的现实境遇、存在方式乃至价值指向。因此，考察思想政治教育与互联网的连接逻辑，旨在考察、分析与解决互联网时代思想政治教育面临的现实问题，进而对思想政治教育展开全方位、全角度、全链条改造。

## 一 技术嵌入引致社会场景的多种力量共同在场

技术嵌入现代社会场景，形成多种力量共同在场的格局，改变了人们的生存方式，拓展了人类生存空间，带来了全新体验——身体的现场缺席和思想的网络在场，并从本质上颠覆了日常生活的"场所"。它不仅重构"场所"，还呈现出现代信息技术与人类有机共生、共融的崭新样态。

### （一）新时代与数字时代的交叠语境

从历史方位上看，我国社会发展迈进中国特色社会主义新时代。与此同时，现代数字时代来临，这意味着全面数字化生存状态成为常态。新时代与数字时代的交叠成为当下主要特征，并倒逼思想政治教育不断创新。

一方面，从发展阶段来讲，新时代是中国共产党带领人民迎来从站起来、富起来到强起来的历史性跨越的新阶段。新时代顺应民心、合民意。它扩展了主体内涵，坚持问题导向、行为导向和全面创新导向的理念。另一方面，全面数字化的生存状态已经成为事实，具体表现为两个方面。一是网络空间衍生了人的存在状态。网络由他者的存在样态发展成为大众生活实践的重要因素，并将人们的衣、食、住、行等全部包含其中。二是我们正在迈向深度数字化的新时代。它将以互联网、大数据、云计算、人工智能等为标志的现代信息技术作为载体，以互嵌、链接、共享为特征，可以将任何事物连接起来，形成交互融合与共生共存的生存方式。可以说，"算法有能力塑造社会和文化形态，并直接影响个人生活。"①数字化成为常态,数字全面覆盖社会生活。

**(二)现代信息技术形塑新的场景,冲击传统道德**

首先,现代信息技术制造出移动空间、网络空间、地方空间、微空间等。它们彼此交融并置,形成了崭新空间。这种崭新空间不仅表现为线上与线下联结,而且彼此之间呈现出前所未有的渗透、扭结和排斥②等特征。随着移动场景分化的微空间的出现,虚实空间紧密相连。肉身在场的地方感被打破。"社会不再是空间上被界定的地点,而是由网络成员根据归属感和集体认同来划定边界并可以朝任何方向延伸的社会网络。"③

其次,信息技术冲击传统地方场景,不仅提供制造出碎片化的文化图景,而且为数字化插上了翅膀。一方面,"文化的多样性和异质性既是流动的现代性社会的碎片化和多元的客观反映,也是它的维持因素"。④碎片意味着信息的野蛮生长,这给传统道德带来巨大冲击。另一方面,互联网造就了缺场空间。它使身体缺场,思想在场成为可能。网络数字化,意味着我们不是在上网,而是生活在网上。

互联网技术为人类创造了全新的空间。这是否意味着用互联网来改造传统道德成为普遍现象,是否意味着它是传统道德融入当代的唯一选择?如果说回归道德原点,使道德能成为寻常百姓日常生活的常态而不是奢侈品,那么如何确保道德在数字时代与新时代叠加中真实地反映现实生活,而不至于力不从心、捉襟见肘?现代科技带来的工具理性强势,使得各种各样越来越细的规范之网牢牢地束缚了人们的行动,给人

---

① 陈文胜:《嵌入与引领:智能算法时代的主流价值观构建》,《学术界》2021年第3期。
② 冯雷:《当代空间理论批判的四个主题——对后现代空间论的批判性重构》,《中国社会科学》2008年第3期。
③ 聂磊、傅翠晓、程丹:《微信朋友圈:社会网络视角下的虚拟社区》,《新闻记者》2013年第5期。
④ 田启波、陶日贵:《鲍曼"流动的现代性"思想的三个层次》,《马克思主义与现实》2009年第1期。

们造成了沉重的心理负担。① 加之，传统、现代、后现代社会的各种复杂要素微妙地混在一起，倒逼我们以想象中的叛逆，弥补现实中缺失的勇气。也许技术的嵌入在给传统伦理道德文化带来冲击的同时，也带来了契机。

总之，人们的美好生活不仅需要现代性文明，也保留其传统文明底色，呼唤人性的回归。因此，在新时代与数字时代交叠的语境中，寻常百姓做有道德的人何以可能？如何规避突破道德底线的行为？这是时代的叩问，也是我们对现有道德规范的理性反思。

（三）现代信息技术带来的场景突变及其对多重场景整合

现代信息技术重构了三维时空，我们可以身处多个虚拟空间，随意穿梭于虚拟与现实世界的多重场景。这种高卷入度、高黏合性的场景不仅延长了体验时间、扩展了体验空间，还模糊了虚拟与现实的边界。凭借现代信息技术，我们可以分析个体所处的空间场域以及各因素，能更加全面地洞察个体行动轨迹。

一方面，现代信息技术带来了场景的突变。互联网促使场景从实体空间逐渐走向意义的、符号的、虚拟的空间。这些多重场景彼此交织、相互交融的功能，拓展了实体空间的价值与意义。因此，揭示其互动关系，有助于揭示公民思想道德与行为在不同场域中流动轨迹。

另一方面，现代公民道德建设理论和实践应思考网络化情形下的治理场景，思考技术革命与国家治理现代化的双重叠加背景下重塑公民道德建设的基本场景的问题。一是充分利用技术赋权的优势，把数字化平台的虚拟空间在不同领域联结以及完善数字化管理机制，作为应对网络政治空间、公共性议题和网络舆情等问题的技术支持。二是关注不同空间的交互作用，诸如信息技术带来的中国网络主流文化空间、亚文化空间等。这种跨越时空的文化混融，打破了边界，飘荡着不同声音、不同思绪、不同灵魂。碰撞、流动是无数个既相互影响又彼此对立的亚文

---

① 王习胜、杨晓帆：《现代城市文明语境中的公民道德建设探要》，《道德与文明》2020年第6期。

化圈共同构筑的复杂场域，而且各自文化圈子里以圈内共识来区分其他圈子。但亚文化圈还有一个特性，就是自由流动，即文化圈子无法约束其成员的迁徙。因此，我们既要看到技术赋权公民道德建设的可能性与优势，也要对技术的解释力和适应性进行反思。当下科技正在重组社会结构、改变生产关系。如果说大数据是生产资料，人工智能就是生产关系，算法是生产力。算法技术不仅塑造生活习惯，还塑造思维模式和价值。

**（四）信息技术为有效规避道德滑坡提供技术支撑**

社会场景的深刻演化与技术载体对社会成员关系的重构，呈现出社会诉求空前拓展、社会成员关系不断强化的特点。传统道德与技术狭路相逢，其道德体系势必面临水土不服的困境。因此，信息技术对道德的正面改造不仅是对传统的守望与继承，更是符合时代发展的创新与超越。现代信息技术是联结传统与现代的纽带与桥梁。

一方面，技术要穿透社会，嵌入基层生活与工作中，夯实基层阵地，使主旋律充盈在网络空间。信息技术不仅要顺应与嵌入国家治理体系，还要通过社会场域来施展，以践行道德价值和社会公平正义为使命，进而将个人福祉和社会进步有机结合起来，在个人和社会之间进行调节，实现多样性共融、和谐性共处。

另一方面，过于技术化往往遮蔽了反思性能动主体。因为在技术化过程中，主体结构与技术建构并存，当主体原有结构平衡被打破，主体的某些本质属性丢失，技术恶果出现[1]，致使信息量也被一步步压缩，民意成为单一的均数，难以体现其多样化与异质化特质。在数字化机器不断强大乃至傲慢的过程中，民众则易于走向冷漠。[2] 其实，人类社会未来前景并不取决于技术进化，而取决于人性自身的进化。因为每一个生长和变化的生命体，其所包含的情感意蕴都是道德伦理的筋骨支撑，体

---

[1] 张江龙：《面向空间的社会工作实践：理论意义和实现路径》，《江汉论坛》2020年第9期。

[2] 肖唐镖：《中国技术型治理的形成与风险》，《学海》2020年第2期。

现的是强烈的个体经验与体悟。而机器的编码、解码逻辑与作为生物体特征存在的人类是不同的。生命体的存在与演进经历了成千上万的过程。其行为、结构和思考保存生物算法的特质。因此,智能算法需要理解并尊重生物体特征所特有的自身性经验①与对生命意义的追求。

## 二 思想政治教育面临的连接与断连(脱嵌)

互联网的演进也是连接的演进。互联网发展的一个重要线索,是人与人的联结的演变。在互联网实现的各种连接中,人与人的联结是核心。而理解网络中人与人联结模式的演变,可以更好地探寻网络社会的发展脉络,诠释以个体为节点的多链条之间的连接、脱嵌、再嵌逻辑,把影响思想政治教育创新的各种关系要素联结、贯通起来,推进思想政治教育在互联网时代的横向拓展与纵向掘进。

### (一)以个体为节点的多重链条与多重线索的连接关系

互联网的演化和广泛渗透,促进了人与信息技术深度融合与联结。"互"指互动、"联"指连接、"网"指网络,"互联网"三个字本身就呈现出连接与互动的特性。互联网是一个从无到有的空间建构过程。人在网络空间的虚拟存在形式,极大地拓展了人的个性发展,并创造出丰富多彩的网络虚拟世界。人作为主体不断地创造和改变网络社会环境,互联网环境也深刻影响人的存在方式和精神发展。因此,人与互联网之间形成了相互交融的联结关系。

第一,信息技术与人的绑定,实现了技术网络和人际网络的深度融合,并建构一个崭新的社会网络,丰富了人们的社会关系。人是社会化的动物,需要一定的社会联结。互联网促进了人的联结,带来了人—人联结模式的重大变化。

第二,人与人的联结是基于点对点技术展开的,其多重链条、多重线索的连接方式,增加了人与人的互动选择。正是不断发展、不断丰富

---

① 孙萍:《算法化生存:技术、人与主体性》,《探索与争鸣》2021年第3期。

的连接，使网络成为一个内涵日益丰富的社会。

第三，互联网时代的联结则是一种隐性的连接线索，即它以标签、代码等的形式，让人与内容联结取代了人与人之间的直接互动。① 因此，"互联网是一个技术的集合体，更是一个社群的集合体，它既满足了社群要求，同时又利用这些社群成功地推动了自身的发展"②。

### （二）人的连接方式的脱嵌与再连接

网络化或数字化的潮流，也带来了过度连接的重负，致使人们产生倦怠，并尝试脱嵌。然而一旦脱嵌，又会面临再连接的冲动。因为在互联网时代，我们不是看杂乱的信息，而是找到自己的关注点并分享。在网络世界，我们也需要像在真实世界里一样，互相关心、互相协作，需要再连接，进而形成命运共同体。

首先，互联网塑造了当代人的生活，人几乎须臾离不开互联网。越来越多的人生活在虚拟与现实中，以至于主体完成了由互联网媒介——身体联袂而成的新主体。尽管信息技术与人的广泛联结促进了人与人和人与机器的交互融合（这种联结既有人机交互，也有人机交互），然而互联网的强链接因其过度连接的重压、对个体约束的重负，加速了倦怠社会的出现。人们尝试脱嵌，并试图从连接的重负中解放出来，以减少联结带来的压力。

其次，人们用"多重链条"的方式同时和多种不同的对象进行交流时，对不同性质、不同价值的联结会给予不同的互动策略。习惯了数字互动的人们，在现实社会中也可能会有诸多的不适应。这种过度联结会导致个体的自主判断与表达受到干扰。人们在追求联结与反抗过度联结中彷徨与挣扎、交战与撕扯，在少联结、断链的可选项中游弋这一现象日益凸显。

最后，以个体为节点的多重链条谋求再连接的现象凸显。互联网并不是一种单纯的技术形式，它还意味着知识生产和信息权力的分配。互

---

① 这种标签、代码也可以将具有共同兴趣、属性的人联结在一起，形成社群。
② 熊澄宇：《新媒介与创新思维》，清华大学出版社2001年版，第363页。

联网是一个具有整体性、要素多样性和开放动态性的复杂系统。因此，对于人所处的环境的认知与把握，应顺应网络连接与连通性的特点，进行再连接。一是互联网线上虚拟社会与线下现实社会之间的连接与共同建构。二是不同主体之间的再连接包含人与人、人与机器、机器与机器等多元化主体之间的交互作用，并形成了多元人际互动与人机互动的关系。正是由于网络成为主体交往的纽带，多重关系再连接才成为可能。

### 三 再连接是智能时代思想政治教育的显著特点

思想政治教育理论体系的建构，从思想政治教育内容的选择与编排、价值的判断与弘扬乃至其实效性等，都受到构成思想政治教育要素及其关系的制约。尤其是海量信息的出现，极易冲淡思想政治教育核心知识，使其面临碎片化与边缘化风险。我们探求思想政治教育的再连接，表明线下的思想政治教育在互联网中并未断裂与更迭，而是贯通。当然，线上的思想政治教育也不拘泥于互联网上，它以两栖登场模式实现了线上与线下的全面贯通，并以全域性思想政治教育模式实现再连接的功能。

#### （一）思想政治教育在互联网时代的脱嵌现象

思想政治教育是以逻辑严谨、结构完整为特质的系统化体系，而且其学术话语和知识体系逐步走向学理化、抽象化的发展趋势。而互联网时代信息传播却是数字思维、图像思维、视觉思维的综合体，它崇尚无逻辑才是其逻辑，以逻辑的跳跃、断续、空白等现象为显著特点。[1]此外，互联网平等交流的基调改变了我说你听、我打你通的政治规训，以往基于国家宏大叙事框架展开的思想政治教育理论进入了互联网这潭活水，导致思想政治教育脱浅、悬置于日常生活之上。

一方面，海量信息内容的超载以及人与内容过度联结的重压，导致人与思想政治教育脱嵌。在人与人的联结中，内容是一种主要黏合剂。

---

[1] 荆学民：《微观政治传播论纲》，《现代传播》（中国传媒大学学报）2021年第7期。

人与人的联结链条也是内容流动的管道。因此，人与人联结的扩张，必然带来人与内容联结量的增长。信息资源无孔不入地"推送"到个体用户的空间里，致使人与内容过度联结。有价值的思想政治教育内容被淹没在海量的信息中，反而提升了我们获得有价值内容的成本。尽管互联网、大数据、人工智能等技术可以采用个性化推荐减轻这一问题，但也会带来同质内容供给的过度联结现象。这不仅分散了用户的注意力，导致思考专注力下降，而且越来越多拼贴、碎片化的内容供给，造就了盲目吸收与信息的拿来主义者，使那些难以迅速辨识、难以瞬间深挖、光怪陆离的信息内容挤占了思想政治教育内容，致使思想政治教育缺乏本学科特有的概念与命题，思想政治教育在内容、方法等层面有脱嵌的可能。

另一方面，人与内容的过度联结也会加重人们的信息焦虑与无力感，即便是思想政治教育者把道理揉碎了掰烂了讲，也未必有效。尤其是互联网时代，一个网络热点会出现不断反转，剧情轮番登场，并呈现出即时性的"一事多态"的临时架构。在传递思想观念、政治概念与价值要求的过程中，倘如采用较为抽象的、枯燥的机械灌输与说教，势必使思想政治教育理论缺少了血肉，势必因脱嵌而割裂了与真情实感的联系。

**（二）思想政治教育再连接的可能性**

思想政治教育再连接主要体现在主体之间的再连接与空间场域之间的再连接。我们通过揭示虚拟与现实之间的关系，以全面认识思想政治教育存在的方式，探索主体之间的交往关系，揭示不同类型的交往场域之间的连接逻辑，进而为思想政治教育实践活动提供多样化的社会空间，开发出思想政治教育在线上与线下两栖登场的连接功能。

首先，现代信息技术为思想政治教育主体的再连接提供了技术支持。互联网推进了社会交往的丰富和发展，在强化现实交往的同时，展开了交往模式的再创造与再结构。从交往空间来看，互联网铸就了不同类型的社会互动，使得信息传播不断破除和超越以血缘、地缘、职缘等职业身份、特定感情为纽带的圈层壁垒。它为多元异质性主体及其活动空间的互动与连接提供可能。这种思想政治教育主体的连接、空间场域的衔接过程，是一个动态的演绎过程。一方面，不同网络场域的主体交往互动，不仅引起了中介延展、空间分化，而且加强了思想政治教育主客体关系的复杂性。思想政治教育主体结构的变化，开发了主体在线上与线下两栖登场的功能。另一方面，从社会容量来看，进入互联网时代，网络技术的弯道超车丰富了信息容量，过去由于信息过滤与把关机制中溢出的信息流，随机地飘散在社会各个角落。这些信息激活了那些曾经被遮蔽的繁杂关系，使得再连接成为可能。

其次，思想政治教育空间场域的再连接。"虚拟性不等于虚假性，也不同于虚无性。因为依托虚拟平台传播的信息及所需体系依然来自现实世界中人的实际需要。"[①]即便是现实空间的道德滑坡现象，同样浸染于虚拟空间。当然，在虚拟空间里，脱嵌于共同体的人们，依然保留着强烈的"共同体"情结，渴望"重嵌"于集体，投身于一场以追寻自我认同为目的的新的社会化实践。[②]这意味着在思想政治教育自身、人的需求、场域发展等方面，皆需推进思想政治教育再连接。

最后，思想政治教育的再连接在于创建思想政治教育虚与实、线上与线下全域教育模式，即运用现代科技文明成果，通过交叉学科范畴群给予理论供给，在虚与实、"形而上学"层面形成"过渡无痕"的思想政治教育两栖登场模式。因此，思想政治教育再连接意味着打造一元主导、多元主体协同共进，具有吸引力和影响力的思想政治教育阵地。

一是思想政治教育再连接体现在把握思想政治教育活动中人与网络环境之间的关系上。在思想政治教育过程中，人与环境的相互联系、相互作用非常重要。因为把握人与环境的相互关系，认识和改造环境，有助于确立富含动态性、联系性、共生性与发展性等研究思维。互联网作为人的本质力量的对象化产物，既是主体的实践工具，又是实践环境，

---

① 王爱玲：《中国网络媒介的主流意识形态建设研究》，人民出版社2014年版，第70页。
② [英]安东尼·吉登斯：《现代性与自我认同：现代晚期的自我与社会》，赵旭东等译，生活·读书·新知三联书店1998年版，第251页。

更是一个人与互联网共生共荣的复杂体系。

二是思想政治教育的再连接，改变了过去"单点着力、统一发力"的思路。它是一元引导多元的教育理念和教育无痕的方式，即教育者主动创建与教育对象之间的联结，且这一联结的主动权掌握在教育对象手里。因此，思想政治教育理论提炼不仅拘泥于自上而下或自下而上的单向链条，而是理论与实践活动相结合，自上而下与自下而上的自由穿梭与融合。正是经过思想碰撞、价值交锋与观念的反复修正和完善，才呈现出互联网时代思想政治教育新的互构关系、对话关系。

三是思想政治教育的再连接，是思想政治教育在虚与实、线上与线下的无缝衔接，形成了一种接地气、有深度的理论。它致力于与受教育者的情感建立联系，重视人文关怀，敞开双方思想对话的空间。理论的感染力、渗透力和穿透力是其特点。

## 第四节　人工智能时代思想政治教育的问题域开发

随着技术与社会深度融合，人类难以脱离技术的裹挟，并在各种场所、活动中被技术量化或准入，形成了新的社会交往秩序。而回应技术与思想政治教育在学科逻辑上的对话问题，对思想政治教育而言将拥有更大的创新空间。技术间的加速融合、协同创新与相互赋能所形成的技术生态是驱动互联网时代思想政治教育创新的关键。我们掌握技术生态的应用和高品质数字资源的共享，旨在对抗单一技术在创新思想政治教育时所遭遇的技术瓶颈问题。因此，智能技术生态与思想政治教育之间的交融联结与能量激活，不仅赋予了思想政治教育研究的新视角与新问题，而且有助于在交叉学科领域找寻思想政治教育理论生长的生命之源，以重构互联网时代思想政治教育理论体系。

值得注意的是，互联网不仅是一种思维，一种技术，还开启了一个时代——互联网时代。①它改变了我们的生活方式，冲击了我们固有的思维，迫使我们重新认识外部环境，审视自己。正是互联网技术与社会的深度融合，人类难以脱离技术的裹挟，并在各种场所、活动中被技术量化或准入。因此，思想政治教育研究需要经历一场深刻而普遍的拓展和创新，以回应时代的变迁与技术的进步。作为一门综合学科的思想政治教育学科，也携带着包含科学技术等其他学科与生俱来的知识基因。回应信息技术与思想政治教育在学科逻辑上的对话问题，将拥有更大的研究空间。②因为思想政治教育本身是一项非常复杂的系统工程，其功能的开放不仅取决于结构的优化升级，更体现在技术间加速融合与相互赋能对这些要素在结构模式上的改变。因此，立足于互联网时代智能技术生态所引致的新领域和新问题，旨在探索思想政治教育之树常青的动力来源与破土而出的环境条件，并成为重构思想政治教育理论体系的关键。

## 一 智能时代思想政治教育问题域的确立

智能技术生态不仅使得我们全面掌握影响思想政治教育实效性的相关关系与因果关系成为可能，而且提供了非线性思维方式，为在全域性社会场域里审视思想政治教育全貌提供了技术支持。智能技术生态如何改变思想政治教育传统的互动方式？又如何完成人们对彼此行动意义的感知？互联网如何通过在线社会性连接把分散的、局部性的日常生活碎片化建构成统一的规范体系？在迅速流动、多元交互、多重场景中如何实现在纷乱喧嚣中传播正能量，在众说纷纭中凝聚共识？这些问题成为互联网时代思想政治教育的重要问题域。

### （一）人工智能时代思想政治教育变革的不确定因素解析

互联网的核心法则是"连接一切"③。互联网时代思想政治教育与社

---

① 陈少娟：《互联网对大众传媒及社会文化的影响》，《新闻文化建设》2022 年第 16 期。
② 刘涛：《传播修辞学的问题域及其研究范式》，《南京社会科学》2022 年第 1 期。
③ 彭兰：《连接与反连接：互联网法则的摇摆》，《国际新闻界》2019 年第 2 期。

会、技术、文化等有了更深入的勾连，人与机器、意识与代码、现实与虚拟之间的关系也被重构。这无疑加强了思想政治教育研究的复杂性。从学科使命来看，要建立自主型思想政治教育理论体系，不仅要思考从何种视角阐释思想政治教育变革的历程，还要探索背后的社会变迁机制；既要强调思想政治教育在互联网时代的特殊性，也要考虑将思想政治教育置于整个社会结构变迁理论框架中，进行归纳与提炼，实现对既有思想政治教育理论体系的延伸与拓展。①

第一，深入挖掘关系维度，加深对思想政治教育新问题的思考。

在互联网时代，技术、社会、人都处于各种联结与关系中。这种联结是在简单与复杂、线性与非线性、常态与异态、渐变与突变、演变与转化中展开的，对关系和联结的追问十分重要。一旦"将社会看作是关系化社会，一切的交流现象因此可以在技术的框架和技术所组建的关系中被不断重新理解和阐释"②。在互联网时代，思想政治教育理论体系中更加凸显了人与智能技术的关系。人、社会、技术、思想政治教育之间的关系更为复杂，这就需要我们从既往注重因果关系转换为注重挖掘、发现相关关系。关系维度由此被视为一种考察互联网时代思想政治教育发展的重要视角，进而生发新的见解与新的议题，等等。而且这些新问题的解决要始终围绕培养人的主体性与适应复杂多变的品格和能力，并能够成为具有智能社会特质的"时代新人"和合格劳动者展开。③

首先，互联网技术的进化，实际上是在探索不同的连接模式，甄别不同的连接关系。在连接关系中，除注重从因果关系转向相关关系之外，还需揭示关系所具有的远距离与近距离、弱关系与强关系、匿名与实名等关系属性的研究。

---

① 王天夫：《构建数字时代社会理论的历史性机遇》，《公共管理与政策评论》2022年第6期。
② 胡翼青：《显现的实体抑或关系的隐喻：传播学媒介观的两条脉络》，《中国地质大学学报》（社会科学版）2018年第2期。
③ 孙伟平：《人机之间的工作竞争：挑战与出路——从风靡全球的ChatGPT谈起》，《思想理论教育》2023年第3期。

早期的网络社交一般是弱连接。其特点是力图突破传统物理空间的限制，开发远距离关系，使人们可以便捷地突破传统物理空间的社交范围。当然，这种网络社区早期是匿名的，而且这种匿名社区越发展，人们对实名的需要就越迫切。①因为人们不仅需要通过互动获得心理释放，也需要通过互动获得更多的现实社会资源，而实名则是基础。换言之，远距离、弱关系、匿名社交尽管有助于人们逃离现实，但很难解决现实生活之需。

其次，近距离、强关系、实名社交更多地为人们提供现实支持，包括社会资本的积累。但这却以人们的现实投入和现实负担为代价。诸如微信、微博等的实名应用与普及，近距离、实名的、强关系也因其挤占了人们过多的社交时间而承受过度连接的现象。于是抖音、快手等短视频或小红书的出现又使得人们转向弱关系、远距离、匿名的方向，以减少连接的压力与束缚。智能技术生态赋能不仅为人们提供了在强弱关系中自由切换，还为人们提供了在线交往中关系强弱的记录，以挖掘新的关系。我们对思想政治教育理论与实践的考察，皆在挖掘人、技术、社会、思想政治教育之间的所有关系，并对其交往互动进行分析与数据化处理，进而为协调不同关系提供基石。

最后，人们在互联网上的参与是一种松散的弱关系，没有高度的组织控制。这对于既往的强调组织性为主要交往特点的思想政治教育来说，其面临的问题是互联网上的交往有无主体性？既然互联网时代交往方式包含线上交往与线下交往，那么线上与线下主体性存在状态与运行机理有怎样的区别与联系？既然算法塑造了日常生活和网络交流，那么算法到底算什么？算法对参与者行为进行了哪些动态建构？虚拟空间作为一个实践场域，它时时刻刻都在发生连接，那么虚拟交往本质上是否是被操控的连接，交往行动是否也是一种操控连接？更进一步说，网络社交化是否意味着社交技术化，人与人的关系是否被移动界面紧紧拴住，生活殖民化、数

---

① 彭兰：《元宇宙之路的近虑与远忧——基于用户视角的需求—行为分析》，《探索与争鸣》2022年第7期。

字殖民化与用户主体化之间到底是怎样的关系？这些问题必须纳入思想政治教育论域中，作为其当下的基本问题域来思考。

第二，由智能技术生态引致的思想政治教育数字化问题。

评价数字化带来多少变化，取决于线上化的程度。当人或机构真正成为线上化的人或组织的时候，组织的数字化接近于完成。当社会组织管理、架构、运行方式均在线上进行时，表明数字化已经开始。[1] 当下，我们已经进入一个数字化生存的时代，算法成为这一时期的特点。几乎所有的人类活动都被纳入一种普遍存在的算法界面来管理。当然，思想政治教育发展也经历了从数字化的初步生成到完整建构其数字化体系的流变过程。

一方面，思想政治教育的数字化转型不仅是一种纯粹的思想政治教育学科，还携带技术的基因。思想政治教育数字化作为互联网时代思想政治教育的一种崭新形态，面临一系列问题，诸如算法所建构的新型社会交往体系的动力是什么？主体位置在哪里？如何平衡思想政治教育经验发生与理论诉求之间的张力？

另一方面，数字化本身因具有极强的建构性和现实属性也会使得思想政治教育数字化研究被泛化，并引致多重争议与困惑。因此，学界将思想政治教育数字化研究的争论推向高潮。诸如如何在对学术脉络和现实需求的交叉情景中审视思想政治教育数字化演进的目标？如何厘清其数字化的所指与属性，以揭示其多线程行为的交织机理，落实思想政治教育在线上与线下两栖功能的开发？如何评价 ChatGPT 在理论研究的文献梳理、逻辑框架设计上给思想政治教育理论研究带来了惊人表现？等等问题倒逼我们再次思考"什么是人""人成之为人的固有本质是什么"等一系列涉及人性的根本问题，进而迫使我们重新审视自我、他者、社会乃至人类的原则性问题。[2]

---

[1] 陈龙：《界面依赖："云交往"时代的交往实践批判》，《暨南学报》（哲学社会科学版）2021 年第 9 期。

[2] http://www.cssn.cn/skgz/bwyc/202303/t20230306_5601315.shtml.

### (二）互联网时代思想政治教育研究问题与背后的社会动因

要探究网络时代思想政治教育研究面临的问题，我们首先要对技术本身进行一番社会层面的推演，深刻理解技术嵌入社会的机理，揭示技术带来群体区隔化、观念碎片化的原因，以及技术将分裂之下的万物关联起来的依据与技术将信息组织起来的能力，进而更好地揭示互联网时代思想政治教育面临的问题与现象背后的社会动因。

第一，社会结构再连接与社会行动主体多元化引致思想政治教育问题域的嬗变。

智能技术与互联网对日常生活的深度介入，引致社会结构与人们的社会行动嬗变，其中人与自身、人与社会之间的连接功能发生了根本变化，数字技术拓展了既往的连接边界。数字信息提升了社会连接的时效性与社会连接的信息共享特性。[①]主体之间的交往互动的变革与交往场域的多元化，势必给思想政治教育带来新的问题域。

首先，探索智能技术生态对社会结构的再连接所引起的思想政治教育问题。我们考察智能技术生态对社会结构的再连接，既包含在线社会性重构，也包含线上与线下的连接对社会场域无缝衔接。它形成了互联网时代思想政治教育活动的崭新场域。场域即社会结构，是社会高度分化后，分别由诸多权力和关系把持的具有自身运动规律和表现形态的客观空间。[②]当然，权力也会在虚拟社会争夺资源的过程中，建构有别于实体，且与实体社会结构相互嵌套的高度"混杂性场域"。换言之，虚拟社会的结构不仅是数字化呈现的客观事物，更是一种综合性的社会体系，是建立在实体社会的框架之上，并在自身运行中产生具有建构性特质的虚拟社会结构。[③]其特点，一是虚拟社会从最初的实体社会的附属工具，以嵌入的方式获得实体社会的部分结构。二是其超时空性成为一种新资

---

① 王天夫：《构建数字时代社会理论的历史性机遇》，《公共管理与政策评论》2022年第6期。
② 刘欣：《阶级惯习与品味：布迪厄的阶级理论》，《社会学研究》2003年第6期。
③ 陈云松、郭未：《元宇宙的社会学议题：平行社会的理论视野与实证向度》，《江苏社会科学》2022年第2期。

源，并吸引实体社会的权力进入。这种虚实互嵌的特性使得互联网时代思想政治教育面临新的问题，诸如针对思想政治教育场域的虚实再连接问题与虚实两栖登场问题，如何确保思想政治教育实现主体多元、异质性需求、治理场景高度风险性的科学匹配问题？思想政治教育各种议题在线上与线下的交织和张力如何平衡？如果说互联网放大了社会风险，那么智能技术生态如何对思想政治教育的风险性进行预测与防范？

其次，探索社会行动主体的多元化及其对思想政治教育主体的影响。在布迪厄的场域理论中，社会结构是根本性的，行为主体之间的互动都在结构中展开。[①] 随着互联网技术对日常生活的深深嵌入，建构主体性的基本条件日益成熟。各种社会思潮、多元价值、异质化的观念纷至沓来，情绪得以宣泄，不同观点可以表达，个体能够最大限度地向他人和世界敞开。问题是技术平台的搭建可以提供多元交叉的实践方案与多元主体的信息共享模式，同时也给思想政治教育带来了许多问题。如何建构多元主体参与思想政治教育的技术支持体系，以确保思想政治教育实效性的落实是互联网时代需要确立的重要问题。

最后，底层群体在网络空间之主体地位的崛起，也给思想政治教育研究带来新问题。其实主体有两种，一是从量的方面来划分，是指占多数且居主导地位的主体；二是主客体活动中的主体，与客体是一对矛盾，是辩证法的一对范畴。本书所指的主体既是量上占多数的主体，也是质上能够作用于客观对象的主体。[②] 微博、微信、知乎等平台的下沉与抖音、拼多多的崛起，底层群体逐渐成为网络空间的重要力量。底层主体日益崛起表现在：

一方面，互联网在底层群体赋权所建构的底层群体集体表达空间，

---

① 邵璐：《翻译社会学的迷思——布迪厄场域理论释解》，《暨南学报》（哲学社会科学版）2011年第3期。
② 底层本身的概念也模糊，底层这一社会群体从其概念诞生之日起，就蕴含着社会结构、社会层级方面的高下差异，与中间阶层、精英阶层等概念相对。主体地位的崛起是因为互联网的下沉使得底层在量上占据主导地位，同时，底层也通过网络舆论场的深度侵入，在实践中也发生了质的变化，他们通过充分发挥主观能动性和创造性，来对网络空间进行重新建构，发挥底层自身的主体性。

提升了中国的底层群体的表达声音和行动力，进而成为直接影响网络舆论走势及其背后的社会认知、力量格局、价值取向与运行逻辑的关键要素。

另一方面，底层群体常常是作为意见领袖的追随者而存在的，底层群体随着流动的热点轰然而来，一哄而去。当然，底层群体也会以被关注的弱势群体或需要被发声的对象而存在，甚至成为网络舆论场中被解构的话题符号，被叙事的客体对象。①当底层群体作为议题、话题和被消费的对象等都变成互联网上真正的主体时，它对社会结构网络生态的反向影响凸显。如何确保底层群体在崛起时保持理性？如何将底层民众的网络表达、社会情绪、社会思潮、价值取向纳入思想政治教育研究论域中，使其不仅在内容上再现底层议题，更呈现出底层价值立场的诠释框架，展现出鲜明的群体文化特色？这些基本问题关系能否创造更加贴近人、打动人的思想政治教育内容体系。

第二，社会关系与社会体验的嬗变，引致思想政治教育两栖登场问题。

在实体社会中，社会关系可以是先赋的血缘与地缘关系。虚拟社会在赋予人们新角色的同时，也赋予了他们建立超越实体社会关系的能力。由于虚实嵌套关系，实体社会的关系也投射在虚拟社会里，当然，虚拟社会关系更多的是通过交往关系建立的。②在虚拟世界里，既折射着现实世界的欲望，也积淀着现实世界的压力。这就需要思想政治教育将着眼点放在全面掌握个体的自由表达与个体在虚拟世界的社会体验上，通过揭示各种社会思潮在多元社会场域中的博弈机理，为思想政治教育两栖登场提供技术支持。因此，思想政治教育要成为引领网络文化发展的创造者，其目标和技术的价值与功能相契合，势必面临如何处理好思想政治教育在虚实空间两栖登场的问题。而要解决此问题，首先要

---

① 郑雯、施畅、桂勇:《"底层主体性时代"：理解中国网络空间的新视域》，《新闻大学》2021年第10期。

② 陈云松、郭未:《元宇宙的社会学议题：平行社会的理论视野与实证向度》，《江苏社会科学》2022年第2期。

掌握虚拟空间不同于现实空间的建构逻辑。

实体社会的文化规范、价值观，使得人们建立社会关系时需要考虑社会地位、阶级、种族、国别。虚拟社会也有一套文化规范、价值观框架。但场域间的动态关系使得框架存在弹性，在虚拟社会超越实体社会的社会关系也不易遭到规训与惩罚。因此，虚拟社会的成员更易摆脱现实身份，出于更为纯粹的目的建立社会关系。[①]就此而言，虚拟空间的秩序不同于实体空间秩序的规范性，具有建构性。面对现实空间与虚拟空间秩序的不同建构逻辑，在虚拟空间，如何建立与他者之间的联系？如何在线上与线下自由切换穿梭，实现两栖登场？这是互联网时代思想政治教育绕不开的问题。

第三，在社会空间与社会流动中，探索思想政治教育数字化面临的问题域。数字信息提升了社会连接的时效与社会连接的信息共享。智能技术生态可以跨越时空等条件的限制，高效全面地捕捉人们交往活动的信息数据（包含人们的思维习惯、观念表达与行为方式等都会以文字、图片、音视频、浏览记录等信息的方式留下网络痕迹），并构筑信息链条和可共享的数据资源库，进而对数据进行科学筛选、建模与分析（数据分析具体包括聚类分析、离群分析和关联分析等）。智能技术赋能，使思想政治教育可以精准地从中分析出个体或群体的思想与行为特征，以配置科学的思想政治教育内容与科学的教育方式。概言之，思想政治教育数字化转型不仅对个体发展趋势做出科学预测，也对思想政治教育效果作出准确评估，充分体现出技术精准植入思想政治教育领域的"靶向性特征"[②]。

然而，当我们说人思想上微妙的变化都可以被计算出来转化为可量化的数据时，客观的数据是否能够准确地倒推对人的内心领略与开悟？量化自我究竟是让人们对自己的了解更多、更好，还是走向它的反面？

---

① 陈云松、郭未：《元宇宙的社会学议题：平行社会的理论视野与实证向度》，《江苏社会科学》2022年第2期。
② 毕红梅、黄祎霖：《精准信息推送：思想政治教育方法论的一种新考察》，《理论导刊》2021年第11期。

量化自我究竟是一种更强的自我控制，还是一种更强的社会控制？量化自我是给人们带来了更多选择，还是侵蚀了人们的选择？很多时候，结果都有可能是后者。① 如果把人的精神、思想和价值的世界，也交给冷冰冰的数据，思想政治教育就会丧失自身的人文精神。因此，对技术进行"有效规制和理性引导"②，是互联网时代思想政治教育研究绕不开的问题。

总之，互联网时代思想政治教育不仅要回应传统理论框架难以解释的新现象和新问题，还指出了解决这些问题的合力点在于连接。是社会结构的再连接与人之交往方式的再连接带来了社会结构的深层变革。它指明了引起这些问题和现象背后的逻辑在于互联网时代与"前数字时代"的根本性区别。

## 二 探索智能时代思想政治教育面临的机遇与挑战

不断涌现的智能技术浪潮推动了思想政治教育智能升级和融合创新，并成为推动思想政治教育高质量发展的核心动力。那么，智能技术会给思想政治教育带来哪些变化？如何借智能技术之风，实现思想政治教育创造性转换与创新性发展？

### （一）解析"变"与"不变"：智能技术对思想政治教育的影响

现代化本质上是社会时间结构的加速，人类社会进入大加速阶段。时间的加速，使其挣脱空间的束缚。由于时间突破对空间的依附，呈现脱域与非线性特征，改变了传统社会生产、生活节奏和社会信任机制。即时通信与流量热点的制造、推送等使得时间的社会性和非线性特征更加明显。笔者从时空维度和主体存在状态的改变，来揭示智能技术给思想政治教育带来的"变"与"不变"。

---

① Denise A Bakes. Four Ironies of self-Quantification: Wearable Technologies and the Quantified Self. *Science and Engineering Ethics*, 2020, Vol. 26, No.3, pp.1477-1498.

② 胡华：《智能思政：思想政治教育与人工智能的时代融合》，《思想教育研究》2022 年第 1 期。

第一，从时空维度上，揭示智能技术引发的思想政治教育内容与形式之变革。

数字赋能，使得知识形态已由文字转变为信息或数字，人们对知识数量及其更新速度与人的认知负荷有限性之间矛盾日益凸显。加之，数字原住民逐渐成为思想政治教育的主要成员，其"生长经验具有虚实双重性"①。思想政治教育理论要想跟上智能时代更深层次、更高水平的生长经验，以适应智能时代发展，就需要从内容、存在形式与辐射范围等方面展开变革。

一方面，从时间结构上看，既往的思想政治教育是在工业文明技术成果上，展开理论与实践活动。它在时间维度上是不可逆、不可预测的。但是，基于智能技术成果展开的思想政治教育则采用VR、AR、XR等可穿戴、可感知智能技术装备，其主体是在现实性、共时性教育体验的基础上，实现了时间可逆的与预测未来的教学体验功能。因此，通过对不同时间与不同维度的教学体验的反复比较、修正，乃至重新设计内容，为优化思想政治教育内容结构，助力个性化服务提供技术支撑。

另一方面，从空间维度上看，空间是思想政治教育实践发生的边界，空间的形态和结构在一定程度上限制思想政治教育实践的展开模式。随着智能技术的加速发展，空间从现实空间延伸至虚拟空间，且改变了思想政治教育主体的存在状态。主体从过去的身体在场学习，转变成登录在线的观望状态；从既往调动多种感官的全神浸没到今天主要运用视听感官体验智慧课堂的在线学习环境。这一过程也改变了思想政治教育存在形态，形成了诸如数字化教材、网络教育、线上教学，等等。它不仅使思想政治教育交往信息变得前所未有的高效与便利，也呈现出教育双方角色的跨时空外溢，打破了学校、家庭、社会的空间界限，并逐步由学校向家庭和社会外溢与蔓延，扩大其覆盖面。

第二，洞察主体体验多元化与思想政治教育发生机制之不变。

---

① 黄晓磊：《技术变革教育的逻辑、限度与路向》，《南京社会科学》2023年第12期。

随着智能技术的发展，技术力量将从根本上改变了我们的生活和工作方式。数字技术帮助我们创造了新体验，突破了人类现有的生理、时空和逻辑极限。如果说，人的存在目的就是"在生命最广泛的体验中，提炼智慧"，那么智能技术为"设法体验一切生而为人的感觉"①提供了技术支撑。加之最近 OpenAI 发布的 Sora，这种从"文生文，到文生图再到文生视频"的迭代发展，创造出有丰富情感的角色，给教育主体带来惊艳的新体验。问题是在技术赋能创造的新体验中，我们是否可以从新体验中提炼出新意义？更详细地说，是否所有的体验皆能激起思想政治教育发生机制的变化？

随着万物互联与海量连接形成了虚实结合的、理论上有无限可能的空间排列组合，人们可以自由穿梭在技术形塑的不同空间里享受沉浸式体验，并呈现出主体体验多元化特征。然而并非所有体验都可以作为人生意义。技术的进步，推动了思想政治教育从口耳相传到文字产生再到学校教育乃至各种线上、线下技术的运用，尽管思想政治教育在内容与形式、方式与方法上不断变化，但教育的真正发生过程并没有改变。智能技术"只是以不同形式引起学习过程中，主体内心体验的发生"②。但其内心体验并未发生变化。

由于思想政治教育追求的是，主体内心真正的体验，且"不论这个体验是发生在线上还是线下，是由模拟的还是真人的来源引起，重要的是，教育的意义已经得到实现"。③所以，眼花缭乱的技术体验，很多与思想政治教育无关。真正推进思想政治教育发生的体验，是产生真善美的体验，是追求人生意义的体验。唯有产生意义的体验才能引起思想政治教育的发生。思想政治教育的价值就在于引导人们的选择，即人应该追求什么？怎样度过一生？正是有了对人生意义的引导，我们才能明晰人生目的，从而在多元的理论建构愿景中落实人生目的这一思想政治教

---

① [以]尤瓦尔·赫拉利：《未来简史：从智人到智神》，林俊宏译，中信出版社 2017 年版，第 215—216 页。
② 宁虹、赖力敏：《人工智能+教育：居间的构成性存在》，《教育研究》2019 年第 6 期。
③ 宁虹、赖力敏：《人工智能+教育：居间的构成性存在》，《教育研究》2019 年第 6 期。

育目标。就此而言，尽管主体体验方式随着智能技术的发展不断丰富，但引发思想政治教育发生机制的体验并未改变。

第三，把握技术手段、环境之"变"与思想政治教育根本任务之"不变"。

随着动态的数字生活环境的嵌入与场景的普及，各种社会思潮以其不容忽视的意识形态属性，成为影响、改变甚至操纵个体的现实力量，即扎根于社会存在的意识形态挑战从未缺场，并呈现出多元化的价值交融、思想碰撞乃至共生现象。换言之，意识形态之间的彼此交互关系，型构了多元、共生化的理论场域。尽管思想政治教育在智能技术加持下，发生了巨大变化，但其根本任务不变。因此，深刻把握技术手段、环境之"变"与思想政治教育根本任务之"不变"，着力在静态的技术耦合中下功夫，在动态的意识形态传播中抢占信息传播制高点，清洗、过滤各种社会思潮与价值观，以聚拢主流价值观，争夺意识形态领导权。

**（二）审视经验发生与理论建构之间的张力：智能时代思想政治教育面临的机遇与挑战**

网络传播速度加快带来反馈机制的改变与生命超越时空的自我卷入，推进了人们的认知加速。这种由技术不断开启的认知方式，能持续激活人的感觉、知觉与情绪等。思想政治教育各要素是复杂的非线性关系的特征，使其更有机会借助数据驱动、知识交叉、智能互联而涌现出知识跃迁。因此，揭示经验发生与理论建构之间存在内在紧张，旨在使认识论从传统的机械论和目的论中解放出来，为思想政治教育发展提供机遇。

第一，智能时代思想政治教育变革的挑战。

技术变革思想政治教育，旨在发现隐藏在技术工具背后的逻辑，诠释技术是否具有由已知信息不断逼近事物本质的能力。当然，并不是在技术意义上能够解决思想政治教育难题的方案都会在现实中落实。因为基于技术变革，思想政治教育在解决旧问题时，技术自身也会带来新难题。就像作为变革思想政治教育重要力量的互联网，也会"沦为谣言,流言与谎言的集合,人类注意力的粉碎者,人类长思考的终结者,代表了粗鄙者的崛起、剽窃者的胜利、文化的终结和一个黑暗时代的开始"①。

尽管人工智能技术尤其是 ChatGPT、Sora 对世界的模拟不断逼近真实世界,但智能技术带来的数字化是将现实世界最本质的东西抽象出来,以此拓展人类能力,改善人类生存状况和促进人类文明进程,而不是再造一个平行世界或者数字孪生。"在算力驱动的机器时代,信息内容生产、传播等关键环节——人的因素被剔除,人类第一次失去了对信息流生成与传播的掌控。"②"当前最稀缺的思考,是本体论意义上的思考,即回到原点的思考……真正的原点是人。"③思想政治教育在任何时候都是一项为了人、尊重人、成就人的实践活动。育人、培育完整的人是思想政治教育的原点。千教万教教人求真,千学万学学做人。因此,智能时代思想政治教育创新依然要基于原理、规律,以其价值内涵、教育力量,来呈现立德树人的宗旨。注重道德素养、注重智慧升华乃至价值判断能力的提升,以捍卫思想的洞察力与穿透力。

第二,基于经验系统、理论系统与数位系统的统一,给思想政治教育创新提供机遇。

数据的快速积累与世界的飞速变化,日益需要人类创新力的不断提升,以应对和解决不断产生的新问题,思想政治教育亟待将工具思维和操作思维转变成本体思维和原点思维,并在采用(面对面沟通交流与实践观察的)经验系统,诉诸(间接推理,归纳演绎的)理性系统,依托(数据挖掘的)数位系统等"三位一体"的统一视域上,才能避免只在技术和功用层面下功夫,为思想政治教育创新提供机遇。

数据分析无疑带来了新的关系。当技术从外在走向内化的时候,

---

① 杨欣:《基于生成式人工智能的教育转型图景——ChatGPT 对教育究竟意味着什么》,《中国电化教育》2023 年第 5 期。
② 方兴东、钟祥铭:《ChatGPT 革命的理性研判与中国对策——如何辨析 ChatGPT 的颠覆性变革逻辑和未来趋势》,《西北师范大学学报》(社会科学版)2023 年第 4 期。
③ 李政涛、罗艺:《智能时代的生命进化及教育》,《教育研究》2019 年第 1 期。

人、思想政治教育与技术的关系也走向深度融合的共在关系。当技术、符号、实践、物质、身体等引入时，需要对大量非结构化数据（诸如思想、行为、情感、认知等要素）的精准分析，并能快速把握不同要素之间的复杂关系，进而在复杂的世界中寻找简单化路径，在不确定的世界中寻找确定性，在剧变中寻找不变，在现象中寻找本质。值得注意的是，"尽管以算法技术为代表的联结技术扮演了缓释人际交往压力的中介角色，使得原子化的人与碎片化的信息之间建立匹配关系"，这使得技术成为解释经验发生的有效工具。然而，在基于算法平台形成的社会关系网络上变革思想政治教育，只是一个适配数字发展的应急性解决方案，旨在重新布局社会关系网络，在形塑新的社会结构的基础上变革思想政治教育。但算法的市场优先性不仅导致社会结构性失能，也使思想政治教育低质低效。而数位系统与经验系统、理性系统的统一，能避免技术工具的富有与思想政治教育原创思想贫乏现象。

其实，人们对事物认识的分歧源于不同思考方式的张力结果，而不同思维方式的张力源于概念参照系不同，不同视角容易引起分析上的混乱。如果对思想政治教育思考拘泥于单一的经验系统，或者理论系统，或者数位系统，皆可能带来思想政治教育碎片化、窄化甚至误读等问题。因此，我们通过数字分析，在强化思想政治教育概念视角与技术和方法之间的对话数据时，需要融入经验系统、理论系统，进而在数位与现实之间，在有序与无序之间的反复拉扯中，在相关与因果之间的不断徘徊中寻求平衡，进而将数位系统的细节数据整合为有意义的现实图景，为思想政治教育创新提供机遇。

## 本章小结

本章关键词是连接域。连接域，是指识别类别关系过程与其他类型过程的关联，这意味着我们能在"类"与"类"之间连接的空白地带挖掘出更多的创新潜能。因此，围绕连接、断连与再连接，本章介绍了现代信息技术的一个显著特点：连接与再连接现象。在解读连接与断连这对相互矛盾、相互衔接的对偶范畴的基础上，本章反思人工智能时代思想政治教育面临的发展境遇，诠释信息技术为思想政治教育提供了连接与参与的优势，以及超大规模、高速度、高饱和度、多种关系嵌入的特点，提出对思想政治教育诸要素进行连接、链接、联结，进而通过连接域塑造优质的联结，打造思想政治教育的新质生产力，促成新要素、新模式、新动能的形成。

具体来说，本章主要包括以下四个方面的内容。

第一，分析互联网发展中相互矛盾、相互衔接的现象，即连接与断连。一是在对连接与断连关系辨析的基础上，诠释"链接""联结"和"连接"相关概念。二是在诠释与解读技术场景联结的基础上，揭示人工智能时代人的连接方式迭代、重组与升维。

第二，探究现代信息技术对思想政治教育的冲击，以及智能时代给思想政治教育带来的风险预警，从而研判智能时代思想政治教育面临的挑战。

第三，提出对思想政治教育诸要素进行联结与再连接。在对思想政治教育诸要素进行连接、链接、联结机理探讨的基础上，揭示信息流、思想流与人的行为建构可靠的数字关系的可能性。一是从技术嵌入引致社会场景的多种力量共同在场；二是提出连接与断连（脱嵌）是思想政治教育关系维度的本质；三是基于思想政治教育的连接与再连接这一显著特点，把握思想政治教育各要素之间的联结与重组。

第四，揭示智能时代思想政治教育面临的机遇与挑战，确立问题域。随着技术与社会深度融合，人类难以脱离技术的裹挟，并在各种场所、活动中被技术量化或准入，形成了新的社会交往秩序。一是回应思想政治教育面临的机遇与挑战，确立问题域。二是在智能技术挑战中解析"变"与"不变"，剖析智能技术对思想政治教育的影响，即从时空维度揭示智能技术引发的思想政治教育内容与形式之变革，洞察主体体验多元化与思想政治教育发生机制之不变。把握技术手段、环境之"变"与思想政治教育根本任务之"不变"。三是审视经验发生与理论建构之间的张力，探索智能时代思想政治教育面临的机遇与挑战，基于经验系统、理论系统与数位系统的统一，给思想政治教育创新提供机遇。

总之，我们是在回应技术与思想政治教育在学科逻辑上的对话问题的基础上，确立人工智能时代思想政治教育问题域，进而着力在静态的技术耦合中下功夫，在动态的意识形态传播中抢占信息传播制高点，清洗、过滤各种社会思潮与价值观，以聚拢主流价值观，争夺意识形态领导权。

# 第四章　关系网：人工智能与思想政治教育竞态角逐

我们无意于纠缠人工智能相关理论概念演进本身，而是考察人工智能与思想政治教育之间的关系，即从关联性入手、切入。关系是指事物之间和事物内部各要素之间的相互作用、相互影响、相互制约的各个方面。在复杂的社会里充满了错综复杂的关联交织，人工智能与思想政治教育的静态角逐也在日益复杂的关系网中展开。

当下人工智能已经在语音传译、无人驾驶、医学影像等领域获得了实质性发展，并且深度走进人们的学习、工作和生活场景，全方位嵌入人们生活的方方面面。指向和基于人工智能的"数字人文"日渐成为热点，引起哲学、社会学、伦理学、政治学、教育学、思想政治教育学的普遍关注。基于人工智能的数字人文学术研究日益凸显，与人工智能交叉的新兴学科呼之欲出。[①] 那么，人工智能与思想政治教育之间是否有密切关联与互动过程？如何将二者融合起来，或者将二者的互动关系延伸至思想政治教育学科发展的方方面面，进而对诸如学科对象、学科性质、研究方法、研究过程、研究框架等进行多重维度审视？如果说关联是一个动态过程，那么，人工智能与思想政治教育之间到底是主动的

---

① 徐晓雄：《教育技术学究竟是什么？——解读加涅教育技术观引发的思考》，《开放教育研究》2005年第3期。

强关联，还是为了维系和升级关系的被动关联？关联的动态过程在何种程度上可以展现守正创新，协同发展的智能技术价值潜能？如何通过吸纳、聚合、匹配等策略实现人工智能与思想政治教育之间融合发展？又如何揭示人工智能与思想政治教育静态角逐时二者之间有怎样的关联？每一次关联中，人、物、技术、思想政治教育等各要素，承担着怎样的联络、对接、聚合等功能？如何对社会资源进行聚合、排序、组织？……这就需要把关系维度作为审视思想政治教育创新的一个观测点，作为窥探智能时代思想政治教育创新的一个重要镜像，来比较权衡思想政治教育在互联网时代的独特性，并把影响思想政治教育实效性的相关因素当作变革的关键，考察其理念、方式和途径。这有助于思想政治教育利用刚性的制度规则、柔性内部张力与人工智能等技术手段，来获取内部再造与有效资源调配，实现自身创新。

## 第一节 人工智能与思想政治教育之间的嵌入与互嵌

人工智能与思想政治教育之间贯穿着一个基本线索，即二者之间相互形塑的基本关系。通过考察其关系，找准智能时代复归与突破创新思想政治教育切实可行的着力点，形成以关系为主的研究框架。一是以嵌入为切入点，将智能技术作为思想政治教育衍生部分，通过剖析思想政治教育、符号与场域之间的矛盾与共生，来获取思想政治教育内部再造与有效资源调配。二是协调与适配人工智能与思想政治教育的关系维度，使其互动时能形成"嵌入""赋权"与"辅助"，而不是"悬浮""越权"与"控制"，进而确立新的研究视域与范畴，以建构逻辑周延的思想政治教育智能化体系。值得注意的是，智能时代思想政治教育创新应着眼于智能技术与思想政治教育的关系逻辑及其所引发的根源性问题反思，最终指向在实践场中思想政治教育从符号走向日常生活的落实，为思想政治教育创新提供理论思路与哲学洞见。

## 一 关于嵌入性概念与关系维度界说

所谓的"人工智能"，是指由人工设计的装置，且这种装置具有通过人工设计的算法和由人工直接或间接提供的数据学习所形成自主感知、认知和决策的能力。人工智能不断嵌入和渗透包括思想政治教育在内的社会不同领域，赋能和加速社会生产、教育、交往、消费和治理等各个层面，从而推进社会各领域日趋网络化、数据化和智能化。[①]

如果说人工智能本质上是技术，那么，人工智能与思想政治教育关系的本质就是技术与思想政治教育的关系。这是一种新的关系形态。对这一关系维度的审视是智能时代思想政治教育创新的关键。而要诠释这一关系，我们必须厘清嵌入、关系等相关概念。

嵌入概念的提出，源于卡尔·波兰尼的代表作《巨变：当代政治与经济的起源》。经格兰特维特的关系嵌入与结构嵌入以及政治嵌入、文化嵌入、认知嵌入的延展，嵌入理论的基本框架确立。随着嵌入模型概念的提出，"嵌入"这一概念不仅具有认识论意义，而且具有方法论意义。以嵌入性来强调事物之间的普遍联系与相互制衡性[②]成为共识。

互联网的出现制造了身体缺场，使人们越来越置身于脱域的社会关系中。[③]现代性的核心问题可以理解为"脱域"与"嵌入"相互依赖的辩证法。嵌入意味着打破隔离与对立，以一种生产、建构和互动的关系存在，它是"某一事物进入另一个事物之中的过程和状态"[④]。作为技术力量，信息技术不断塑造我们的身体、空间和身份，甚至每一分钟"技

---

① 李怀杰：《人工智能赋能思想政治教育论分析》，《思想理论教育》2020年第4期。
② 孙信茹、段虹：《再思"嵌入"：媒介人类学的关系维度》，《南京社会科学》2020年第9期。
③ 参见[英]安东尼·吉登斯：《现代性的后果》，田禾译，译林出版社2011年版，第15—18页。
④ 王思斌：《中国社会工作的嵌入性发展》，《社会科学战线》2011年第2期。

术变迁的元素都展现在我们的公共空间、工作场所、家庭、关系及身体中"①。考察人工智能嵌入思想政治教育的动态过程,对嵌入及其内在的关系作出阐释,是在更为广泛意义上尝试探索人工智能与思想政治教育的关系性和互动性。嵌入是一种关系视角,它推动了建立一个开放的、以探求关联性为主的研究框架。因此,关系视角成为智能时代思想政治教育重要的方法和思维框架。②

关系是事物之间的相互关联。"社会不是由个人构成,而是表示这些个人彼此发生的那些联系和关系的总和。"③任何人都处于各种联结与关系中。"既然这是一种关系,就表示其中包含着两个相互关联的方面。"④这种联结是在简单与复杂、线性与非线性、常态与异态、渐变与突变、演变与转化中展开的,它不是单向的技术进步与升级,而是双向乃至整体式的认知提升和观念转变。⑤因此,对关系和联结的追寻十分重要。

当智能技术嵌入具体的、持续的社会关系时,这种嵌入具有渗透、植入、嵌套的意蕴。我们可以凭借智能算法,精准地跟踪与记录人类真实的思想活动与行为轨迹及其与外部环境的互动反馈,并把我们生活中的一切痕迹转化为被存储、被分析、被运算的数据;然后利用智能算法进行深入细微分众和剖析,使得人们在社会行动网络中以最有效、最便捷、最稳定的原则安排行动,更好地满足人们品质化、多元化与个性化需求。因此,对人工智能与思想政治教育关系的探究,旨在追寻其要素之间的彼此纠缠互动、交互融合,联结与关联,并跟踪非线性轨迹,确立其研究边界,建构其理论解释框架。

---

① [美]库兹奈特:《如何研究网络人群和社区:网络民族志方法实践指导》,叶韦明译,重庆大学出版社 2016 年版,第 28 页。
② 孙信茹、段虹:《再思"嵌入":媒介人类学的关系维度》,《南京社会科学》2020 年第 9 期。
③《马克思恩格斯全集》第 30 卷,人民出版社 1995 年版,第 221 页。
④《马克思恩格斯选集》第 2 卷,人民出版社 2012 年版,第 14 页。
⑤ 王国成:《数字世界中的人文社会科学研究》,《天津社会科学》2020 年第 6 期。

## 二 探讨人工智能与思想政治教育嵌入和互嵌的价值

现代信息技术使人们的生活方式和社会关系发生了巨大变化。"电子媒介与大众之间的辩证关系已经成为现今文化地图的重要坐标点。"①眼花缭乱的传播媒介让我们应接不暇，虚拟空间的碎片化也扑面而来。微博、微信、抖音等各类App移动场景主导人们接收信息的渠道。各种微空间将喜好、志趣、观念、态度、选择等细化为一个个精微的App，成为难以预测与统计的隐形空间。人们不仅在智能时代语境中展开交往与互动，而且智能对日常生活的介入超过以往。这使得思想政治教育环境空前复杂化。基于此，探讨人工智能与思想政治教育的嵌入与互嵌，对思想政治教育创新有重要意义。

第一，有助于连接碎片化空间，清晰认识思想政治教育面临的复杂场域。当我们使用场域的时候，时时叠加着虚拟空间+现实空间，而且几乎模糊了其边界。随着智能技术对虚实空间碎片化进行重组，实体空间与虚拟空间重新聚合生成虚实并存社区，形成虚中有实、实中有虚的混杂场所，且虚实场域因其彼此密切互动与相互交织而形成了新的社会关系与居住性习性。加之，"微空间重构了人们的生活空间，越来越多的应用程序将日常空间划分，并实现功能上的细化。当然，微空间既是公开的，又是隐私的；既是虚拟的，又是现实的；既是想象的，又是实际的；既是被建构的，又是分享性的"②。智能技术通过对这些碎片化空间的连接与整合，不断拓展自身的边界，推进虚实结合与互补，且具虚实的生成性概念。因此，人工智能的嵌入拓展了思想政治教育活动空间，使其在对传统思想政治教育内生式的吸收与转化的同时，也受智能变革的双向滋养与建构，即形成目标同向、措施一体、功能互补、利益相连的崭新格局，推进人工智能的育人作用。

---

① 南帆：《启蒙与操纵》，《文学评论》2011年第1期。
② 张娜、高小康：《全球化时代空间与地方的关系演进及其内在理路——兼论一种地方美学的构建》，《探索与争鸣》2020年第7期。

第二，有助于探索建立与人工智能时代相匹配的思想政治教育。当下，人工智能几乎融入思想政治教育学科的方方面面，诸如学科对象、学科性质、研究方法、研究过程、研究框架，同时对学科理论的传统解释框架形成巨大挑战，这也倒逼思想政治教育学开始面向且基于人工智能开展学科重建。[①]这不仅是一个思想政治教育如何应对智能时代的问题，更是一个如何以联系性、动态性的视角理解人工智能与思想政治教育的嵌入与互动的问题。它涉及人机关系、主流价值与算法的关系、信息技术与教育的关系。它包含人工智能赋能思想政治教育的过程，即它经历着互联网的强链接，经大数据对思想政治教育活动与人的思想品德发展的海量数据追踪与获取，再到智能算法对海量数据分析与提纯，进而赋能思想政治教育的过程。人工智能基于大数据流分析，全面了解不同网络社会群体的思想动态、价值取向和舆论舆情走向，弥补了对传统思想政治教育依靠主观臆断缺乏定量分析的不足。尤其是大数据所提供的全样本替代抽样，有助于思想政治教育的量化研究与精准研究，推进了思想政治教育各要素的智能化与科学化发展。

当然，思想政治教育对人工智能也有一个反嵌的动作，即思想政治教育所传播的主流价值观引导规约人工智能发展，使立德育人蕴含在人工智能的开发与运用中。如果说教育与技术的关系在教育学中是以二级学科教育技术来承担，那么，人工智能与思想政治教育的关系在思想政治教育学中，基于对其关系维度的思考至少是思想政治教育创新的一个新领域。

## 三 人工智能与思想政治教育的关系维度解析

如何盘活人工智能与思想政治教育的关系维度，揭示人工智能与现代思想政治教育的本质关联的理论建构，是智能时代思想政治教育创新

---

[①] 武红林:《人工智能进步与教育学的发展——交互关系的视角》,《现代大学教育》2019年第5期。

的关键。对其关系维度的审视，我们不是将其概念拿来生搬硬套，而是把握其理论分析方式和思考维度，以展现智能算法参与下所形成的流体的、变动的、生成的思想政治教育全貌。

### （一）人工智能与思想政治教育关系维度的出场论

当下，人工智能不仅成为现实生存和主体感知的重构性力量，也成为现代思想政治教育探索的重要触发因素。人工智能与思想政治教育的关系维度出场是其内在自发力量与外在建构力量的双重产物。对人工智能与思想政治教育关系维度的研究，有助于揭示智能时代思想政治教育的流变，拓展其研究领域。因此，把关系维度作为原创性体系的出场，势在必行。

第一，关系维度出场是思想政治教育自身发展的逻辑所致。技术（包括今天的人工智能技术）作为实践对象伴随着人类的出现而出现，但一直到19世纪下半叶，卡普在《技术哲学纲要》(1877)中才正式提出"技术哲学"概念，也是第一次将技术作为哲学研究对象。20世纪工业革命造就的技术不仅改变了人类和世界，而且成为人类思想绕不过去的问题，但在教育学与思想政治教育学中皆没有技术的身影。由于认知的惰性，人工智能与思想政治教育之间日益密切的关系维度并没有立即进入思想政治教育理论的视野，其关系维度隐匿在思想政治教育变革与人工智能这两个强大的理论维度和叙事策略之下。这就需要改变关系维度在智能时代思想政治教育中的蛰伏状态。当然，技术哲学向教育学、思想政治教育学延伸，不是技术哲学对思想政治教育领域的殖民，而是关于技术如何面对理性与感性领域的思考，更是通过对二者关系维度的研究，激活思想政治教育基本问题的思考。

作为技术形态的人工智能嵌入思想政治教育领域，也经历三个过程，即从技术形态（第一种形态），发展到社会存在形态（第二种形态），再深入生命生长形态（第三种形态）。人工智能与思想政治教育相互作用的第三个形态是高级阶段。它把人工智能与思想政治教育发生的关系机制作为一种技术自觉，把围绕人工智能技术展开的思想政治教育实践活动置于社会文化的整体语境中，洞见人生，帮助个体产生抵御力,并通过不断迭代自我升级自己,进而达到形而上的高度。这是指向生命存在与生命生长,进而探究如何激活摄人魂魄的力量,如何触碰跳动的脉搏与沸腾的情感,也是全面展现人工智能在思想政治教育运用的领域、形态、内容、机制、监控。它涉及如何让思想政治教育实践活动更加细腻与全面,研究结果更加科学与精准的人工智能+思想政治教育学基础性问题。目前,学界研究成果主要体现在:一是通过影响教育目的与课程体系建设等丰富与拓展了研究主题。二是对思想政治教育理论体系建构产生影响。三是影响教育实践形态、时空、方式、交往等。思想政治教育在完成智能化后,形成智慧思政、智慧校园持续升级的态势。

第二,关系维度的出场是智能时代外在建构力量使然。思想政治教育创新绝不是无根性自我仿真,而是面向实践绽放的花朵。如果说当代中国学界以"出场论来诠释"改变世界,用改变世界的当代实践来言说马克思主义的基本出场方式;那么,我们以人工智能与思想政治教育关系维度的出场,作为当代思想政治教育应对智能时代的新思维与新视角。习近平总书记指出,"做好高校思想政治工作,要因时而进,因事而化,要运用新媒体新技术使工作活起来,推动思想政治工作传统优势同信息技术高度融合,增强时代感和吸引力"[①]。这意味着思想政治教育必须正视现代信息技术带来的各种问题,回应其自身特色化、现代化、智能化、规范化与国际化的需求,为新时代思想政治教育创新发展标出红线、守住底线,以确保思想政治教育主题在不同时空、不同系统、不同载体等与智能时代相契合,切入现实解决问题。

诚然,切中现实体现了思想政治教育创新的品格。时代问题与现实问题皆极其复杂,以至于思想政治教育实践一旦遇到困境,我们首先想到的是从问题导向入手,切入现实问题,以问题性导向及时调整和适配思想政治教育各要素,以适应智能时代对思想政治教育的需求。但其

---

[①]《习近平在全国高校思想政治工作会议上强调 把思想政治工作贯穿于教育教学全过程 开创我国高等教育事业发展新局面》,《人民日报》2016年12月9日。

不足在于，这种聚焦问题点的研究往往局限于对实践中存在的问题的解疑释惑，缺乏对解答问题所需要的概念、范畴、原理之间的学术系统关联，缺乏理论上的提炼。即便利用智能技术对问题点采用"强链"与"补链"，也无法弥补对问题研究不够系统的缺陷。其实，针对问题点，以问题导向来反思，变革思想政治教育理论与实践，不同于以学术、学科导向的路径。前者注重的是聚焦问题本身，而不是解答问题所需要的概念、范畴、原理之间的学术系统关联，致使解答问题的概念、范畴、知识、理论系统支离破碎，有头痛医头、脚痛医脚的嫌疑，缺乏系统性，导致思想政治教育创新过于碎片化。如果穿透现实的思维工具不能整合为一个系统，形成一条环环相扣的链条，思想政治教育效果就会大打折扣。

人工智能与思想政治教育关系维度的出场，是思想政治教育研究力图切中智能时代这个现实，力图触及问题（从问题点到问题链再到问题网）的本质向度，而又遭遇现实强烈反弹的结果。关系维度的出场既切中现实，又从现实走向系统表达。它是在切中现实中，从反思问题走向关系维度的建构，从对实践的反思走向理性的自觉。这是把人工智能与思想政治教育的关系维度纳入思想政治教育学科基本问题中，并将其作为思想政治教育一个新的生长点，以激发出新的思想政治教育学基本问题，以建构逻辑周延的思想政治教育理论体系。

### （二）人工智能与思想政治教育间关系维度勘定

我们在寻找智能时代思想政治教育创新的现实着力点时所遇到的一个普遍困难是关系。这种关系不仅是一个纵横交错的勾连，而且是建构一个完整的、能够不断生发的动态系统。它不仅有理性的思考、算法的辅助，也有现实体悟的温润与未来的期许。因此，要勘察人工智能与思想政治教育的关系维度，需切入二者之间的关节点，通过彼此吸纳参与，实现关系重构与秩序重建。

第一，人工智能赋能对思想政治教育的积极影响。

互联网技术对人类面对面的接触进行了"釜底抽薪"，创造了"独特的互动"和空间的运行准则。人们借助互联网在不同的空间里实现身份转换，使不同个体体验的联结成为可能，并产生新的社会交往及社会关系。这种充满意义交织和行为互动，自由穿行于线上与线下。加之，基于物联网传感器的信息采集与应用，语音数据的采集与文字转换，VR360度沉浸式和交互性体验等智能设备应有尽有。这使得人们的实践活动呈现未入场就已经在场，离场但从未退场，入场、在场、离场的界限日益模糊。智能技术可以从众多信息来源中探测与发现肉眼看不到的关系。一句话，"未来属于算法和他们的创造者"①。借人工智能赋能，思想政治教育能精准捕捉复杂场域里人们的思想活动轨迹，通过全样本数据的考察，助力我们观察那些被遮蔽的元素，挖掘被忽视的环节。

一是人类的智慧使人工智能在思想政治教育领域物尽其用，推进思想政治教育精细化、精准化发展。人工智能嵌入思想政治教育后，并不是成为一个临时的旁观者，而是成为其衍生部分，以数字思政、智慧思政形式存在，激发并鼓励人们更好地接受思想政治教育。可以说，是技术推动了思想政治教育数字化的建立。人工智能以其精密的技术拆解生命的活动，研究其细部，在对细节的把握中，使思维沉浸和驻留。人工智能通过深入肌理的解读，了解人们的思想动态，精准分析人的存在境遇，展示生活的意义，进而探索思想政治教育机锋的密钥，推进思想政治教育发展。

二是人工智能嵌入后，智慧思政平台不断优化升级，通过数字思政助力思想政治教育空间的联结与扩展。这不仅弥合了日常碎片化的思想政治教育活动形式，而且无缝地对接政府、社区组织、学校，同时也在虚拟空间意义上衔接空隙，拓展传播内容的深度与广度。当然，人工智能嵌入思想政治教育组织机构的过程，并非简单地改变原有组织结构，而是涉及一系列复杂的演化与内部形塑的互动过程。人工智能也使得思想政治教育组织形态从线下物理空间的实体组织，转化为线上数字空间的虚拟组织，不仅为思想政治教育结构带来新的弹性空间，而且为多个

---

① [美]克里斯托弗·斯坦纳：《算法帝国》，李筱莹译，人民邮电出版社2014年版，第194页。

主体提供协商交流平台。思想政治教育凭借智能技术突破地域限制与信息不对称的传统梗阻，由单一线下活动转换为线上与线下相结合的多元实践活动，使受众体沉浸在教育过程中。这既是空间形式的联结与扩展，也是用信仰、责任、血脉、爱把人工智能与思想政治教育联系起来。

第二，思想政治教育价值主导人工智能发展的方向，起"方向盘"的作用。

人工智能不是万能钥匙，它有其自身的机器属性与算法偏见。当智能化以巨大的"核能"推动思想政治教育创新时，一旦使用不当，就会带来巨大风险。

一方面，从虚拟空间场域来看，虚拟空间看似建构无限的可能与空前的自由，但日益被搜索引擎的技术逻辑所控制。因为虚拟世界中的社会生活是在互联网技术支持下展开的。算法越投入，越受制于由菜单构成的算法框架。这使得个体生命经验完全窄化为便利和流畅的技术感受，失去亲历社会实践的主体性和感受性。加之，算法依据浏览数据进行智能推荐时，也存在偏差。所以，认识事物的本质不能仅仅依靠算法，而需要对个体解决是什么、为什么、怎么样等基本问题进行反思。

另一方面，人机互动的多维联动、立体交叉、虚实结合的智慧教育环境已经成熟，受众体能够随时下线、退出，甚至屏蔽数字平台。线下的实体交往表明，网络社会无法彻底摆脱在场逻辑，而且思想行为在场约束并非进入缺场就能自由释放。思想政治教育应以主流价值观引领并规约算法等信息技术，通过从根源上消除算法偏见，辨识善恶，弘扬主旋律、传播正能量，减少因信息技术发展带来的杂音。换言之，通过人+机器、机器帮人、不断迭代的大数据闭环，将立德育人内化于人工智能创新与应用的全过程，注重算法价值序列的设定，使其符合主流价值观。①

一个理论体系的建构必然要经历思想批判、研究范式转换乃至学

---

① 耿旭、刘华云：《智能时代下中国主流政治价值观传播：模式、挑战与引领路径》，《贵州社会科学》2020年第8期。

术价值重构的过程。思想政治教育创新不能仅仅理解为纯粹的思想和观念，也不单单是原则的演绎与经验的简单归纳，而是要直面社会矛盾与集体焦虑，敢于反思，为审视和批判保留足够的空间，并形成以一条环环相扣的链条去说服和引导人们探索更能体现内心感受的思想政治教育方式，使每一次思想政治教育成为教育者内心情感的真实涌现。正是情感的真与诚与一代又一代人生生不息的生命体悟，共同构筑了思想政治教育的精神内涵，这是算法无法做到的。

总之，人工智能与思想政治教育交叉、渗透与互补，形成了对智能时代思想政治教育的复杂性问题的拆解，对空间的不确定性、视觉上的断裂与碎片化的生活的拼接与重组。彼此相互交融、相互优化、弥补和融入，共同寻觅与建设人工智能与思想政治教育的关系维度。这种关系维度的建构，不仅体现了理性精神，更彰显了与之相匹配的胸襟与高度。

## 四　人工智能与思想政治教育的关系维度协调

智能技术深入发展的同时，也带来了精准化的数据匹配、精致的场景设计，有助于提升思想政治教育实效性。但人工智能之于思想政治教育是一种补充与完善、优化与创新，绝非替代与否定。因此，人工智能能否推进思想政治教育创新，取决于二者之间的协调与适配，以及二者之间是否形成嵌入、赋权与辅助，而不是悬浮、越权与控制。

### （一）人工智能"嵌入"思想政治教育时，规避数字"悬浮"与思想政治教育内卷化

人工智能嵌入思想政治教育并非一次性完成，而是经历了一个从"悬浮"到"嵌入"再到"悬浮"的循环过程。换言之，人工智能嵌入思想政治教育后，应该是一种平衡的状态。如果失衡，即便是已经嵌入的智能技术，也会返回悬浮状态。

第一，人工智能嵌入之后，可能出现再次"悬浮"与发展内卷化的风险。

当社会成员的日常生活痕迹通过人工智能技术快速测量与评估转化

为数据、图像、声音、文本或信号时,人工智能利用算法把其所运用的数据与信息作为人们的思想活动状态的符号表征,为思想政治教育研究提供信息资源,实现了思想政治教育活动朝着量化、信息化与标准化方向发展。思想政治教育不仅借助人工智能技术适应复杂的社会情景,而且其自身也是人工智能释放能量的场域与对象。因此,我们要防止对技术的路径依赖,引起技术再次悬浮,导致思想政治教育发展内卷化。

首先,算法追求更加精准、严密的指标体系与精细的操作规则,但算法有三个特点。一是数字生产链在形成过程中,由于技术生产者、知情者的行动逻辑大致相同,难以保证数字生产的精准性,使得数字悬浮于思想政治教育之上①,忽略人的主体性,陷入只见数字不见人的窠臼。二是在对数字提纯、整理与压缩甚至删减时,不仅无法还原被整理、压缩之前的思想活动状况,而且可能造成对本已失真的"真实图景"的二次误读。三是人们极易被包裹在被算法处理过的价值趋同的"内容池里"形成"信息茧房"。各种社会思潮便乘机利用算法对议题设置、内容编排、方法选择进行编码、精准选择匹配内容推送给受众体,试图达成共识,并通过聚合以寻求归属感,进而完成自我认同建构。这极易带来"同音层"与"回音壁",造成社群之间产生区隔屏障。思想政治教育面临"被不同意见极化群体分隔,社会共识难以凝聚的新挑战"②。

其次,"社会是由不可界定性、不连贯性、不可调和性、不合逻辑性、不一致性、非理性、含混性、矛盾性等一切不可通约的事物组成"③,倘若想通过技术来收集社会动态信息,必然失真而走向失败。④因为技术简化了复杂的社会关系,把人与人之间的关系物化为冰冷的数

---

① 王雨磊:《数字下乡:农村精准扶贫中的技术治理》,《社会科学研究》2016年第6期。
② 温旭:《智能算法助推高校精准思政的逻辑进路》,《思想理论教育》2020年第6期。
③ [英]齐格蒙特·鲍曼:《现代性与矛盾性》,邵迎生译,商务印书馆2013年版,第2页。
④ [英]弗里德里希·冯·哈耶克:《通往奴役之路》,王明毅译,中国社会科学出版社1997年版,第48页。

字，互动的复杂性自然丧失，变得可以驾驭与操纵。①须知，我们仅凭借数字模型与量化准则，难以应对复杂的社会境遇。人们可以通过沉迷于虚拟角色的扮演来弥补现实生活的缺憾，却无法关注个人的安身立命，更无法获取抵抗风险的毅力。

最后，机器依据浏览数据进行智能推荐，按问题点提炼内容，在增强趣味的同时对知识做出快餐化、熟食化处理以及对知识碎片化进行传播。这些只有吸引力没有营养的碎片化信息，尽管吸引广大网民，却导致用户沉溺于情感的宣泄，远离理性思辨与神圣的判断。加之算法主宰，极易养成思维惰性，出现全民参与、思想稀缺、娱乐至上、能见度低的现象，致使人们难以集中精力进行体系性、整体性的思考。一旦人工智能凌驾于思想政治教育之上，势必导致思想政治教育难以形成"教天地人事，育生命自觉的'内生力'"，难以形成对个体自身生命存在状态的觉知。这种以量代质的算法消弭了主体层面的精神思考，使得社会关系最终被浓缩为一个个数字代码与抽象符号②，引致思想政治教育发展的内卷化。

第二，充分利用智能技术推进思想政治教育在场整合与虚拟整合，拓宽思想政治教育辐射范围。

人工智能与思想政治教育之间的关涉、接触与结合都不能脱离特定的空间。空间是平滑开放的，可以从任何一个点运行到这个点之外的任何地方，并在可能被理解和阐释的任何地方形成新的空间场域。正是人工智能裹挟多重关系嵌入思想政治教育，我们才可以凭借智能技术，全面关注场域中的复杂互动关系，客观地呈现思想政治教育活动的全过程。诸如计算机通过高度逼真的三维虚拟环境来建构日常生活，模拟人在现实环境中的思想动态和行为轨迹，使得人们能在360°无死角的场景中全方位观察思想政治教育活动全过程，并依据智能化服务的人机互渗关系对生活空间进

---

① [美]赫伯特·马尔库塞：《单向度的人：发达工业社会意识形态研究》，刘继译，上海译文出版社2014年版，第139页。
② 刘伟、翁俊芳：《撕裂与重塑：社会治理共同体中技术治理的双重效应》，《探索与争鸣》2020年第12期。

行切割、划分或调度，进而以更加有效的方式联结在一起。

同时，我们还可以通过对短视频的生活片段与场景信息流等特定场景的联结与扩展，扰乱人们的情绪，使其高度卷入、高度黏合，延长体验时间、拓展体验空间，增大思想政治教育的涵容量。这不仅助力思想政治教育在场整合与虚拟整合，以建构多层次互动式有机系统，而且使得人们在真实时空的"异步"交往转换为即时在线的"同步"交流，身体的缺席转换为思想在场，异地交往变成网上即时在线。所以，虚拟世界里，既可以像在场空间一样进行即时交往，也可以进行延时交往。由于智能技术赋能，思想政治教育对价值取向、思想观念的整合从在场整合到缺场整合成为可能。思想政治教育既借助复杂的算法形成精准化的内容匹配，也充分展现智能时代量化一切与人性发展是一种辩证关系：使思想政治教育回归育人原点与本真，讲理与用情并存，理论烧脑与鲜活共存。①

**（二）人工智能"赋能"思想政治教育，防范技术权力越权刺破思想政治教育学的边界**

思想政治教育创新需要打破学术壁垒与思想疆界，形成跨界合作和思维创新。当然，这种打破并非否定以前所坚持的独立思考及对峙张力，而是在学术思考的同时，强化实践品格和开拓精神。诚然，学科之间的分门别类，是为了研究的方便展开的学术归类。其前提是只在某种学术规范的独特语境中出现，而不能溢出。学术的目的是涵化这些"借代"和"临时"概念。同理，技术"赋权"和跨学科对话时，也需防范技术权力越界。

第一，利用人工智能优势推进思想政治教育理论创新。当下信息技术已渗透人们日常生活的方方面面。我们通过微信打发闲暇时光，把微博作为新闻八卦的来源，抖音上则是观看光怪陆离的表演。智能媒体利用算法记录每一个用户留下的每一个数字轨迹，以及这些数字背后所隐含的价值观、态度或偏好，从而生成用户真实在线行动画像。凭借人工

---

① 彭兰：《短视频：视频生产力的"转基因"与再培育》，《新闻界》2019年第1期。

智能点对点的传播，最大限度地满足个性化需要，实现思想政治教育理论的技术升级。

算法是一个具有高度战略性的代码，思想政治教育通过驾驭算法，监测并跟踪线上与线下呈现的各种价值观的交锋与对抗、接纳与互补、碰撞与融合过程，并基于算法对思想政治教育各要素进行结构优化与功能升级。思想政治教育通过整合价值观的多元化以及由这种多元价值的纷争局面，形成权力规训与价值涵化下形成的共识，着力建构思想政治教育一体化育人体系。正是智能算法赋能，推动了思想政治教育内容结构创新、新的议题设置、方法论的创新以及人机互动与新空间的开发和利用，建立了人工智能时代思想政治教育理论、方法论、实践与"第三力量"——"人工智能+"之间的关系。

第二，谨防人工智能越权。人工智能在赋能思想政治教育的同时，也会产生对独立思考的干扰，对深度思维能力损伤的越界行为。因为"人与技术立下契约时并未阅读清楚文本，人从来没有问自己，他将为他获得的力量必须付出什么代价"[①]。数据的所有权受算法背后的力量控制，事实证明，算法对数据流的控制空前集中。[②]

基于算法展开的思想政治教育，要防范算法越界，突破思想政治教育边界。因为算法是没有创造的菜单组合，其应用场景的功能设置，决定了个体选择的范围，甚至建构个体的选择。思想政治教育创新的关键在于是否能够实现对"人的灵魂的教育，而非理智知识和认识的堆积"[③]。它需要把对幸福、德行、生活、道德问题的哲学思考融进一个个现实故事和生命体验中，去思考和回答"为谁培养人、培养什么样的人、怎样培养人"这个教育根本问题，去触碰如何通过触发人的心灵的深处感动和全身心的震撼，实现生命的丰饶与深厚？这些问题仅靠技术

---

[①] [美]兰登·温纳：《自主性技术：作为政治思想主题的失控技术》，杨海燕译，北京大学出版社2014年版，第162页。
[②] 全燕：《智媒时代算法传播的形态建构与风险控制》，《南京社会科学》2020年第11期。
[③] [德]雅斯贝尔斯：《什么是教育》，邹进译，生活·读书·新知三联书店1991年版，第4页。

势必会忽视对生命底盘的诘问。因此，我们唯有防范人工智能越权，把符号化、轻灵化、流动性、意义的建构融合在一起，才能实现多维共享、协同共进的思想政治教育研究体系。这样人们才能形成对思想政治教育理论上的承认、情感上的依赖、行动上的落实，这样的思想政治教育创新才站得住、立得稳。

### （三）人工智能"辅助"思想政治教育创新的同时，防范技术控制诱发风险

2019年5月，《人工智能北京共识》发布，提出了参与者必须遵循有益于人类命运共同建构和社会发展的15条规则。从人工智能的研发、使用与治理三个层面和人工智能达成共识，以确保未来人工智能始终朝着对社会有益的方向发展。这意味着思想政治教育在利用人工智能"辅助"的同时，防止技术控制，规避人工智能运用所产生的诱发性风险，确保人工智能开发与应用者眼中有人、有生命、有社会、有自然。

第一，利用人工智能"辅助"思想政治教育，实现从大水漫灌到分众精准滴灌的飞跃。大水漫灌式的宣传不仅不会产生认同，反而激起人们的反感。一旦人们感到这些宣传是空话、套话与大话，"人们不是消极地接受意识形态及其支撑的统治体系，而会攻击或谴责这种形式与关系，会模仿或讥讽他们，会设防消除意识形态内容在特定环境具有的力量"①。这就需要通过多学科对话，打磨自己的思想之锋。因为人工智能可以通过算法把人们的喜好与意愿分类，通过关键词的提取、提纯与合并同类项进而使其结构化，这种方法有助于我们把人们的意愿凝聚成重要观点，进行分类、分众以精准匹配不同个体要求。

问题是计算机以冷冰冰的、僵硬而机械的摩尔斯代码裹挟了人的自然语言，这终将会带来人类社会的终结。②恰恰相反，计算机不但没有泯灭人性，反而以多种多样的实际应用滋养了人性的丰富和多样。因为

---

① [美]约翰·B.汤普森：《意识形态与现代文化》，高铦等译，译林出版社2005年版，第76页。
② [德]马丁·海德格尔：《海德格尔选集》，孙周兴选编，上海三联书店1996年版，第938页。

技术对人的影响并非单向，人也从根本上左右了技术发展，使得技术在终极运用上变得人性化。智能技术有助于思想政治教育研究者和被研究者共同介入这一崭新的文化实践活动中，①打破了思想政治教育约定俗成的叙事方式，对"历时性的轴线"与"共时性的切片"进行联结。人工智能的内核使得人类已有活动规则算法化，并利用算法固定程序对收集的海量信息进行分类、排列、衡量与判断。这样基于信息链接和跨界融合，思想政治教育不仅实现了广泛收集信息资源，而且扩大了参与主体，并在交互作用中形成分众精准滴灌。

第二，防止思想政治教育陷入人工智能技术"控制"的窘境。大数据的广泛应用、算法大行其道，人们的生活方式内嵌在技术内核上，使得受众体对智能过于依赖，人的主导性弱化，似乎一切让位于数据与算法。这就需要警惕防范技术控制。须知，人工智能作为主体参与思想政治教育活动时，充斥着强烈的工具理性，但它不可能离开人。在硬件形态上，它以一种机器设备存在；在软件形态上，却表现为属人性。一旦人们的生活和技术工具紧密关联并且全面融合，这样的技术就有了属人性。此时思想政治教育主体既包含作为人的教育者与受教育者，还出现了承担教育者或受教育者角色的机器，即出现了人与人、人与机器、机器与机器的多元主体关系乃至交互作用。②但一个不容置疑的事实是，"当今驱动人们不懈努力的是一个从未动摇过的信念即自然现象能够被人理解、描绘、显化和预测并最终受人控制"③，即算法在运用过程中也带来了设计者的价值理念。那么人工智能的限度是什么？恪守什么？坚持什么？我们需要什么样的思想政治教育？因此，围绕人工智能技术展开的思想政治教育，其目的不是冷冰冰的机器与算法所生产出来的千人

---

① 周森：《人工智能技术辅助人类道德决策的可行性研究》，《道德与文明》2021年第1期。
② 张瑜：《论思想政治教育网络观的演进与理论创新》，《马克思主义与现实》2020年第5期。
③ [匈]艾伯特·拉斯洛·巴拉巴西：《爆发：大数据时代预见未来思维》，盛杨燕等译，浙江人民出版社2013年版，第8页。

一面与万人一腔。人工智能的使用和实践是存在于人与世界、人与人之间的相互关系状态中。因此，铺陈和展开人工智能与思想政治教育互动的关系网，以深邃的历史之思与沉重的现实之问，解码思想政治教育与人工智能的关系维度之问题域，是思想政治教育创新的智能化解释路径。

总之，人工智能与思想政治教育的关系维度研究旨在打开重重门禁，切入时代的现实性，并生成时代问题与规律的新范畴。① 这种切入是一种打开、剖析、推进，而不是简单地反映。因为一切神圣的和世俗的东西都要接受理性的批判和检验才能获得合理性和合法性。而思想政治教育能否揭示人们在生活中所遭遇的内在紧张、内在张力？在解决时代问题与张力时，能否生成新的思想政治教育概念、范畴与范畴群？这是思想政治教育创新的关键。

## 第二节　直面关系，探索思想政治教育的系统性变革

互联网时代② 已悄然成为人们的生活现实，并引发了与技术共处、与机器共生、与代码共事的一次全方位变革。社会变革的新形态也给思想政治教育发展带来了新契机，即从互联网语境的外部撬动思想政治教育的内部变革，激活互联网时代思想政治教育生命的力道，使之重焕生

---

① 陈忠：《现实与问题——城市哲学的基本逻辑与理论升华》，《探索与争鸣》2020年第12期。
② 本研究涉及概念较多，在使用互联网时代、（人工）智能时代、数字时代等概念时，皆是指由于现代信息技术革命是以技术群的方式引发的社会变革与时代跃迁。因此，无论是人工智能时代，还是互联网时代等，都交织着互联、大数据、区块链、人工智能等技术引发的时代变革。便于行文方便，讨论互联网时我们采用互联网时代，探讨人工智能技术时采用智能时代。但并非拘泥于互联网或者人工智能这一单一技术，依然是以技术群的方式与思想政治教育融合发展。

机。互联网技术和思想政治教育之间相互形塑的基本关系日益凸显。这一关系制约着思想政治教育理论研究的立场、思路、认知等。因此，立足关系视野，洞察思想政治教育在互联网时代的研究议题、研究方法乃至思维方式的嬗变，助力揭示思想政治教育系统性变革的潜能，进而在关系视野导向下，提出思想政治教育理论的形态转换和学术范式变革的命题，以彰显其政治引领力、学理阐释力和事实辨析力。

综观近年来有关互联网时代思想政治教育创新研究的多元化路径，其核心都指向一个事实，即思想政治教育创新是在技术与社会的双重变革下展开。学界对思想政治教育在互联网环境的特质上做了诸多分析，而关系维度则是对既有思想政治教育创新路径分析较为突出的新特征，即通过网络、数据与算法、社交平台、网络语言等硬件与软件，揭示思想政治教育诸要素之间的关系，并通过互联网技术实现制度化的联结。它不仅推动了思想政治教育研究视野的转换，其新议题与新方法的互嵌，也促进了对思想政治教育关系之维的深化研究。

## 一　从割裂到联系，推动思想政治教育研究视野的拓展

互联网媒介本身所具有的连通性、参与性激活了整个思想政治教育研究在关系维度上的跃迁。互联网赋权与赋能不仅实现了主体之间的交流与沟通，而且推动了连接化、网络化的公众在社会公共空间的协作并进。这使得思想政治教育主体具有建立关系的新机制，形成一对多的多态教育模式，也折射出思想政治教育与技术更为紧密的联系与嵌入性特征，进而在对主流价值观认同建构、情感共振等新关联的探索上，实现思想政治教育重构。

（一）思想政治教育理论体系各要素之间的关系考察

"社会，即联合起来的单个人。"[①] 任何人都处于各种联结与关系中，因此，对关系和联结的追问十分重要，一旦"将社会看作是关系化社

---

[①]《马克思恩格斯全集》第30卷，人民出版社1995年版，第526页。

会，一切的交流现象因此可以在技术的框架和技术所组建的关系中被不断重新理解和阐释"①。互联网给思想政治教育增加了新的关系类型——人与技术的关系。

首先，技术赋能揭示了思想政治教育诸要素之间的关系，提升了我们深入事物本质的洞察力，使各种关系纤毫毕现，并转换为"数据流"。通过聚合和整合，形成了"数据—决策—引导—评价"的闭环链条。这种数据描述和计算数据库，既可以使思想政治教育系统内各要素之间的关系量化，也能在对量化的数据进行分析和处理中发现规律，缩小教育双方在认知、情感、信念、意志和行为上的差距，为精准化教育提供基石。

其次，揭示思想政治教育各要素之间的关系力。思想政治教育各要素的彼此作用力，是由网络化形成的系统合力。各要素以非线性关系叠加的特性，增强了思想政治教育系统的复杂性。因此，对于关系之维的研究不容小觑，牵一发而动全身。思想政治教育的系统优化与功能提升，主要取决于各要素的共同作用，且其共同作用机制是典型的非线性作用机制。

最后，思想政治教育的关系维度主要表现在两个方面，一是思想政治教育与人类社会整体发展的关系；二是思想政治教育与日常生活世界之间的关系，其核心还是人与思想政治教育的关系。人的问题是思想政治教育研究的根本问题。即便数字时代，思想政治教育也离不开人的日常生活世界。人在日常生活里的感官感知、话语更迭皆是思想政治教育的重要元素。这需要思想政治教育以更接地气、更具时代感、生活化的语言强化思想政治教育的价值引领，增强思想政治教育的亲和力。因此，关系视野导向下的思想政治教育是携带现实的力量，去解释与阐述思想政治教育创新的现实情景与运行特征，挖掘思想政治教育延展性的议题与理论创新体系。

---

① 胡翼青：《显现的实体抑或关系的隐喻：传播学媒介观的两条脉络》，《中国地质大学学报》（社会科学版）2018年第2期。

### (二）从实践过程考察关系之维所激活的思想政治教育新机制

思想政治教育主体经历了从一元主体性到多元主体间性，再到主体命运共同体（人类命运共同体）。这种关系逻辑的升华，折射出互联网时代思想政治教育的生命力所在。关系维度激发了新的思想政治教育学基本问题，拓展其新领域。

首先，在思想政治教育实践活动中教育者具有建立关系的新机制。互联网时代思想政治教育的崛起绝不是凭空的精神现象与纯粹的理论演绎，其创新需要坚实的社会基础。互联网赋权和赋能，使得人们可以通过多样化的互联网端口对思想政治教育活动发表评论，及时反馈意见，引导舆论走向，形成正确的价值判断，提升思想政治教育效果。

其次，互联网技术能够精准捕捉实践活动中所有相关联系，并将其纳入思想政治教育系统中，构成了新的思想政治教育生态系统。思想政治教育不仅对其传播内容进行扩容，而且基于全员参与与反馈机制建构了多重思想政治教育实践链。这种对实践链条的改造，旨在构建思想政治教育内容生态数据"链"，形成思想政治教育对象的生态数据"网"，构建思想政治教育辐射范围的生态数据"圈"。

最后，以往思想政治教育关系逻辑的表达空间是有限的，技术赋能助力思想政治教育展开信息收集、计划决策、组织实施和监察评估等环节[①]，以更加科学、精准、高效、个性化的教育方式实现教育目标，进而实现重构。

### （三）强化关系维度，拓展了思想政治教育新的研究思路

互联网技术对思想政治教育学研究的挑战主要体现在高速迭代性、高度融合性、跨地域性和物质性等特点上。这些特点在分析思想政治教育的理论创新路径时，其研究的立场、思路、认知等方面均指向思想政治教育学的关系视野，并呼唤新的研究思路。

首先，互联网技术模糊了教育主体之间的界限，促进了不同地区思

---

① 唐良虎、吴满意：《数据思政：基本意涵、生成逻辑与实践样态》，《思想理论教育》2022年第5期。

想政治教育观念的扩散和互动。各个思想政治教育参与者之间的联系与互动,成为思想政治教育创新更为重要的考察内容。由于思想政治教育内容的迭代更新,思想政治教育学面临空前的流动性和复杂性。我们既要在复杂条件下探究信息流,还要识别和分析互联网上思想政治教育内容之间的关系流,更要树立不断切换对象属性的研究思路。

其次,现代信息技术这种强大运算能力使得思想政治教育评估由因果关系分析转向相关性分析,而依靠海量非结构化的相关关系数据作为补充,有助于厘清教育主体之间的人际关系与社会关系乃至人际关系,打造教育双方的双向互通渠道,把握受教育者的当前状态与情况变化、个性偏好、心理状态,及时调整思想政治教育内容,提高思想政治教育成效。因此,以关系视角审视思想政治教育变革,要关注创新的过程,而不仅仅是创新的结果。

最后,由于传统思想政治教育研究对象局限在以人为中心的视野,忽视了物质化的媒介实践情景的影响。在人工智能时代,关系思维拓展了我们对思想政治教育研究对象的认知。机器人、虚拟现实技术、技术与人类活动共存且互动等都是思想政治教育的研究对象。这种物质性与人的捆绑,使得思想政治教育与信息技术相融合,跨学科合作成为思想政治教育创新的关键。

## 二 基于关系之维,揭示思想政治教育对传统的继承与超越

互联网制造的虚拟空间使得思想政治教育呈现出线上与线下的新形态。关系视角有助于思想政治教育在线上与线下流变的现实中,找到一个相对稳定独立的判断立场,考察其新旧议题与新旧方法互嵌问题。探究思想政治教育面临社会现实问题时,传统思想政治教育与网络思想政治教育在交相辉映中,如何超越传统思想政治教育理念和语言框架?传统道德根性的元素怎样呈现在互联网时代思想政治教育理论体系中?如何借助互联网技术对传统思想政治教育进行守望、继承与超越,推动互

联网时代的思想政治教育创新？这些问题解决的关键在于洞察和挖掘互联网数据、情景、行为主体的耦合状态，运用创造性的研究方法来实现关系视野下思想政治教育的推陈出新，进而实现思想政治教育理论、实践活动与其学科建设的高度嵌入。

**（一）关系视野下思想政治教育研究议题与研究内容的推陈出新**

在关系视野下思考互联网时代思想政治教育变革，始终绕不过人、技术、思想政治教育诸要素之间的关系，绕不过传统媒介技术与新媒体技术相互融合碰撞乃至主体之间的动态博弈与交互关系。正是差异化竞争关系为思想政治教育创新提供了新议题与新发现。

首先，互联网时代思想政治教育的迭代升级，体现在思想政治教育与互联网耦合的技术逻辑上。互联网科学技术与育人需求耦合，推动思想政治教育理论与实践体系重构。而思想政治教育实效性的提升取决于嵌合的技术理路，取决于融合的可能空间与限制性变量，取决于对大数据背后教育主体、客体、介体、环体等信息的有效挖掘。它使整个教育决策更精细化，教育内容供给更为精准和直接。

其次，对传统思想政治教育的守望、继承与超越，其核心要义在于捕捉关系数据，并使这些关系与传统道德根性的元素嵌合，以填补在互联网时代思想政治教育内容体系。一是从时间维度来说，在思想政治教育研究中要关注那些看似割裂的联系。因为以个性化为特征的思想政治教育内容推送，反映了"过去"和"当下"乃至"未来"的一种潜在联系。传统思想政治教育研究恰恰忽略了过去自我与当下自我的潜在联系，在一定程度上限制了对思想政治教育实践的全过程、全方位的认知。为弥补这一缺陷，必须发掘关系，以识别个体在不同场合、不同环境里的区别与差异性。这是思想政治教育内容创新的关键。二是关系型数据主要指个体行为习惯在从过去到现在之间存在的联系。捕捉其关系，并对关系型数据进行结构化提纯、分析，进而为揭示个性化行为的产生机制提供技术支持，为个性化推荐定制精准的思想政治教育内容。它使思想政治教育新议题能够弥散在微观生活层面，播种真善美、传递光和热，把日常社会生活领域自我产生的政治诉求、政治立场、伦理道德、理想信仰等精细化、底层化、生活化，进而让人们在庸常的日常生活之外，看浩瀚与高远。

最后，关系视角导向下的思想政治教育内容注重探究受众体在不同时空节点的特征，总结相应的规律，以更好地把握和比较人们随机化使用思想政治教育信息资源的历程，规避信息茧房，实现思想政治教育研究议题与研究内容的推陈出新。

### （二）思想政治教育理论、实践与学科建设的高度嵌入与协调并进

恩格斯指出："历史从哪里开始，思想进程也应当从哪里开始。"[①] 人工智能技术的全方位渗透，使得"社会、人、物、数据和秩序"由互联网联系在一起成为思想政治教育的构成要素，形成了诸如智慧课堂、大思政、数字马克思主义等崭新的思想政治教育理论与实践活动形态，激活了思想政治教育的创新想象力。其实"社会、人、物、数据和秩序"由互联网紧密地联系在一起的理论模型，就是纯粹的关系把握，其关键词就是信息技术带来的嵌入性与关系性，即对思想政治教育各要素进行精准分众、高效配置，勾画其各要素协调共进的演化图谱，赋予思想政治教育学以特定的社会文化内涵和生命意蕴，使得每一个个体都能在相互作用中得以正承。

首先，思想政治教育原有的学术框架和学术概念要适应时代发展做调整。多元主体参与所呈现出的参与性、融合性、瞬时变化和流动性等特点，加剧了思想政治教育生态的高度复杂化和不确定性。如果说工业时代形成了有规律可循的思想政治教育，正在成为一种变动不居的实践谱系，那么，在互联网时代，思想政治教育在多重环境交互作用中不断自我迭代时，原来一些挪用的抽象概念也要与时俱进。因此，在互联网时代，思想政治教育学要想焕发活力，触及现代人的灵魂命脉，就必须重回思想政治教育本体和实践诸领域，嵌入复杂的互联网实践中，与时代发展、社会变迁进行再度嵌合与联结。

其次，寻觅与确认思想政治教育跨学科研究与学科建设的高度嵌入

---

[①]《马克思恩格斯选集》第2卷，人民出版社2012年版，第14页。

关系。跨学科研究成为思想政治教育研究的新路径，并要符合双方的研究发展需求。一是思想政治教育需要信息技术赋能与赋权，以提升其内容的精准推送与个性化定制，用分众滴灌取代大水漫灌。二是学者们逐渐意识到信息研究的价值不仅在于中立化的信息统计，更在于通过挖掘信息的社会意义进一步建构有效的社会知识。而在解释信息意义与价值方面，思想政治教育则具有较强的理论沉淀和研究动力。因此，跨学科研究是符合双方的研究发展需要的。在互联网时代，思想政治教育发展的显著特点就是跨学科发展成为新的路径。

最后，注重理论与实践的动态转化，实现思想政治教育理论的知识分享与修正机制。在互联网时代，思想政治教育理论体系中原有的碎片化议题得以快速发展，并生成颇有体量的分支领域。然而，思想政治教育学核心环节没有显著跃升。这迫切需要突破认知，唤起心灵的觉醒与共鸣的力量，推进思想政治教育理论、实践与思想政治教育学科建设的高度嵌入性。因为学术理论成果的积累比较漫长。其成果转化较之于实践有较大的时滞性，且往往在实践中也会遭遇误读和误解。加之在学术研究过程中，变量的操控与样本的选择等，会导致部分研究成果的合理性降低，对实践性的应用减少。为解决理论与实践的互动不足问题，亟待探讨数字时代思想政治教育学科责任及相关领域的互动关系，需要全程动态地开展思想政治教育理论、实践与学科建设研究合作，检验并提升其科学性。因此，探索信息科学与思想政治教育相结合的跨学科研究，为信息技术科学与思想政治教育双方学科都提供了借鉴价值。

## 第三节 基于关系维度，拓展思想政治教育研究的新视域

思想政治教育学作为一门学科和一个学术领域，其形成和演化

需要一定的过程。其核心概念、问题域、知识体系的建构是学者们生命里隐忍的渴望,是在彷徨与挣扎中一点一滴地积累。因此,我们基于关系维度对互联网时代思想政治教育诸要素之间关系特质的挖掘、系统阐述、论证和完善,是对思想政治教育研究的其他研究视野进行对话和互补,它提供了一种启发性的思路,而非确定性的研究方案。

## 一 关系成为思想政治教育创新重要维度的合理性

互联网呈现的海量信息咨询涉及多元社会主体和多学科领域,需要我们聚焦不同类型关系的意义阐释,强化问题意识,以增进对思想政治教育诸要素之间关系的识别和分析能力,及时反馈和修正研究的不足,有效地更新、完善、淬炼思想政治教育理论体系。因此,基于关系之维探究思想政治教育创新,不仅有助于提升理论的实效性,还能演化为一种新的充满生机的研究范式。

### (一)基于关系之维展开较为系统的思想政治教育理论厘定和实证考察

互联网信息的流动性和透明性使得思想政治教育理论与实践之间的关系不断变化。本书采用关系视野展开思想政治教育研究,旨在较为系统地厘定和考察思想政治教育知识体系在搭建过程中的协同合作逻辑,以确立互联网时代思想政治教育的实际分布脉络,推进思想政治教育健康发展。

一方面,关系对环境有高度敏感性,不同环境下的关系存在形态和分布是有差别的。当下思想政治教育转型除自身变革外,还叠加了互联网背景下的社会、文化、组织层面的重组。这就需要识别、确认思想政治教育与互联网技术的关系形态,进而系统性、多角度、分层次地进行数据描摹和科学分析思想政治教育信息接收、转发、再生产的场景所呈现出的多模态分布机理。因此,创新思想政治教育,不能拘泥于思想政治教育自身领域中,而要结合实践,锚定其具体的呈现方式和运作机制,推动思想政治教育与技术的融合发展。

另一方面,关系之维是弥散的,依靠互联网技术赋能,收集分析与思想政治教育相关的各项数据,整合各种信息资源进而打通不同环节的壁垒,推进思想政治教育数据库建设,使思想政治教育理论上存在的种种关系在实践中得到落实,确保实践逻辑和学理逻辑的衔接。

**(二)互联网精神的解放与赋能为厘清思想政治教育关系之维提供技术支持**

以互联网技术为代表的新方法与新理念在提升互联网时代思想政治教育实效性上具有较强优势。它不仅使得思想政治教育工作者对各种关系具有高度敏感性,也使得主体能以较低的时间投入,获得更为全面、动态和详尽的思想政治教育实践数据,提升了思想政治教育理论工作者跨学科、跨领域的合作能力。

网络社会所具有的复杂性和多元性特点,使得更多陌生人和机构存在于关系网络中,生活在数字空间中的个人依据兴趣、爱好等数字信息建构网络身份,并被贴上不同的标签且被追踪。这为我们挖掘思想和行为等的关联因素提供了技术支持。因此,在关系视野导向下,我们可以发觉思想政治工作的薄弱环节,发现被忽视的各种细微关系,实时纠正偏差,实现全样本、全过程的分析与整合。它确保我们从问题意识和学科合作等方面入手,及时发现问题,提前预判问题,主动介入问题,进而将互动信息与资源适时转化为教育内容,随时调控和优化教育方案,改进思想政治教育方式、方法。

## 二 关系维度为思想政治教育创新提供新图景

尽管思想政治教育变革与创新的版图还未有清晰的脉络,但在技术不断迭代影响下,学界对其关系的发掘与界定体现出更强的建构性。而关系视角下的思想政治教育创新旨在采用交叉学科研究,通过互联网新技术赋能与连接,构建各要素共同参与、协同联动的思想政治教育创新体系。当然,在思想政治教育创新的研究路径上,关系维度不可能也不应该是唯一的观察尺度,推动思想政治教育创新的多重维度思考的紧迫性日益凸显。

### (一)基于关系视野探寻互联网时代思想政治教育创新的现实路径

随着互联网日渐成为信息交流、思想碰撞的主阵地,思想政治教育的重心逐渐向网络空间转移。风险防控能力的跨域式提升,便成为互联网时代思想政治教育创新的主要目标。

首先,从理论逻辑上看,思想政治教育创新必须在马克思主义理论指导下,充分调动一切积极因素。因此,思想政治教育要以高势位供给抢占意识形态阵地,拓展育人空间。

其次,基于关系视角创新思想政治教育,旨在思维方式的创新。我们树立互联网思维,旨在厘清网络流行语和思想政治教育话语之间的张力,使网络流行话语成为提升思想政治教育亲和力的重要载体。我们将数据范式引入思想政治教育理论体系中,通过挖掘影响思想政治教育创新的一切要素及其关系,并将其关系转化为信息流以顺应数字化趋势,打造数字化能力,应对数字时代的竞争。

最后,在策略上,运用数字矩阵来实现数字化转型,实施数字跃迁战略,推进思想政治教育理念、内容、形式、方法、手段等创新。诸如面对网络空间的内容所呈现的"吸粉""求关注""娱乐至上"等所强调即时的、简单的、重复的精神刺激现象,技术赋能助力思想政治教育分类整理多媒体资料,对程式化内容进行批量处理,破解信息技术给思想政治教育带来的各种风险。

### (二)基于关系视野提升互联网时代思想政治教育的学术自觉与自省意识

如果说网络信息生态是思想政治教育的客观存在场域,那么,要切实提升思想政治教育对于互联网时代的适应性和生命力,就必须把握信息生态的基本要素之间的关系结构,把思想政治教育内容、主体、场域作为主流意识形态传播的着力点,把互联网作为联结过去与未来整体性的融汇力的纽带,以提升学术自觉与自省意识。

一方面，基于关系之维提升对思想政治教育内容选取与内容表达的学术自觉与学术自省意识。所谓内容选取与优化，是指网络空间中的思想政治教育内容体系的建构，不能简单地由线下完全平移或复制到线上，而要在关系视野导向下，根据信息资源竞争态势、网络舆论情况、受众需求状况等进行综合分析，进而精准完成内容选取，围绕受众需求，搭建分众化的内容体系。要基于关系之维，根据网络空间中受众信息接收的特点，对内容进行改造，以鲜活的创意吸引和感染群众。因此，关系之维的要义在于思想政治教育理论工作者下脚力、眼力、脑力、笔力，着眼于思想政治教育内容高质量发展的实践取向，通过凝聚价值观、掌握话语权，让群众形成主流社会价值观认同。

另一方面，对思想政治教育内容供给也是一个内容数字化的升级改造过程，进而推进思想政治教育内容供给的精准化、精细化、精致化，实现内容供给的不断更新、升级和迭代发展。值得注意的是，数字化①是互联网时代思想政治教育区别于传统思想政治教育最大的技术特质。通过数字化赋能，思想政治教育研究方法与研究范式等都发生了革命性变化。"网络空间已经成为人们生产生活的新空间，也应成为凝聚共识的新空间。"②因此，加强网络内容建设和管理，营造风清气正的网络空间等是互联网时代思想政治教育创新的历史使命。

### （三）基于关系视野推进思想政治教育学科建设因事而化、因时而进、因势而新

依靠单一要素来创新思想政治教育，很难强化其整体性功能。思想政治教育创新既要充分调动一切资源，确保思想政治教育的整体有序，又要统筹好、协调好、处理好思想政治教育系统与社会发展系统的协同运行，积极推动学科体系建设，使其在空间上布局科学，各要素协同融

---

① 所谓数字化，是指利用信息系统、各类传感器、机器视觉等信息通信技术，将物理世界中复杂多变的数据、信息、知识，转变为一系列二进制代码，引入计算机内部，形成可识别、可存储、可计算的数字、数据，再以这些数字、数据建立相关的数据模型，进行统一处理、分析、应用。

② 习近平：《习近平谈治国理政》第三卷，外文出版社2020年版，第318页。

洽；在时间上衔接自如，各步骤稳定有序。

在互联网时代，我们不仅需要网络信息技术的"硬实力"，还需要与之有机融入的思想政治教育的"软力量"。如何把互联网这个"最大变量"转变成思想政治教育创新的"最大增量"，直接关乎思想政治教育能否葆有连续的原创性生命活力，关乎能不能切实推进思想政治教育学科化发展的历史使命。这无疑需要进行系统研究和关系厘定，也是笔者提出互联网环境下思想政治教育学理论范式创新这一命题的旨归所在。

当然，对互联网时代思想政治教育变革进行盖棺论定还为时过早。尽管思想政治教育学科边界日益模糊，交叉学科研究不断凸显，但思想政治教育固有的学科内涵不会因互联网的崛起、不会因新术语迭出、新概念遍地开花而呈现出"泡沫"现象。即便出现"泡沫"也会受到学科选择的淘汰与去伪存真，正是互联网的繁荣使得思想政治教育研究摆脱既往的"语言牢笼""术语牢笼"而走向数据库、人工智能、虚拟现实的元宇宙，或将成为一场"脱虚向实""人文与技术"的新启蒙、新革命。

总之，在互联网时代，思想政治教育创新路径的开放性与多元特征本身就意味着基于关系维度的探究，是在众多创新路径中的一种可能性，也是对其他分析框架的补充。传统思想政治教育的研究议题和研究方法依然具有恒久的价值和实践意义，在其他视野中开展的思想政治教育创新路径同样值得期待。

## 三 人工智能技术与思想政治教育的关系价值凸显

作为时代符号的虚实空间有多重的指涉意义，即空间能从一个指涉现实空间生存状态的话语词汇变成一个指涉精神存在的价值载体。这意味着技术在型构思想政治教育时，其延展性的理论阐释与现实创新可能溢出了思想政治教育问题，但其涵盖的内容要义依旧是教育本位的思索——人始终是思想政治教育中心。因此，智能技术与思想政治教育关系网的贯通与统合，彰显了数字的精准与意义的浓密融合。它在坚守伦理底线上，彰显人性的价值尊严。

**（一）智能技术与思想政治教育的连接功能表现**

技术与思想政治教育的彼此赋能与相互建构，使得思想政治教育空间关系、交往关系、社会关系等因连接而拓展。连接功能包含广泛连接与数字下沉。广泛连接，促进了智能技术终端、移动终端等新型载体在思想政治教育的场景利用。强调数字下沉，降低了数字化准入门槛，推进了数字技术在现实中的深度渗透，也是对人际关系、社会关系（包含算法平台）与思想政治教育的重塑。

一方面，广泛连接扩大了主体活动范围。尤其是虚拟空间的交互渗透、无缝衔接，使得社会虚实交融持续向虚的力度不断加强。脱域交往使身体在场可有可无，具身于现场不再重要。这使受制于现场和具身性的思想政治教育实践出现"脱域"倾向。连接一切的功能，不仅有效地将思想政治教育资源组合起来，并通过图像，传感器动态建模，跨媒介分析等技术优势使平面化的思想政治教育呈现出三维立体状，也使教育对象从沉浸于视觉、听觉、触觉等全部感知系统转换到利用全部感知系统解码思想政治教育，以更好地领会其真谛。

另一方面，移动互联网带来的多种多样数字平台，将日常生活切割为众多链接，让人们可以在自由穿梭与体验不同的空间里享受"瞬间"虚拟空间带来的即时需求。但是，由于算法逻辑、流量逻辑、价值偏向等创造的虚拟世界，在让人们体验不同生活的同时，也让人陷入幻想和恐惧中，诸如真假世界难以区分，道德和责任界限模糊乃至引发人的异化等现象。这就需要思想政治教育价值充斥于每一个场景里，不仅将主流价值意涵传达到每一个角落，还让原本理论化、抽象化的思想政治教育内容进行场景化建构，使其能够精准分配到合适的场景中，让人们在不同场景切换中可以直观感知，自由选择蕴含思想政治教育的信息。因此，唯有在营造理论空间的同时活化生活空间，在完善实践空间的同时激活体验空间，才能让人们"口袋式"地享受智能化后的思想政治教育零距离服务。

### （二）智能技术与思想政治教育关系网的贯通与整合的价值属性

智能技术与思想政治教育的关系贯通与整合，是通过信息分享、情感交流而产生意义的。这是一个意义共生的过程。它遵循认知—情感—行动的规律性，通过意义融通形成价值认同与归属感。这种贯通与整合不仅是在理论空间、人际空间和体验空间等多维度上推进思想政治教育认知力、情感力和行动力的交叠统一，也是在深化技术作用与价值的规范与建构上探讨其价值坐标，进而实现在关系论层面的共存合一，实践空间层面的共创合一。

一方面，智能时代思想政治教育的目标是广泛获取不同社交圈层、场景成员的价值认同。基于技术与思想政治教育角逐的基础上，实现在关系论层面的共存合一，一是联结与整合碎片化空间，揭示彼此互动的地域性关联中的特质，通过联结笼罩在日常生活的每一个细节，再现人、技术、思想政治教育彼此之间的互动关系；二是通过信息分享、情感交流、意义融通等形成整合共生的连接力、整合力，推进思想政治教育价值认同。

另一方面，地方性之在场空间和数字性之缺场空间的联结形成了形形色色的关系力。这就需要在松散的、易碎的、不确定的空间中，规范关系场域，揭示多重空间张力，并基于技术运用边界，落实实践空间层面的共创合一。加强对思想政治教育场域动态监管，使符号资源共享到体验空间，建构数字思想政治教育秩序，深化思想政治教育理论再生产。

## 第四节　从培育"强关系链"到关注"意义链接"

从"强关系链"转向"意义链接"，来考察人工智能与思想政治教育之间相互建构的关系维度，旨在寻找思想政治教育发生的因果链。在技术与思想政治教育互嵌形成的关系网络中的主体间的联结，也蕴含着行为本身的意义，即它是一个从找寻连接到追问意义的过程，如果技术根据自身的逻辑来建构关系而忽视了对关系中意义的审视与伦理底线，就无法促进思想政治教育的发生。因为，数字技术与人的联结方式并非本能地蕴含着教育性。[①] 唯有不断改进主体间行为联结方式，最大限度地释放技术与人之间的教育意义与"意义链接"，才能激活思想政治教育发生的因果链。而那些为吸引流量，为获取利益的人为技术建构，虽然具有诱惑力，但却是一种虚假性场景，是一种忽视价值创造，无法形成视域融通与情感升华的无意义体验。所以，它难以产生教育意义。换言之，并非把所有的技术变革都作为思想政治教育变革的内在驱动力，即仅仅依靠技术的作用，忽视不同联结方式对关系意义的影响，忽视主体联结的复杂性等，是无法产生思想政治教育意义的。唯有发挥聚集效应，把弱关系变成强关系，并使之朝着思想政治教育意义不断生成的方向发展，强化人们的归属感与认同感，才能激活思想政治教育因果链的产生。

## 一 揭示关系网对思想政治教育结构的影响

关系或关联是一个动态、多层次的过程。揭示技术内嵌的思想政治教育动态发展过程，旨在实现对传统思想政治教育的超越。这种超越主要表现在思想政治教育的主体多元化、内容优化与实践模式的超越上，同时彰显出智能技术既是解构思想的工具，又是建构思想的手段。

首先，智能技术使得思想政治教育主体由一元结构的人拓展为人—机二元结构。它使不同主体之间的再连接更加复杂，形成了多元人际互动与人—机互动的关系，即人与人、人与机器、机器与机器等多元化主体之间的交互作用呈现。

其次，厘清关系网，有助于丰富智能时代思想政治教育内容结构。

---

[①] 黄晓磊：《技术变革教育的逻辑、限度与路向》，《南京社会科学》2023年第12期。

网络空间中思想政治教育内容体系的建构，不能简单地由线下完全平移或复制到线上，而是智能技术对思想政治教育进行"再概念化""再结构化"的过程。在内容供给的形式上，不能简单照搬线下的宣传方式，而要基于关系之维，根据网络空间中受众信息接收的特点、喜好、感官规律，①以丰富、鲜活的内容创意吸引、感染、赢得群众。尽管思想政治教育没有突破依靠文字、照片、视频、音频等方式再现知识、价值观乃至认识论的单一或叠加局限，但智能技术对内容的多元化呈现方式，使得我们对思想政治教育知识体系的理解更加直观、生动与形象。尤其是在不久的将来，ChatGPT、Sora 一旦引入思想政治教育，由文字生产的每一帧画面都带有时间和空间维度，且每一帧画面都有逻辑关联，这使得思想政治教育实践活动的模拟不断逼近真实。这无疑会使抽象的思想政治教育概念更加鲜活、逼真，并赋予思想政治教育内容以新内涵。

最后，技术带来了社会整体性对于时空、流动等体验方式的重构。揭示关系网，有助于思想政治教育实践模式的超越。如果说任何关系都是实践的产物，那么，思想政治教育实践的方式与策略和状态决定这些实践关系的存在状态和形式。②而"存在的意义完全建立在关系中"③。因此，思想政治教育实践模式从过去的"教育者—教育对象"二元结构转变为"教育者—机—教育对象"三元结构。

## 二 揭示关系网对思想政治教育研究范式的影响

思想政治教育与智能技术之间的互嵌，不仅仅要实现数字技术的飞跃与上升，更应是思索人之重塑或再造的方法，即创设更有利、更深刻的参与和塑造人的历史境④，彰显其认识与生命力协助能力。这就需要我

---

① 谢玉进：《新时代网络思想政治教育概念再界定与研究深化》，《思想教育研究》2022年第5期。
② 黄晓磊：《技术变革教育的逻辑、限度与路向》，《南京社会科学》2023年第12期。
③ 渠敬东：《缺席和断裂——有关失范的社会学研究》，商务印书馆2017年版，第163页。
④ 张祥龙：《海德格尔传》，商务印书馆2017年版，第259页。

们拿起批判的武器从思想政治教育范式转向的起点处展开，从寻主体、划边界、守固池的研究范式转向多元、对话、开放的研究转换范式。

首先，由于智能技术无法表征人和思想政治教育实践的丰富性、复杂性、特殊性和不确定性，任何试图以数学或数理逻辑将思想政治教育简化为某种模型加以计算的思路，在实践上都是人的主体性、价值和意义的放弃。我们探讨智能技术与思想政治教育的交互关系，与其说是给思想政治教育提供了一层技术审视维度，倒不如说是将其延展的可能放置在更为宏大的广阔的技术伦理现实之中，为思想政治教育架构起了数字人文环境作用与实践的全新活动空间，凸显其"批判性"，以寻觅技术化与认知道德良性化发展、共促并行的路径，进而在拓展思想政治教育价值意涵的同时，确保其创新能够落地与实践探索务实、可持续。因此，揭示思想政治教育与技术角逐，并非把阐释思想政治教育如何智能化作为重点，而是把那些代表智能时代思想政治教育研究所蕴含的新的关系视域作为目标，并将其作为增进人们理解思想政治教育创新发展所负载的价值意义。

其次，厘清关系网，助力思想政治教育从重知识建构转向注重知识联结的观念变革，提升人们的迁移能力。思想政治教育知识传承功能，不应局限于经验知识的传播，更应着重在关系互动的意义链中进行知识创造。智能时代人们的理解能力及人的认知水平的提高比以往任何时候都更加重要。所以，对于思想政治教育的知识学习也在于构建其知识连接并形成知识网络，即经过分析—综合—抽象—概括，基于迁移规律，找寻新旧知识之间的连接点、共同点，利用发散思维与逆向思索，提升人们的迁移能力。由此，厘清关系网旨在找寻更多的信息流，发现更多的相关关系，产生更多的连接，进而实现从重知识建构转向注重知识联结的观念变革，为全面系统塑造新的思想政治教育体系奠定基础。

最后，揭示智能技术与思想政治教育内在逻辑，旨在解放身体，充分释放教育对象的感官系统，以辨识审视符号与事实的关系，并将批判性思维的培养嵌入思想政治教育中，以落实在符号环境中寻找实事，围绕"符号—实事"关系展开层层追问。这是批判性思维的核心。因为

"知道事物的符号表达和理解一种事物有着天壤之别"①。而一旦失去思想能力、批判力或停滞于固有的思维模式，必然影响思想政治教育与时代对话能力和创新活力，影响技术之于思想政治教育潜力的释放。当然，批判不止于直觉、经验、幻想的人类理念，也包含技术之于思想政治教育的技术霸权。

## 三 驱动思想政治教育现实建构的再生力

瞄准关系与依靠连接，旨在揭示思想政治教育现实建构的再生力。当数字化虚拟关系置换和取代了人与人之间的真实交往时，我们通过信息终端的"屏幕的点击"，使异地共存状态逐渐成为人们互相交流的重要渠道。因此，思想政治教育从面对面延伸到屏对屏，而关系与连接是重要的一环。

### （一）瞄准"关系"，厘清网络思想政治教育的各构成要素，揭示其关系链与关系网

关系是理解网络思想政治教育在复杂时空交织场域运演的关键。思想政治教育、人、技术、社会构成了一个彼此纠缠的关系网。"个人和社会结构都是类似的，都是接受外界影响的效应场。没有一个可以独立于这些进程的联系，这些联系不仅创造了它们，还让它们交织在一起。"②关系是检视网络思想政治教育运演方式的重要维度。

科学技术飞速发展，既带来精细化与专业化，也引致区隔化和碎片化的样态，进而引致理论与实践的断裂、内容与形式的脱节。尽管我们从全方位、多视角创新思想政治教育，诸如超越传统、重构方法论转向、优化内容结构、推进功能升级等，但未摆脱"内容陈旧、方法落后""原创性理论匮乏""思想游牧与语言过剩"等难题。其原因在于缺

---

① ［英］卡尔·波普尔：《客观知识——一个进化论的研究》，舒伟光等译，上海译文出版社 1987 年版，第 164 页。

② Richard D. Wolff, Stephen A. Resnick, *Contending Economic Theories: Neoclassical, Keynesian, and Marxian.* Cambridge: The MIT Press, 2012, p.45.

乏对关系维度的揭示。唯有瞄准各要素之间的关系，并尝试性联结，才能规避思想政治教育的区隔化与碎片化乃至主体之间出现断裂。

厘清关系维度，必须弄清三个问题：一是当思想政治教育活动从过去以政治、文化等为主要传播方式转向以计算机为基础时，思想政治教育与以数字形式编码的文化形成了怎样的"交互"关系，所形成的"文化交互界面"有哪些特征？二是当我们从数以万计的监控影像中抓取人的思想活动数据并结构化时，如何把握技术场景里的多重力量，以及"隐喻的空间力量"里蕴含的"多重意识"？它们怎样在思想政治教育理论创新中回响与守望？三是当我们按照原生数字形态呈现时间码获取位置，采用数字编码、播放平台或渠道时，如何揭示系统中各要素、各层次之间建构和解构及其相互依赖又相互拆解的关系？这些问题的解决需要把握各要素、各层次之间的关系，以激活技术的再生力。

**（二）依靠联结，激活网络思想政治教育建构的再生力与协同力**

如果说"一切道德伦理行为事实上都是一种联结行为，与他人的联结，与自己亲朋的联结，与共同体的联结，与乃至最后是置身宇宙之中的联结"①，那么，网络思想政治教育也是通过联结建构多元主体协同共进的教育体系，以激活网络思想政治教育建构的再生力，进而从流动空间变化角度来思考全域思想政治教育创新问题。

首先，线上与线下的联结（或流动空间与地方空间、虚拟空间与现实空间），催生了从流动空间变化角度来思考全域性思想政治教育理论与实践活动。在现代社会，流动成为一个中轴概念。流动空间已经覆盖整个地方空间，并促使地方空间的流动增强，叠加凸显。而线上与线下的联结、流动空间与地方空间的贯通，旨在获得你在哪儿，等等。这就要求我们对思想政治教育思考，不仅要从过去关注特定内容转向关注连接本身，而且要求思想政治教育即便是在虚拟空间，也要基于流动空间变化角度来思考全域性思想政治教育治理。

所谓全域，是指地方空间与流动空间（或者现实空间与虚拟空间、

---

① 李建华：《伦理连接：大断裂时代的伦理学主题》，《浙江社会科学》2019年第7期。

线上与线下）①的相互联结。我们对网络思想政治教育的思考，不能只从地方空间来思考全域思想政治教育治理情况，还要从流动空间变化角度来思考全域思想政治教育治理，更要将流动空间对地方空间的影响以及二者间的相互影响纳入全域思想政治教育研究的运筹谋划中。因此，网络思想政治教育覆盖面从线上延伸到线下，线上与线下无缝衔接，催生了思想政治教育两栖登场的全域性教育模式。

其次，无论社会因素和社会形态如何改变，人们的交往活动都有较为稳定的关系模式，呈现出不变的规律。传统的人际关系仍然是互联网交往场域的主要类型，并以社交朋友圈、各种网络论坛、微博公共空间等方式呈现。借助数字技术、模拟仿真后叠加链接到真实世界，让人获得超越现实的存在体验②，获取对各种社会问题的新见解，以实现视觉形象与情怀的升华。因此，要充分利用流动空间为思想政治教育提供沉浸式的社会化场域与关系，促使"个人—社会"活动有效连通，形成线上与线下全域教育模式。

最后，多元主体相互连接是网络思想政治教育现实建构的协同力。网络时代诞生了大量难以计数的、形式多样、内容丰富的网络群体。这些通过数字技术连接起来的群体，在互联网上的活动内容与现实生活紧密联系，是人类社会数字化、网络化和智能化的表现形式。③其活动范围超越了现实空间，其活动内容与日常生活融为一体，无法分割。所谓连接，不仅意味着对多元主体的连接，更意味着对社会整体的把握，进而追寻其内在联系，打造具有吸引力和影响力的思想政治教育阵地。

---

① 流动空间对应于虚拟空间（或线上），地方空间对应于现实空间（或线下）。本书不作细分，混同使用。
② 韩模勇：《增强现实与空间转向——网络文学的场景书写及其审美变革》，《文艺理论研究》2019年第4期。
③ 刘少杰：《积极优化区域发展的社会基础》，《社会学评论》2021年第1期。

## 本章小结

本章对人工智能与思想政治教育之间的嵌入与互嵌进行解读，直击关系之维，揭示思想政治教育诸要素之间的关联及其重构，把关系维度作为思想政治教育创新的新领域、新议题与新方法。从培育"强关系链"转向建构"意义链接"，寻找引发思想政治教育发生的因果链。把关系维度提升为思想政治教育一个新的增长点。具体来说，本章主要包括以下四方面内容。

第一，对人工智能与思想政治教育之间的嵌入与互嵌进行解读。立足关于嵌入性概念与关系维度界说、探讨人工智能与思想政治教育嵌入和互嵌的意义与价值、人工智能与思想政治教育的关系维度解析、人工智能与思想政治教育的关系维度协调四个方面，分析嵌入与互嵌下人工智能与思想政治教育的关系维度。

第二，直击关系之维，阐释其为思想政治教育带来的新议题与新方法。一是从割裂到联系：互联网视野下思想政治教育研究视野拓展；二是新议题与新方法的互嵌：思想政治教育关系之维的探究。

第三，提出关系维度是思想政治教育一个新的增长点。一是揭示从关系成为思想政治教育创新重要维度的合理性；二是描述关系维度为思想政治教育创新提供的新图景；三是论证关系维度是思想政治教育创新的一个新的生长点。

第四，刻画智能技术与思想政治教育是在以人为纽带的互动关系中构成竞逐态势及其所形成的错综复杂的关系网。通过培育"强关系链"、建构"意义链接"，寻找引发思想政治教育的因果链，一是揭示关系网对思想政治教育结构的作用，撬动思想政治教育的内部变革。二是揭示关系网对思想政治教育研究范式的影响。三是瞄准关系与依靠连接，释放思想政治教育现实建构的再生力。这不仅成为激活思想政治教育生命的力道，而且能整合多维度的价值诉求。

# 第五章　逻辑链：人工智能技术形塑思想政治教育的机理

从互联网到元宇宙，现代信息技术在实践中丰富发展，人们可以以"真身""化身"随时"进入""退出"和"切换"空间，人类生活方式迈向虚实结合的领域。可以说，以人工智能为代表的现代信息技术在一定程度上推动了精神生活模式的深化，极大地丰富和还原了真实思想政治教育场景，为思想政治教育创新与发展提供了全方位的赋能与革命性的重塑。

本章将对人工智能形塑思想政治教育的机理进行深入探讨，从互联网的技术之维与社会之维、技术之维到价值之维，探寻人工智能时代思想政治教育的发展，在技术与社会、技术与价值的统一中揭示人工智能与思想政治教育的相互形塑与相互建构关系。揭示人工智能与思想政治教育的相互建构与彼此赋能，并非思想政治教育与人工智能之间的概念拼接，与相关知识的空转，而是向历史求索可能的经验，参与现实问题的发问，补足历史向度的思想资源，进而思辨智能时代思想政治教育是如何与传统思想衔接、转化、改造，进而建构周全可行的知识体系，即延续传统、盘活存量、涌现增量。

# 第五章 逻辑链：人工智能技术形塑思想政治教育的机理

## 第一节 技术之维与社会之维：技术形塑思想政治教育的纵深逻辑

人工智能技术不是单一的技术，而是以互联网、大数据、云计算、区块链、人工智能等现代信息技术群的方式与思想政治教育融合生长，因此，探求人工智能与思想政治教育之间的相互建构绕不开互联网。互联网既有技术之维，也有社会之维。在多种力量博弈的复杂时空里，仅仅拘泥互联网技术维度上的量变红利触及思想政治教育的深刻变革是远远不够的，这样会窄化和低估社会维度的重要意义。只有在技术和社会深度的结合中，去揭示思想政治教育在时空嬗变中的境遇，去考察思想政治教育理论与实践，才能推动思想政治教育理论逻辑力与说服力的迭代升级。

### 一 工业化逻辑与网络化秩序的冲突与并行

对互联网的理解，不仅要了解其技术之维，更要在技术与社会的结合中进行研究和诠释。互联网的社会向度集中在虚拟时空里，并为社会生活的再结构提供框架和逻辑。可以说，人类社会的每一个方面皆按照互联网的方式组织起来。现实问题是，既然互联网塑造了一种完全不同于工业化逻辑的时空结构与整合方式，那么，网络社会是否彻底摆脱了在场逻辑而完全虚拟存在，进而完成从现实时空到虚拟时空乃至从在场整合到虚拟整合的演变？互联网所引致的社会问题与现象是否能从虚拟时空与虚拟整合的数字化逻辑中寻求答案？能否把虚拟时空与虚拟整合作为观察思想政治教育创新的重要窗口？

在工业文明的潜力尚未充分释放，追赶工业文明的脚步尚未停歇的历史当口，人们突然发现自己已经置身于一个无法逃逸的网络社会。①互联网在社会各个领域的广泛渗透和普及，建构了人的新的生存状态。如果说，工业革命兴起是对工业化逻辑主导下社会生活的反思，那么，信息技术革命的勃兴就是对全面融入社会生活的互联网逻辑进行诠释与解读。工业化逻辑与互联网逻辑之间，是一种继替和同时存在的关系。

## （一）中国社会转型同网络社会的相遇与叠加的特点

中国正在经历社会急剧转型的历史当口与网络社会相遇叠加，人的生存方式发生了根本性变化，新型的社会形态、社会场域日益彰显。中国共产党在坚持"两个结合"中推进理论创新，以"两个创造"解决工业化逻辑与现代性困境的世界性难题②，以学党史、悟思想、办实事、开新局凝聚人心。关于这方面，本书不再赘述，而是在此框架下，着眼于互联网的技术之维与社会之维来考察当代社会特点。

首先，互联网创造了一个全新的世界、全新的人、全新的社会关系。数字信息技术的迅猛发展，催生了新的时空结构，重构了整个社会系统关系。互联网技术的最大特点在于互联网具有超强的结合力，即互联网的技术黏性和运作逻辑，这种超强结合力是互联网社会之维（社会向度）的充分展现。因此，互联网的技术向度是其社会向度拓展的基础，它能发现各种隐晦却又绵密的连接，即我们通常所说的"互联网+"。显然，"互联网+"这一结构本身就代表互联网技术超强的结合力。因此，我们说互联网的社会向度是网络社会重要的理论视域。

其次，中国社会转型同网络社会的相遇与叠加时，工业化逻辑与互联网逻辑呈现冲突与并存现象，且前者与后者是一种继替和同时存在的关系。这种特点决定了现代社会的双重特性：线上的虚拟性和线下的实体性。线上体现虚拟逻辑，线下则是按照现实时空的逻辑及其制度化要

---

① 张兆曙：《互联网的社会向度与网络社会的核心逻辑——兼论社会如何理解互联网》，《学术研究》2018年第3期。
② "两个创造"是指中国式现代化和人类文明新形态。"两个创造"解决现代性的问题。一是现代化撕裂传统社会大多数人民没有参与现代化，也未享受到成果；二是现代化改革没有使发展中国家走向独立，反而加深了对发达国家的依附。

## 第五章　逻辑链：人工智能技术形塑思想政治教育的机理

求展开。

最后，新技术范式助力我们厘清中国社会遭遇网络化逻辑时暴露的社会矛盾与危机的根源，推动我们进一步探究当下的社会问题、道德发展问题究竟是由于现代信息技术的野性与侵略，还是社会问题在互联网上的呈现与传播。

### （二）时空嬗变中虚拟整合的特征

吉登斯在论及现代社会时，采用了"脱域""空间的虚化""空间与地点的分离""跨空间写作"①等概念来描述工业化逻辑的社会特点。但是，在卡斯特那里，互联网造就的不仅是一种身体缺场的生活方式，而且在此基础上形成了一种全新的社会形态，即网络社会。因电子信息技术造就的缺场交往在社会生活各方面的渗透，使得工业化所构型的社会变得面目全非，呈现出从现实时空到虚拟时空的嬗变，整合方式也呈现在场整合与虚拟整合的交织。

首先，所谓现实时空，就是社会生活所扎根的现实情景和统筹秩序。②具体是指人们在线下的物理空间生活的时间与空间维度上的展开和延续具体存在形式，以及时间与空间的相互关系结构。在现实空间里，人们的交往依靠面对面的在场接触。所谓虚拟时空，集中体现在互联网的社会向度，体现在技术对社会生活的再结构、再组织逻辑。现实时空对应于工业化逻辑与社会秩序，虚拟时空则对应于网络化生活逻辑。虚拟时空是现实社会生活的一种网络化的结构性镜像，其社会结合方式发生了根本性变化。当然，在虚拟社会里，人们既可以像在场空间一样进行即时在线交往，也可以进行延时性交往。

其次，不同的整合方式意味着个体结合的纽带不同。当然，按不同方式整合后的社会也完全不同。依靠机械整合形成的是传统农业社会，依靠有机整合形成的是现代工业社会，而虚拟整合的社会则是数字化的

---

① 转引自张兆曙《从在场整合到虚拟整合——兼论网络社会中的个体行动与集体意识》，《天津社会科学》2021年第1期。

② 张兆曙：《"互联网+"的技术红利与非预期后果》，《天津社会科学》2017年第5期。

网络社会。① 互联网技术瓦解了人类共同生活的面对面基础。虚拟生活最大的变化在于互联网技术对人类生活始终依赖的面对面基础进行了"釜底抽薪"。② 它不仅重新构造社会生活的逻辑和结合方式，而且从根本上改变了社会整合方式，形成虚拟整合。社会生活的网络化现实，在于以最短的时间实现最大限度的空间拓展。因此，社会整合也从以规范性力量为主的在场整合转向以建构性力量为主的虚拟整合。

最后，虚拟整合具有建构性力量。如果说在场整合是一种规范力量③，那么，虚拟整合就是一种建构性力量④。这种建构性体现在网络空间个体认同的链接，或者强化特定维度的社会认同上。当然，虚拟整合的建构性力量，也表现在它面对工业化秩序时，所表现出颠覆性与解构的动力上。

### （三）思想政治教育研究空间向虚拟空间的扩容

思想政治教育从现实空间向虚拟空间扩容，旨在打造网络主阵地，争夺网络空间话语权。习近平总书记明确强调，"做好网上舆论工作是一项长期任务，要创新改进网上宣传，运用网络传播规律，弘扬主旋律，激发正能量，大力培育和践行社会主义核心价值观"⑤。可以说，互联网成为思想政治教育的主战场与最前沿，是思想政治教育创新的最大

---

① 张兆曙：《从在场整合到虚拟整合——兼论网络社会中的个体行动与集体意识》，《天津社会科学》2021年第1期。
② 张兆曙：《从在场整合到虚拟整合——兼论网络社会中的个体行动与集体意识》，《天津社会科学》2021年第1期。
③ 它来自一种共同在场所形成的内在结构，即依靠个体在情感和行动上对共同在场的关注和维持，实现了对个体日常接触和互动的控制。离开共同在场，个体也就离开社会。共同在场的维持，是人际关系、日常接触与互动的关键。
④ 借助互联网形成的虚拟整合不存在对共同在场的关注与维持，当然，也无法像在场整合那样对用户行为进行规范与约束。虚拟空间的规范，一是来源在场规范向虚拟空间的投射。二是互联网整合所建构的新秩序。这种建构性本质是虚拟整合的建构性对线下规范的削弱，即线下规范投射到虚拟空间后会发生一定程度的弱化。由于虚拟空间里在场控制机制的失灵，线下所内化的各种道德规则、法律进入虚拟空间后弱化。简言之，网络世界的虚拟结合可以凭借特定的数字机制而进入稳定联系与团结状态，即虚拟整合。
⑤ 习近平：《习近平谈治国理政》第一卷，外文出版社2018年版，第198页。

增量。

1. 思想政治教育在虚拟时空中的新特点

第一,虚拟性。一是场域虚拟。根据布迪厄关于场域的定义,网络场域是网络中人们之间的客观关系所形成的一个架构,是人们用网络信息技术打造了一个高度接近于现实世界的社会环境。它不受地域、身份、种族等限制,以文字、声音、图像等为互动媒介,给人们提供跨越时空的无形的交往场所。用虚拟技术创建出的虚拟空间打破了传统的人际交往模式。人们不需要面对面站在一起交流,就可以实现信息的交换,获取现实社会中的信息,有迅速、便捷和成本低的优势。与现实空间最大的区别在于,它是虚拟的和非现实的,网络场域的虚拟性对行为的约束降低。二是主客体虚拟。网络空间中的主客体与传统的是不一致的,它形成的是一种新型的主客体关系,即信息引导者和追随者。但主客体本身存在虚拟性,包括他的身份、背景、思想等,甚至主客体可能并不是现实中的人,而是由计算机技术处理后的数据信息引导。主客体不受场域的限制,分布于世界各地,受不同种族、地区和国家的思想文化的影响。虚拟网络空间所呈现主客体的形象与现实社会有偏差,他们的地位在网络信息源流中会发生变化。主客体地位的竞争也是无比激烈的,在网络信息流中获得主导地位对思想政治教育工作有极其重要的作用,但它的虚拟性给思想政治教育工作带来了巨大的挑战。网络空间中的主客体与现实社会是息息相关的,虽然它本身的信息存在虚拟性,但反映出来的思维意识与现实是紧密相关的。三是行为虚拟。人们在网络空间中的行为举止带有虚拟性,不需要在现实中面对面地行动,在网络空间里的行为同样会对现实中的人产生巨大影响。在网络空间的笼罩下,他们变得更加敢于表达自己内心对某件事情、某个问题或某个人的看法和意见,这些看法和意见虽然隔着屏幕表达出来,但随着它在网络上的发酵会带来新的问题,并且网络空间中表达出来的思想和情绪从侧面折射出现实空间中存在的事件。正是因为网络空间下人们行为的虚拟性,它所造成的后果无法有效界定,某些不良行为会变得肆无忌惮,产生的社会影响是极其恶劣的,久而久之会引发许多社会问题,对人们的

思想、价值理念造成不良影响。因此,思想政治教育在网络空间是不可或缺的,组织开展网络思想政治教育实践活动来引导人们在网络空间里的行为方式是刻不容缓的。

第二,开放性。一是教育对象开放。不同于传统思想政治教育面对面的传授,网络思想政治教育是一种全面开放的思想政治教育,采取的是全社会参与的开放型教育模式。新时代是信息技术更先进的时代,是运用网络更广泛的时代,也是人们更注重自身精神文化面貌的时代。人们在网络领域的参与度提高,意味着网络思想政治教育面对的教育对象更全面和更开放,教育对象不断向网络空间延伸,而网络空间的开放性在很大程度上扩大了网络思政政治教育对象的范围,使其不同于以往的教育模式。面向学校、企业、组织等单个群体,它凭借网络信息技术可以不受时间、身份、场所等限制,教育对象可以实现跨时空的交流,多角度地表达自己的想法和意见,而不是单方面灌输。借助网络媒介平台,不同身份、背景、年龄等的群体都可相互沟通交流,他们获得了开放平等的交流模式,可以对某事件提出问题,通过网络教育者及时给出答复并加以引导,对错误的想法进行纠正。教育对象的开放还体现在对自我的认知,他们对自身的权利更加关注,把自己置身于某个事件中是否获得了相应的对待,在思考和学习中提升自我认识能力和水平,对社会问题有自己独特的见解,不再盲目追随,而是能够辨别是非。二是信息资源开放。网络给予思想政治教育工作开放的信息资源优势,它可以全面共享、快速传播和跨时空分享,有助于丰富思想政治教育工作。同时,网络上的信息资源丰富且不设壁垒,有助于获取最优质的资源进行整合,使教育内容变得更加丰富和多样化,为网络思想政治教育活动的实行助力。某个主题会有各种形式的表现方式,人们可以根据自我需要去寻找信息资源,从多样化的表现方式中选取最令人深刻且便于理解的一种,这不仅能够快速地给教育对象留下深刻印象,而且能够提升人们主动学习的自觉性。此外,网络平台为人们创建了大量的学习渠道,网络思想政治教育者可以通过这些学习渠道输入相关知识,突破现实课堂的时间限制与其他学科相融合,采用多种资源相结合的方式,从而达到最佳的教学效果。网络平台还汇聚了大量信息，人们可以对某一问题利用网络平台发声。正是信息资源的开放性，让大家看到人们对某个问题或者某件事的看法，一些正能量的信息在无形中对人们进行了思想政治教育。润物细无声，这种无形中感化人们的教育方式会拥有更持久的效果，被认可的人们会把这种正能量传给身边人，使得社会氛围变得和谐美好，人们的美好精神需求能够得到满足。

第三，交互性。一是教育角色交互。在传统思想政治教育中，教育者是主导者，是信息的传播者，教育采取的是面对面单向地向受教育者传授的模式，两者之间的交流互动有限且滞后，教育者对受教育者的了解也有限，彼此拘泥于场域和时间，难以及时有效地相互沟通。受教育者大多处于被动接受的状态，也是单方面地接受思想道德理论知识，对其中的内涵很少细细琢磨。而网络思想政治教育中，教育角色可以进行转换，地位趋向于平等化，实现了自由的交流互动。教育双方的信息资源传播是双向制的，即人人都可能是教育者和受教育者，都是信息的传播者和接收者。教育角色交互拉近了二者之间的距离，有益于进行网络思想政治教育实践，并得到及时有效的反馈。二是思想情感交互。教育者在网络思想政治教育过程中与受教育者能够及时地沟通，而受教育者对信息可以进行反馈，与教育者探讨问题。在探讨的过程中，两者的思想、情感和感念都有相互了解，教育者对受教育者潜在的价值追求有深入认识，教育者了解后对受教育者错误的想法可以快速有效地加以引导，对积极向上的精神追求给予鼓励。他们的思想情感有了互相认可的过程，被认可的思想情感会在网络空间里得到迅速传播，引起大家的共鸣，并自发地向外宣扬。例如，对某个社会热点事件，人们褒贬不一，有相互认可的，也有相互冲突的，相互认可的会形成一个群体，而最终造成相互对立的局面。这种形式是人们的思想情感相互冲突的交互，但它并不意味着相互冲突就代表一方正确，而另一方错误，这反而是人们的思想情感借助便捷的网络平台发生了相互碰撞。而教育者可以将主流意识形态思想引入其中，主流意识形态思想是绝大多数人认可的且经受得住考验的思想，有的人会因其他思想的误导而不认可，在社会热点事件的交流讨论中相互碰撞，从而带动不认可的人慢慢接受，纠正一小部分人内心还潜在的腐朽思想。人们借助网络平台在思想情感交互中更能看清思想政治教育工作存在的问题，快速找到问题产生的原因，对症下药，使得网络社会环境保持美好和谐，同时在健康向上的网络环境里进行思想情感相互碰撞，从而产生新的思想和认识。

2. 思想政治教育与技术融合生长的机理

现代信息技术与思想政治教育融合发展，催生了思想政治教育的一种新的形态。一是互联网的出现引致数字媒体涌现并作为活跃因变量嵌入，致使各种传播活动呈现井喷之势。人类难以脱离技术的裹挟，并在各种场所、活动中被技术量化或准入。而既有的思想政治教育难以应对各种思潮风起云涌，在短时间内难以形成有效方法。二是现代信息技术作为工具的特性不仅改变了生存方式，也延伸了思想政治教育空间。思想政治教育从现实空间延伸到虚拟空间，需要我们通过穿透现实的表象和问题的迷雾，以敏锐的洞察力审视思想政治教育与网络化发展的交互耦合关系，揭示思想政治教育在互联网空间的存在形态。

随着技术与社会深度融合，思想政治教育日益从现实时空延伸到虚拟时空，呈现出线上与线下两栖登场的功能。所谓现实时空，是指在线下面对面接触，日常社会生活的时间和空间不断展开与延续的形式，以及时间和空间的相互关系结构。因此，现实时空是一种空间上的在场接触。而在虚拟时空里，个体摆脱空间在场的束缚，传统关系纽带的断裂与板块的断层凸显，个体的倾向、判断、选择、决策等日益得到重视和强调。因此，思想政治教育在虚拟时空的一切不合时宜的新奇体验，皆可在这种结合方式的变化中找到合理的解释。① 揭示思想政治教育在网络空间的存在方式，有助于建构网络思想政治教育原生性话语。

---

① 张兆曙：《虚拟整合与时空交织：一个网络失范的理论框架》，《新视野》2021年第4期。

## 二 共时性"场域"与历时性"社会轨迹"

思想政治教育的时空嬗变，体现在共时性"场域"与历时性"社会轨迹"中。新技术范式助力我们尝试以速度为标志的时间感知，以流动为特征的空间观念，来剖析思想政治教育进入网络社会后的嬗变，揭示其在共时性"场域"与历时性"社会轨迹"中的特征。

### （一）信息技术范式推进新的时空嬗变

现代信息技术范式以其强大的力量，对社会生活进行再组织、再结构，以推动网络社会可持续发展。以信息技术范式来描述时空的嬗变，彰显网络时代的力度与深度。而时代的力度和深度则是规范自己的思想力在何种程度上能把握自己所处的时代。

首先，新技术范式实际就是重新构造的能力，加剧了时空压缩的强度。一方面，互联网改变了时间的存在方式。时间被不断地压缩为"现存即全部"，即人们可以按照互联网的逻辑决定何时、何地、做什么。另一方面，时空压缩在加速生产方式变革的同时，更深入地体现在人的焦虑、紧张、不安的社会心态上，而且这种加速的逻辑导致人们以瞬间、直接的反应替代深思熟虑的思考。

其次，互联网的技术特征能够将潜在的互动关系进行空间上的黏合。虚拟空间的诞生，扩展了时空的边界，确立了一个崭新的社会交往与生活空间。但它不是对于现实社会的直接镜式反映，而是具有生产性的社会实践，这使得在时空演进的动态发展中，人们对于空间的感知开始从网络意义上的时空压缩转变为社会意义上的时空拓展。

最后，现实空间借助虚拟现实的发展，联结了人类生产的新模式，建构了生活的新体验。这是人类文化生活参与的数字化呈现。正是由于数字化的嵌入，线上与线下无缝衔接，形成了一个更为适应人类社会实践活动所需要的深层次空间。在线与在场并行和统一，构成了数字互联语境下的新时空秩序。在场意味着社会行动者身处同一个互动场景中的交互性实践，即社会行动者通过身体在场与思想在场进行日常生活的围观与交互行动。这种实践行动的交互，呈现出从互联网的在线化转向虚拟空间的社群化现象，创造了更易于沟通的拟态环境，形成了数字互联语境下的新时空秩序，在最短的时间内实现最大限度的扩展。

### （二）互联网引起的时空嬗变对思想政治教育研究的冲击与影响

技术不仅改变了人类和世界，而且成为人类哲学社会科学思想上绕不开的问题。当然，思想政治教育学也无法绕开信息技术的身影。我们对思想政治教育的学术讨论也不再囿于在场的有限时空中，而是在新的交往空间与关系互动空间中，探讨社会生活的网络化对思想政治教育效果的影响，进而使技术跃进、能力提升和价值理念等要素深刻嵌入思想政治教育运作过程。

一方面，在互联网时代，要避免高估互联网的技术向度，低估或窄化其社会向度。网络化逻辑彻底颠覆了工业化逻辑下的社会生活。当时间逻辑以"加速"的方式"强势嵌入"社会结构之时，追求短、频、快的"快餐文化""碎片文化"等的即时效应势必成为时尚。诸如"活在当下""躲避崇高"的泛滥。其实，欲望的加速与释放，助长了消费主义的蔓延，乃至相关价值观的转变。"996""007""886"等社会热点话题的出现，是丧失精神发展所必需空间的最好脚注。人们在与时间赛跑时，貌似跑赢了未来，却使生命意义迷失、精神空间缺位。人际关系的淡漠、公共道德的缺失以及社会信任的危机等，这足以使个体陷入深深的焦虑、空虚、迷茫，抑或是佛系、躺平、摸鱼之中。生活成了眼前的苟且与躺平的凑合，进而引起个体对集体的政治疏离和道德冷漠，乃至引发社会主流意识形态认同危机。

另一方面，互联网与社会结合、相互交织的复杂过程及其内在机制也给思想政治教育带来冲击。重视互联网的社会之维，有助于消除对立与紧张，形成有机的空间结构，进而探究如何重构社会的精神基础，形成价值共识的社会。唯有基于互联网的社会维度，思想政治教育才能扩展自己的学科界限，打造亮点、突出特色、开出气势、形成声势，并能对社会重大理论问题进行解释。这就给思想政治教育提出了艰巨的任务，即在中国式现代化的道路上，思想政治教育究竟是参与者，还是旁观者？或者说，思想政治教育又是如何通过生产方式的变迁参与中国式现代化建设？思想政治教育学科范畴在新的历史起点上的合理定位和基本使命是什么？如何借助信息技术确保思想政治教育与社会发展在行动上协调，结构上匹配、互补共存？

### 三　互联网的社会维度

从互联网的社会维度揭示网络化逻辑中思想政治教育迭代升级的纵深逻辑。思想力在其现实性上表现为理论的逻辑力量、说服力量与征服力量。"理论只要说服人，就能掌握群众；而理论只要彻底，就能说服人。"① 以理论的彻底性为内容的逻辑力量，是思想政治教育思想力的直接体现。思想政治教育理论的逻辑力量、说服力量与征服力量，不仅深刻地体现在它的逻辑化体系之中，更深刻地体现在观念变革中。在互联网的社会维度上探讨思想政治教育创新，是基于虚拟整合的建构性特征，把精神力量和理论力量对社会发展的推动力外化为具体的作用物上，并以敏锐的洞察力和高度概括力去审视与回应社会变迁的重大问题。

**（一）互联网的社会维度：思想政治教育研究的一个新领域**

信息技术为我们提供了重返现场的崭新路径，即基于在场与在线双重维度上进行田野调查，观察社会现象，捕捉公共议题，梳理现象和议题的内在机理，进而揭示思想政治教育发生的时空阈限，诠释其话语转向，以及突破思想观念的束缚，以观照我们所置身的社会现场、现实行动与思想力。

第一，思想政治教育发生的时空阈限问题是思想政治教育创新必须回应的问题。随着数字化的加速发展，置身新科技环境中的思想政治教育势必会采纳各种新科技因素，并成为"新感受力的核心所在"②。

---

① 《马克思恩格斯选集》第 1 卷，人民出版社 2012 年版，第 9—10 页。
② 陈霖：《数字时代的艺术：构建城市感知的界面》，《探索与争鸣》2021 年第 8 期。

首先，思想政治教育不是依靠信息技术所编制的语言程序来发挥其思想力，而是根植于人们的日常生活，嵌入人们的社会心理、社会性格乃至社会无意识中。在线主要体现在我们对数字现成品的云存储与数据库的运用等数字化的生成机制和数字文明的最新进程上，但它充满各种可能与危机。诸如因"粘贴""复制"含蕴的"多重意识"，在思想政治教育理论创新时，形成了"将各种彼此无关的元素结合在一起"的"隐喻的空间力量"。尽管在数字提纯与结构化时，能够规避单刀直入的意义赋予和寻求明确主题的阐释冲动，但过于依赖数字势必引致各种话语和观念也悬置日常生活之上，不能落地。

其次，重返现场包含上线与下线。下线让身体在场，回到日常生活中，是思想政治教育创新的关键。因此，我们所说的重返现场除了身体在场，也包含在线（身体缺场，思想在场）的体验。在场不可或缺，即便在网络社会，我们也无法彻底摆脱在场逻辑而完全虚拟存在。因为线下的实体一维是构成线上的虚拟维度的基础，而虚拟又不脱离实体。线上与线下构成的双重维度，成为我们理解网络社会必须考虑的基本格局。①加之工业化逻辑仍然是这个时代最基本的运行逻辑。②因此，我们不能永远躲在线上，必须回到现场，寻求在场的亲历体验。其实，人与技术的关系就是人与人的关系。"从人类自身而言，应该谨慎地避免自己在技术中迷失，保持独立的思考，更多关注人之所以为人的本质问题。"③因此，思想政治教育工作者唯有返回现场、走进田野，融入人们的日常琐碎生活，才能深度走入他们的内心世界，用同感共情去打动他们、说服他们，和他们一起哭、一起笑。

最后，党的思想政治工作作为生命线的意义与价值存在，是透过日常生活的图景，勘察人们的思想行为在社会结构性迭变中所产生的诸多问题和困境，进而对个体人生中的每一个细节的再现和深描。其实打开

---

① 张兆曙：《"互联网+"的技术红利与非预期后果》，《天津社会科学》2017年第5期。
② 张兆曙：《虚拟整合与时空交织：一个网络失范的理论框架》，《新视野》2021年第4期。
③ 陈鹏：《人机关系的哲学反思》，《哲学分析》2017年第5期。

人心的枷锁，不用长篇大论，只需从细小事入手，抽丝剥茧，对人一以贯之地浸润，以呈现出在场感受光的照耀、雨的滋润、风的摇晃。唯有如此，思想政治教育才能规避学问家凸显，思想家淡出的寒臼。

第二，立足在场与在线双重维度，朝着共建、共享、共同交流的话语转型。话语包含语言、符号、知识、观念和思维方式，而语言、符号、观念等唯有经过思维方式整合才能构成话语的要素。所以，话语重建的核心就是思维方式的重建，争夺话语权的考量就在于探究如何超越工业化逻辑支配下的思想政治教育理念和语言框架，并在话语体系及其辩证运动中，实现思想政治教育的现代转型。

在网络未出现之前，只有少数人能够进入公共空间拥有话语权，经由他们遴选出符合他们意识形态和审美趣味话语，传播给大众。网络社会颠覆了传统社会正常的运行基石，"稀释"了话语垄断权。从论坛时代到博客，再到微博、微信和公众号等各种自媒体的出现，使得话语权从"代言"和"独语"走向"自述"和"众声"，话语平权成为可能。然而在摧枯拉朽、令人炫目的社会变革面前，面对虚拟与现实交织的梦幻社会，诸如短视频文化、电子游戏、虚拟交往、VR体验等填充现代生活方式，极可能带给人们种种不良的负面影响。诸如人们在茫然失措、无所适从的混乱生活中会有"躺平心理"、萎靡失落与悲观绝望。在场与在线问题皆是思想政治教育创新必须回应的问题。社会转型的冲力和现代性重塑召唤理论工作者立足于在场与在线寻求创新思想政治教育话语的基本坐标，挖掘其解决问题的现实的行动力与思想力，朝着共建、共享、共同交流的话语转型。

第三，打破旧思想的限度，创新思想政治教育观念。思想政治教育理论的建构，不能简单地从传统思维出发，沿用传统的控制手段对待社会巨变的新特点，而应立足于网络社会的整体结构及其内在发生机制，多视角审视现代中国人的价值异同，思考人们的生存现状，并对现实进行观照。

一方面，现代社会节奏快，具有求新求异的冲动。各种社会思潮借助网络信息技术，用富有刺激力和推动力的新鲜说法来包装自己的价值，吸引大众。其实重要的是观念，而不是花里胡哨的形式。正是观念决定你周围的秩序和你准备接受的事实。我们要想让思想能够从自己的思想限度中破茧新生，就必须具备一种凤凰涅槃式观念的再造能力。

另一方面，借助信息技术手段和技术路径渲染，个体之间的结合方式发生变化，并形成了新的社会形态（虚拟生活与虚拟整合）。社会生活的每一个方面，社会生产的每一个领域，社会结构的每一个部分，皆能快速适应这种全新的生活逻辑和结合方式。面对网络社会的崛起，思想政治教育究竟是拒绝新技术力量的冲击？还是放任其野性入侵？抑或是抓住互联网技术探寻自我革新的机遇？要解决这些问题，我们就需要突破以往观念的束缚，下功夫找寻社会真实或者逻辑、情感、结构等，对时代发展特定时段中特定的裂痕进行深度分析，而不再仅仅是平铺直叙的白描。因此，我们应当突破思想局限，对思想政治教育的技术性的转换做全方位思考，描述其全新样态，处理好思想政治教育学术性与政治性、传承性与创新性之间的关系，推动思想政治教育研究的跨界化与技术化趋势。

## （二）理论的逻辑力量与说服力量：思想政治教育创新理论迭代升级的纵深逻辑

从工业化逻辑到网络化逻辑，思想政治教育创新的锋芒所指，聚焦在现代性主体批判的火力聚焦上。它蕴含着断裂与转换，而绝非简单的修补与完善。因此，思想政治教育创新以及思想的更迭、理论的发展和知识的积累，皆在于实现思想政治教育跨界化与学科化、对策化与基础化、技术化与传统化的统一。

第一，立足于互联网的社会向度，反思主体性，提升思想政治教育说服力。社会生活的网络化遭遇，现实时空与虚拟时空的相互影响和交织，给人的主体性带来了巨大冲击。

一方面，个体在虚拟空间的行动，不再是一种情景激发的过程与产物，而是沿着社会化生产出来的轨道展开的程序。于是虚拟世界的社会生活表现为技术支撑下的菜单与选择，个体生命体验也狭窄化为对便捷的技术感受。"很多所谓的新技术并不具有所声称的'包容性'，而且更加排斥原本已经处于社会边缘的非主流的事物。"① 因此,除对现代信息技术风险策略性修补外,我们还需对主体进行反思。要培养大众主体性反思能力与判断能力,规避被数字大脑所支配,以激活敏感性意识及其相应的反思行动,并将对主体性反思也填补进思想政治教育创新体系之中。

另一方面,正是互联网的社会维度,推动了思想政治教育以新的方式突破学科自身的窄化现象。诸如,在社会问题热议中,思想政治教育是缺席的,社会热点话题,诸如"躺平""快递小哥"等字眼皆是由新闻带到大众面前,引起社会学家、经济学家来掌控话语热度。作为一种宏观的理论视域和理论方法,思想政治教育在面对时代问题时不应缺位。全面考察思想政治教育在社会历史转型中的嬗变机理,不仅注重历史现场的回返,直抵生命的话语,更在于以思想政治教育自己的学科范畴来反映和表达当今时代精神,并在建构思想中把握时代精神。

第二,全方位、宽领域、多维度助力思想政治教育创新与发展。网络化驱动下的社会仍然是一个时空压缩、彼此勾连、全球流通的良性状态。我们不仅要在虚拟迭代中实现思想政治教育空间的再构,在发现历史中延展时间,更要在拓展空间、唤醒人的主体意识中重塑时空动力。信息数据的流动和变化是社会形式的直观反映,不仅速度快、数量大,而且其速度、流向和容量均可以精确量化表达。网络化生存和符号化消费改变了个体的思考方式和行为方式。信息流动与消费被视为"一种操纵符号的系统性",致使各种要素相互杂糅。这种信息传播的碎片化、跳跃化趋势,提醒我们全方位、宽领域、多维度研究思想政治教育创新问题。

一方面,利用互联网的技术之维,从全员、全过程、全方位等维度出发,精准测算思想政治教育活动中的常量与变量,建构思想政治教育的"数据智慧"。另一方面,基于互联网的技术之维与社会之维,利用互联网超强结合力,实现互联网对社会生活的再结构与再组织,唤醒社会成员的自主自觉意识和社会认同。一是思想政治教育要仔细观察信

---

① [英]戴维·莫利:《传媒、现代性和科技》,郭大为译,中国传媒大学出版社2010年版,第240页。

息沟通的实时交互性与信息主体彼此之间的即时互动性，并对信息回馈迅速做出反应，确保个体信息持续性交往的活力，进而在信息互动中实现思想政治教育目标。二是思想政治教育利用数字媒体所建构的网络空间，推送包含主流价值观的各种形式话题，通过数字平台、各种社交媒介吸引网民跟进、争论，形成具有共同兴趣的特定话题集合。当然，意见聚合实现的同时，其所涉及的话题的数量呈几何级数增长，各种社会思潮、观点乘虚而入，在很大程度上会带来相对分散的离心力，削弱思想政治教育实效性。因此，思想政治教育充分利用虚拟整合的建构性特征，着力建构一体化育人体系，通过破茧、破圈，踢开育人"最先一公里"；通过情感上的附和和行动上的落实，坐实育人过程，打通育人"最后一公里"。三是依据数字互联技术将思想政治教育植入各种微空间，依靠场景的虚实相生、社会场所的互联互通、文化场域的交互开放，推进思想政治教育找寻生活空间与虚拟空间的联结，重塑数字互联环境的虚拟环境，进而以优质的文化内容充实虚拟空间。

总之，总有一种力量能够让我们泪流满面，激起热忱与希望。思想政治教育创新道路已经敞开，在这条道路上，我们隐约听到韦伯当年的呼唤，"重大的文化问题的光芒依然存在"①。

## 第二节　从技术之维到价值之维：思想政治教育范式转换

在人工智能时代，强大的数据计算和分析系统为我们选择科学有效的思想政治教育方法、推动思想政治教育创新提供了良好基础。然而，数字文明除了技术之维，还有价值之维。在追寻生命的永恒和终极意义的探寻

---

① 转引自应星《经典社会理论与比较历史分析———一个批判性的考察》，《社会学研究》2021年第3期。

上，数字文明的价值之维发挥重要作用，有助于提高整个社会精神文明程度。价值与技术的统一，使文明的演化从此有了更高层次的价值与意义。

## 一 技术赋能推进思想政治教育范式的转化

数字化赋能使得思想政治教育各要素交互运用而产生的数字虚拟空间，成为一个全息化的立体场景，能够提供沉浸式体验。它给受教育者带来不同的视觉、听觉、触觉体验。"数据"的科学、广泛而又有针对性地运用，将为每个人提供独特的成长方法论与不断迭代的人生算法。值得注意的是，人们既可以接受智能算法推送的主流价值观等正能量，也可以在智能算法助推下接受其他非主流价值观等负能量的冲击，从而削弱主流价值观对人们思想和行为的影响。因此，技术与价值的统一，应贯穿于数字赋能思想政治教育过程的始终。

### （一）数字赋能思想政治教育范式革命的技术维度

数字赋能将物理世界映射到数字世界里，超越了时空局限性。数据生产力被充分激发，不仅为人类的科学研究活动带来新的范式，而且使人类认识世界、改造世界的实践转换到新的空间。凭借数字赋能，我们可以多角度、宽领域地追踪每一次思想政治教育活动轨迹，收集人们无意识或潜意识下表现出来的行为，建构与思想政治教育活动同构的数字化模型。同时，把经过联机分析的数字模型转化成可视化思想活动轨迹的图像，及时分析反馈情况，以探索人的思想动态，计算出智能化刺激与调节人的行为的参数，依此调整思想政治教育内容编排，并匹配与之相适应的方法。

一方面，技术赋能让我们对思想政治教育的思考模式从点扩展到关系、再扩展到社会空间和网络空间。无处不在地感知、连接、数据、计算，把与人类相关的所有行为都留下完整的记录，生产方式和生活方式将在不断地学习、演化和习惯养成中得到重构。[①] 数字赋能可以将已经

---

① 杨述明：《新时代国家治理现代化的智能社会背景》，《江汉论坛》2018 年第 3 期。

发生的一些事或者未引起人们注意力的事物，进行数据化、数字化等处理，转换和产出一种新的知识。"我们生活在一个由算法来裁决我们生活中越来越重要的决定的世界里……算法有能力塑造社会和文化形态，并直接影响个人生活。"①算法将每个人与周围世界进行重构成为可能。搜索就是计算。数字赋能思想政治教育的难度在于建立准确的分类标签，在浩瀚的文本信息中进行分类，制定个性教育方案，使得自上而下的单一教育方式被多元参与的教育活动取代，进而改变头痛医头、脚痛医脚的、缺乏系统性的碎片化方式，减少人为误差。

另一方面，当我们凭借数字技术将思想政治教育活动转化为文本+图像时，图像的视觉冲击力更有助于我们甄别多元社会思潮，淬去软弱，沥去杂质，弘扬主旋律。无论是 VR（虚拟现实），还是 AR（增强现实），皆能通过对所采集的隐性数据、资源数据、环境数据进行编码。用数据关联性算法对思想政治教育各要素进行优化配置，以实现从单点扩展到全程，准确把握思想动态，纠正思想偏差。诸如，我们依据各类网络平台上的日志数据、眼动跟踪技术、面部表情识别技术、运动传感技术等来收集人们对不同类型知识的关注度、注意力集中度、情感嬗变乃至行为习惯变化数据，并对这些数据进行算法分析、分众，以全方位把握受教育者的真实情况②，为立体化、纵深性的思想政治教育创新谱系的建构提供数字支持。

### （二）数字赋能思想政治教育范式革命的价值维度

技术承载着价值取向，也蕴含着权力。因此，数字赋能思想政治教育也包含价值维度。思想政治教育凭借技术之维，精心设计优质的思想政治教育内容时，必须融入马克思主义立场、观点与方法的信息内容，体现其价值维度，即采用生动形象的数字化作品，充分宣传与阐释我党理论创新、实践创新和制度创新的最新成果，从而更好地"掌握群众"。

---

① 陈文胜：《嵌入与引领：智能算法时代的主流价值观构建》，《学术界》2021 年第 3 期。
② 袁周南：《人工智能嵌入思想政治教育：背景、依据与路径》，《思想理论教育》2020 年第 8 期。

一是通过搜索网民个人喜好、习惯、关注的内容等，捕捉他们关注的相关热点、疑点、难点等问题，预判其思想观念与价值取向。二是数字技术量身打造了一套优质的思想政治教育内容，要采用科学的方法对信息资源进行议题设置与识别、问题热度趋势分析。三是数字赋能推进了思想政治教育精准把握全员、全程、全息、全景、全时，乃至交互性的特点，观察网络留言、浏览新闻和点评网络热点时所持有的价值偏好痕迹，以精准捕捉思想政治教育议题热度与议题设置。①

## 二 思想政治教育线上与线下虚实共生和双向传输程

如果说互联网的上半场完成了随时随地与任何人的连接，那么互联网的下半场要解决的则是，人们要在随时随地进行任何信息交流的基础上，进一步实现在任何场景下做事。②实现思想政治教育的创新发展，不仅需要借助数字技术完善线上思想政治教育，而且需要探讨思想政治教育在现实维度与虚拟维度两栖登场的功能。

### （一）基于互联网进化维度的远景考量，探索思想政治教育两栖登场的可能性

由 VR、AR、MR、CR 参与的虚拟空间的沉浸体验，以及传感器、感应器的应用，联通了虚拟世界与现实世界，模糊了真实与虚拟的界限，还催生了智能在线教育、云上智慧课堂等。这不仅为思想政治教育的两栖登场提供技术支持，也推动了思想政治教育在虚实空间共生、共联、共创、共享、共治的范式革命。

一方面，信息对接以及信息的虚实共生与双向传输，意味着思想政治教育在线上与线下并非割裂的。虚拟沉浸体验与在场体验对接等技术支持，不仅确保虚实信息精准对接融合，使得思想政治教育全员在线、全位连接和全程交互成为现实，而且推动了思想政治教育线上与线下两

---

① 付安玲、张耀灿：《数字化参与文化视域下思想政治教育的功能优化》，《思想教育研究》2020 年第 8 期。
② 姜圣瑜：《"元宇宙"与新闻传播》，《城市党报研究》2021 年第 12 期。

栖登场的功能与数字思政的转型升级。数字化技术赋能使思想政治教育各要素转化为数字信息，实现了对人的精准画像与在算法支撑下提供兼具个性化和匹配性的教育方法。因此，思想政治教育在互联网上从风险的"最大变量"转变成创新的"最大增量"。

另一方面，数字赋能思想政治教育旨在让每一个人的想法、让每一次的思想政治教育活动都能成为一个创意点，都能成为变革思想政治教育的契机，并对每一次思想政治教育活动进行试错—总结—提炼—赋能，以形成育人新模式、新范式和价值引导方式的转变。其实，与传统思想政治教育相比，数字文明时代教育对象的需求是更精准的、定制化的服务。每一次思想政治教育方法的选择，需要针对个性化的主体展开，采用全时参与、实时响应与共时交流的活动与更加体现以人为核心的共识范式。这种新型思想政治教育方法研究的数字化，是经由数字技术和数据要素的全方位赋能实现的。

（二）从互联网二维到三维的拓展，极大优化思想政治教育环境

如果说依赖 Web2.0 技术层面的二维性视野，缺乏置身于三维性网络空间的真实感，那么 VR、AR、MR、XR、可穿戴设备等沉浸技术的应用，实现了从互联网二维到三维的属性升维。由数字赋能所创造的多模态虚实交互的学习体验，极大地优化了思想政治教育环境，满足了即时化、个性化体验。

首先，这种互联网三维视角的形成，是基于脑机接口等技术建构了一个全新的虚拟影像世界（或称元宇宙）。它超越了平面化叙事表达，构建了立体化、沉浸式的媒介环境。用户借助媒介体验方式，从可读、可见、可听、可写逐步拓展到可感可触。在开展思想政治教育活动时，教育主体可以凭借全身沉浸式体验，联通过去、现在与未来，并在现实与虚拟的感知融通的基础上，使真实成为可以被建构的混合实景，同时把教育内容的传播逻辑转化为关系的连接逻辑。这一关系视野导向的研究进路转换，不仅可以提供研究思想政治教育方法创新的新视角和新发现，其意义还在于提出了思想政治教育从本体出发延伸到认识论的系统性变革与学术范式革命的命题。

其次，正是基于三维视角的拓展，沉浸式体验、虚拟化交流、仿真性参与才得以实现，线上与线下思想政治教育融合发展的两栖登场得以落实，进而形成全息性的思想政治教育。这种现实场景与虚拟场景"互通有无"，形成"无处不场景"的新格局，使得学生可以跨越虚实边界、随意穿越多个场景，获得不一样的学习体验，进而实现思想政治教育的学习场景更加智能化、真实化及泛在化。值得注意的是，在沉浸体验时，沉浸程度越深，主体自主性越强。这种深度沉浸极大地提升了自主性潜力激发，提升了教育活动开展的活力，激发了教育对象更多的感官参与学习的积极性与创造力。因此，思想政治教育也展现了线上与线下的全在线服务、全维社交效能，规避了由于线上与线下割裂所带来的思想政治教育"空窗期"，确保了思想政治教育两栖登场的有效、有序、稳定开展，以及教育主体的全时参与、实时响应与共时交流。

最后，数字赋能不仅形塑了一种不同于以往的人与人之间的关系，它也关乎人的命运，关怀更高层次的人的精神生活，引发了教育方式和价值引导方式的转变。它不仅提升了主体数字素养，而且为形塑虚拟世界与现实世界深度融合的思想政治教育数字化生态，提供新的思考框架。

## 三 技术赋能思想政治教育分析框架的确立

互联网在改变人类生活方式的同时，也深刻影响精神领域的变化。本部分基于互联网的技术之维与社会之维，从显性内容的丰富与信息技术确立的数字化入手，探寻思想政治教育流变。

### （一）显性内容的丰富：思想政治教育在现实时空与虚拟时空中的嬗变

基于互联网的流动空间所建构的与陌生人相处的模式，势必引起人们观念的改变，带来思想的解放与激情的释放，思想政治教育光靠传统显性内容与行政手段硬性灌输，其实效性十分有限。因此，丰富思想政治教育的显性内容成为当务之急。

第一，丰富思想政治教育显性内容的必要性。在场、在线叠加所引致的时空秩序变化，超越了物理空间的功能。传统思想政治教育在实现个体发展诉求，满足个体多元化生活品质的解释力方面逐渐下降，承载力有限。而立足于新的历史起点，创造时代新人，触及美好生活的体验空间，实现幸福感、安全感、获得感，这些预期目的仅仅依靠摆事实讲道理是无法达到的。一方面，思想政治教育除处理在现实空间的构成要素间的相互作用力之外，还要关注在横向联结的虚拟社会里，其沟通力量的动力源也可能来自内容构造的非理性要素的影响。这些涉及情感共振与关系认同等各种亚文化是不容忽视的。亚文化是构成思想政治教育穿透力的重要内容资料。仅仅依靠主流价值，以及吸引力和凝聚力要抓住用户太难，因为内容吸引力常常超出内容范畴。这就需要我们挖掘、审视各种亚文化，并在不断地推演、流放、矛盾与强化中，使其内化为一种生命视野，并填补到思想政治教育内容体系中，以建构内涵丰富、外延饱满的思想政治教育理论体系，丰富其显性内容。

第二，互联网的技术与社会的双重向度开辟了丰富思想政治教育内容的新领域。如果说一切科技产品都是人文精神的外化物，那么，我们就可以凭借互联网技术之维，激活种种复杂关系，再现感觉的鲜活与理想的憧憬，把信息技术作为人类认识和实践活动中的核心概念，促进思想政治教育内容多变。另外，立足于社会向度，抓住各要素的纵横交叉扭结点，以点带线、由线到面、由面及体的综合研究，赋予思想政治教育内容解构创新的功能，找寻将习近平新时代中国特色社会主义思想转化在思想政治教育内容结构中的动力源、转化的中介乃至转化的载体，进而实现对人的全面发展的整体观照与回应。因此，我们反思思想政治教育内容，是使技术与思想能够从我们自己的思想限度中破茧新生。

一方面，随着现代信息技术的迅猛发展，各种社会思潮借助各类符号搭载信息，进行观念传播与资源交换，以更加含混、更为灵活、更为隐蔽的手段，直接嵌入人们的日常生活中，试图规避主流意识形态的引导、规训与整合，以消解和弥合主流意识形态。从表面上看，信息似乎借助媒介加深了人们之间的联结，但也产生了疏离感。如果说精神力量和理论力量是改变人的基本观念的思想力量，那么，在物质的成功中必须附带精神成色，否则，人性的腐朽与人格的沦陷就会出现。试想，当价值不在，一切只剩下欲望时，生命会变成什么？当理想统统替换成房地产的平方数，轿车的空间和动力，股票市场的指数波动，"高富帅"与"白富美"的全民狂想时，心灵的栖息地、共同感知的高尚和崇高在何处？须知，人性阴暗与欲望的无限扩张乃是将人类拖入地狱的终极武器，人会在欲望的泛滥与金钱的腐蚀中颓败。而要想提升人的精神境界，我们必须丰富思想政治教育显性内容，增强其吸引力。

另一方面，当技术直接参与到思想政治教育内容建设中时，我们要协调好思想政治教育在互联网技术之维与社会之维的关系。因为，现代信息技术所造就的数字化、公式化、抽象化导致我们对于真正生活世界的体验与关注越来越欠缺，所以，我们要重视互联网社会之维对社会关系的重构。在互联网技术对社会的深层结构中揭示社会关系，考察思想政治教育内容变革。这是从"具体到抽象再到具体"的理论演进，以确保思想政治教育内容具有理论的合法性与社会实践活动的感知性。因此，我们要厘清社会关系本质，体验真实世界，就必须回到社会生活现场，回到当下生活本身，切入日常生活中，观察丰富多彩的社会生活，审视最基本的生命空间。因为丰富思想政治教育理论体系，不仅仅是在书本上体现，更重要的是能在每一次思想政治教育实践活动中得到回响。

**（二）分析框架的变化：思想政治教育的数字化存在**

如果说思想政治教育研究将社会作为再现或表现的对象，那么，社会则将思想政治教育视为反映转型时期文化的镜像。而这种关系模式在数字化思维的思想政治教育理论与实践中发生了深刻变化，即数字时代的思想政治教育作为界面包含各种形式化策略，构成了我们特定的感知形式的数字化框架。这种数字化框架实际上是一种认知结构或分析工具，它能使人类对世界的认识从混沌走向清晰，化无法穷尽为简明镜像。[1]思想政治教育要更好地适应当下的复杂时空，势必需要提供一个

---

[1] 张兆曙：《从在场整合到虚拟整合——兼论网络社会中的个体行动与集体意识》，《天津社会科学》2021年第1期。

关于思想政治教育数字化的行动依据、行动路径和程序。

第一，信息技术为思想政治教育提供了一个数字化框架。互联网给思想政治教育带来的冲击中，最显著的是互联网以其技术之维与社会之维直接参与到思想政治教育理论与实践中。因此，确立思想政治教育数字化框架，要处理好传承与创新的关系。其目的是以社会发展的新问题、新情况为突破点，在历史与未来之间架起解决现实问题的桥梁。其原则是坚持实事求是，坚持对真实的实证勘察与追求，以实践问题为基础、为指向，围绕习近平新时代中国特色社会主义思想这个新的飞跃展开。

首先，新技术使得人的社会本质即关系本质在人工智能技术作用下得到延伸与拓展。信息技术将个体置于一个开放的互联空间，使得个体摆脱了地域、性别、阶层等自然条件与社会条件的限制，形成了自由的信息交往关系。一方面，互联网移动终端的随身性与便携性，为人们信息实时交流互动与信息共享提供了平台，并将个体信息传播链拓展为无数个新的生长点，实现了在开放互联的交往关系上的任何一个点，都可以成为社会热点的发起者。另一方面，智能技术从信息记录到信息储存，皆处于互联、互通与共享的状态，人们能够即时进行复制、检索、传输等。当然，人们也可以借助数字化工具，将自己的思想和行为等转化为数字化和符号化的状态，并通过网络连接实现与他人共享。信息技术从根本上拆解了以往个体与组织之间所建立的关系，使得关系本质在数字技术作用下实现了新的拓展。它不仅改变了以往的信息传播范围和手段，而且人的信息交往发生了量与质的变化。

其次，海量的各类数据信息为确立思想政治教育数字化分析框架提供了信息追踪、公式算法、身份管理等量化手段。大数据的运用让我们可以更完整地记录人们的生活，通过对人的思想意识、交往行为变化进行数据采集与筛选，经过数据分析与结构化，选取符合思想政治教育发展需求的各类数据信息，并采用信息追踪、公式算法等确立思想政治教育数字化分析框架。值得注意的是，尽管个体选择场景是自由的，然而一旦应用场景为用户带来满意的体验，也就意味着个体接受了应用场景设定的行动框架。①因此，无论线上还是线下，个体的自由皆是受框架约束的自由。

最后，基于互联网技术创新思想政治教育时，不能忽视传统，因为"传统包含了每一种文明离自然本身最近的道路，包含了这个文明的生活之道与自然最初的约定。只有回到传统的根源，科学家才能重新找到生活真正的可能性，找到一条进入传统的道路，不是为了回到传统而是通过传统，回到人本身。通过传统来重新触碰和理解精神层面的多向度展开"②。

第二，揭示思想政治教育数字化框架的意义。基于网络信息技术所确立的思想政治教育变革框架并非一劳永逸地解决思想政治教育实效性问题，而是对思想政治教育的其他各种分析框架的一种补充。我们探索思想政治教育的变革框架，是使思想政治教育的有效性落实在认识论和方法论的提升上与实践的合理性上，使穿透现实的一系列思维工具能够整合为一个系统，形成一条环环相扣的链条，进而以学术凝聚社会共识、塑造民族品格。

总之，从丰富思想政治教育的显性内容，到揭示其数字化分析框架，旨在通过技术与社会的有机结合，精准地聚焦问题，找寻解答问题所需要的概念、范畴、原理之间的学术系统关联，使思想政治教育理论于繁华中守住真谆，于荒芜中静养心性，在流年里等待花开。

## 四 从技术到价值：思想政治教育变革的双重维度

"社会、人、数据、秩序"经由互联网紧密地联系在一起，其联系之密织、关系纠缠之繁杂、碰撞之剧烈，已经融入人们的日常生活和工作中。尽管数字化大面积覆盖社会，已形成了一套技术逻辑，但太阳底

---

① 张兆曙：《从在场整合到虚拟整合——兼论网络社会中的个体行动与集体意识》，《天津社会科学》2021年第1期。
② 刘亚秋：《社会学的人文性及其意义：从潘光旦的"自明"和"去蔽"理论谈起》，《学海》2021年第2期。

下无新鲜事。技术改变了人类生活,并非改变人生。如果说,互联网的技术向度为网络思想政治教育活动场域提供了工具效能,那么,在价值向度上则为思想政治教育提供社会环境整合的价值功能。在复杂交互的时空场域中,我们需要从技术到价值的逻辑进路来思考网络思想政治教育生成机理。

### (一)思想政治教育在技术领域的存在形式

网络思想政治教育并非拘泥于线上,而是"线上与线下"的无缝衔接,即一种无时无刻"在场化"的形式。要揭示网络思想政治教育的生成逻辑,关键在于对技术场域的空间连接与虚拟整合的认知上。

#### 1.技术场域的连接充溢着技术与价值的双重逻辑

技术本身是一个复杂的系统,需要满足其自身的生态系统条件和现实发展水平。在数字化时代,庞大的数据流动、远程在场的存在方式,足以让人们相信可以用技术方案来解决各种问题。因为所有的治理目标似乎皆可以转变为技术问题,形成技术化的话语体系的研究路径。人们一旦把这种观念用于思想政治工作体系,就会脱离技术空间的生态系统条件和现实发展水平,夸大技术在思想政治教育中的作用。其实,技术无时不受到政治、文化、制度、价值等一系列因素的制约与支配,在其空间连接中充溢着技术之维与价值之维。

首先,依靠技术,实现连接。一方面,"网络行为主体是现实的、具体的人。所以人的网络行为既有区别于、超越于现实的'虚拟'成分,又有源自、依赖于现实的'实在'因素,具有了虚实交融性"[①]。互联网技术不仅能将分散、隔离的用户有效地连接起来,也可以将任意的两个不邻近位置或场所直接连接起来。人们不需要身体在场就能直接与远距离对象结合,个体摆脱了空间在场的束缚。另一方面,互联网借助大数据和系统算法,对海量信息沉淀进行数字化处理,使得网络世界的虚拟结构可以凭借特定的数字化机制与整合机制进入稳定的联系和团结状态。这一过程折射出互联网的技术之维。

---

① 龚振黔:《网络社会的行为失范及根源探析》,《贵州社会科学》2019 年第 12 期。

其次，互联网铸就的虚拟空间，不仅是一个与现实世界体系连接的镜像虚拟世界，还是一个倾注人类文明与经验的智慧空间。"起初我们塑造了工具，最后工具又反过来塑造我们。"①一方面，技术主动用多元交互方式进行信息采集和知识识别，以及对于运作环境中对象的声音、形体、动态、色彩和生理指标进行多元取点与实时辨识②，进而考察虚拟社会"数字人"与现实的"数字行为"之间的关系，并由此搭建"数字关系"，进行思想道德测量、审视和判断。另一方面，在由信息技术形塑的流动社会里，人们脱嵌于共同体，又投身到熙熙攘攘的陌生人社会与流动的互联网空间，致力于重构社会的精神基础，而这一切无不呈现出技术的价值之维。

最后，我们对网络思想政治教育的认知，不能拘泥于技术工具层面，也不能超越时空发展的限度和客观条件，既要关注技术话语和技术基础，也要关注技术的价值创造，维持技术生态系统平衡。网络思想政治教育概念的提出恰到好处，因为它既有缺场又有亲历现场，各种感官联觉和身体直接参与，并成为缺场实践赖以获得生命活力。因此，在场体验与缺场想象的联结，线上与线下的无缝衔接，技术与价值的统一，揭示了网络思想政治教育的完整性。

2. 网络思想政治教育在技术场景中的两栖特点

数字互联技术侵入地方空间后，衍生为彼此交织、互联互通的崭新场景。它不再停留于作为人群聚集与身体在场的空间本义，也不停留于作为交流的数字平台，而被赋予了聚集资源、提供服务、实现信息互通、关系互联、促进文化参与的功能。这种场景的虚实相生、社会场所的互联互通、文化场域的交互开放，是网络思想政治教育赖以生存的空间。这种虚与实、线上与线下的无缝衔接，催生了思想政治教育的两栖登场，构成了全域式的思想政治教育模式。

当然，信息技术所塑造的一个虚实融合的思想政治教育环境，是基

---

① [加] 马歇尔·麦克卢汉：《理解媒介》，何道宽译，商务印书馆2000年版，第42页。
② 江宁康、吴晓蓓：《人工智能·多元交互·情境美学》，《人文杂志》2021年第4期。

于虚拟时空与现实时空全面交织、人类与机器全面联结、学校与社会全面互动的环境。思想政治教育在线上活动时的现实要素（目标内容、主体的角色关系等）是通过虚拟整合和教育系统的关联特质衍生出新的思想政治教育体系。思想政治教育主体以两栖登场的形式在虚与实、线上与线下活动，并进行多渠道的交互作用。虚拟时空与现实时空的缔结融合，是构成教育主体之间跨越虚拟与现实，是两栖轮番登场的基础条件。这种虚实交织的境域构造，使思想政治教育主体由单一的现实属性转换到适应虚与实的"两栖"素养，并能在线上与线下、虚与实交织的二重空间完成教育活动。①

### （二）技术与价值是网络思想政治教育发展的重要维度

技术逻辑与价值逻辑的统一是网络思想政治教育的基本格局。依赖技术、人、社会等要素整合，形成了网络思想政治教育基本的、恒定的指标。依赖技术场域中多种力量博弈，人类生存意义和价值也得到延伸和扩充。

第一，技术作为支持力构成网络思想政治教育的基本维度和实践的基本要素。网络思想政治教育始终绕不过技术，技术是诠释网络思想政治教育的认识论基础。相对于价值而言，技术是思想政治教育的手段、工具、方法、方式等非价值内容，它是在工具层面上进行资源配置。当然，技术在一定空间结构和时间情景中融合多元要素时，更需要价值引导，以推动网络思想政治教育健康发展。一方面，技术是思想政治教育与网络化发生耦合关系的动力源。技术不仅构成了思想政治教育的内容基础，更是网络思想政治教育的基本维度和实践的基本要素。"网络思想政治教育"这一概念的提出，是互联网时代思想政治教育创新的一个较为合适的起点与基础。另一方面，互联网技术超强的结合力，推进了思想政治教育数字化发展。思想政治教育从现实时空到虚拟时空，从在场整合到虚拟整合，标志着思想政治教育的数字化转向，意味着"网络

---

① 刘革平、高楠、胡翰林、秦渝超：《教育元宇宙：特征、机理及应用场景》，《开放教育研究》2022 年第 2 期。

思想政治教育何以可能?"或"网络思想政治教育的构成"等结构性议题的形成。在数字化的复杂环境中,那些奢侈的言说貌似抹平了差别的空间,却让人在焦灼中不安,在腻烦中不求甚解;各要素错综复杂,指涉问题盘根错节等仅仅凭借技术,无法解决思想政治教育实效性问题。这就需要我们关注互联网的价值之维。

第二,价值作为主导力和技术协同共进,规定网络思想政治教育的基本格局。互联网在带来社会的全新体验和全方位变革的同时,也放大了社会风险。脱离价值的技术与思想政治教育本质不对等。无视矛盾与基本格局,网络思想政治教育的实效性将无从谈起。因此,价值和技术的统一是诠释网络思想政治教育的基本格局。

首先,单纯的技术变革与创新的边际收益,远不能满足网络思想政治教育实效性所需要的阈值。互联网不仅没有实现优质的信息自由地流动,而且带来了"信息茧房"与"回声室"效应。一方面,尽管算法推荐实现了信息与人之间的精准高效匹配,满足了用户多元化、个性化的信息需求,但"信息茧房"也使得受众体喜好固化、视野狭窄、价值观极化。我们览尽天下事,却又大脑空空。有数据显示,80%的微信用户从订阅号、朋友圈、看一看中寻找阅读内容。这种仅从用户出发喜好推送内容,势必让信息的选择直接让渡给技术,引致信息质量的把关人缺位,信息的客观真实性与价值导向性无法保证。因此,算法推荐遮蔽内容的价值导向,引致主流意识形态被算法遮蔽。另一方面,以用户的关注度和信息的热度作为信息价值的判断标准,再加上资本逻辑的助推,势必诱发劣币驱逐良币,污染用户的信息环境,造成主流意识形态边缘化。当下对技术的隐忧已经引起社会重视,毕竟"技术进化是一个不断被选择、被发展、被强化的过程,起决定作用、掌握进化方向的还是人"[①]。

---

[①] 陈昌凤、霍婕:《权力迁移与人本精神:算法式新闻分发的技术伦理》,《新闻与写作》2018年第1期。

其次，互联网媒介技术改写了"固有的时空结构和文化规则"①，个体以符号的形式实现了自身与虚拟世界的在场，突破了时间壁垒，实现了 24 小时不间断实时传播，思想互动无时不在。人们试图"利用符号以建构一个可以共同生活的文化"②，来抚慰生命个体的焦灼与不安，并试图创建一个心灵的避风港。当我们以复制、虚拟与仿真的方式，不断扩张性地建构世界，模糊现实与虚拟的边界时，也激发了对虚拟人物、虚拟物品与虚拟场景的追求与占有。人们开始抱怨："低头族"和"网瘾族"随处可见；"秒回"让人们成为移动互联网全天候的应答机器。③ 人们不禁追问，由技术带来的这些现象，究竟是认同还是迷失？④ 既然技术的结构性缺陷决定了思想政治教育在实践中无法完全通过技术来矫正，那么必须将技术与价值的双重统一贯穿于现实空间与虚拟空间的全过程。

最后，"要探索人类社会发展前景，必须向马克思求教，人类社会至今仍然生活在马克思所阐明的发展规律之中"⑤。增强马克思主义指导思想在网络领域的价值导向功能，提升网络思想政治教育的价值引导功能，才能增强理论对现实问题的解释力度，缓解理论与实践的内在紧张。就此而言，网络思想政治教育要立足于技术和价值的统一，从群众的日常生活实践出发，注重考察日常生活和情感体验，及时回应群众关切的问题，以主流价值引导，规避陷入非理性困境，同时在形式上注重沉浸体验，参与分享，以形成多元主体共享共治的思想政治教育创新理念。

总之，网络思想政治教育是基于技术支持力和价值的主导力，来激活公众的价值认同与情感共振。它以明确价值导向，引导人们追求崇高，也和我们的血肉生命交融在一起。我们对网络思想政治教育进行

---

① 蔡骐：《网络虚拟社区中的趣缘文化传播》，《新闻与传播研究》2014 年第 9 期。
② [美]詹姆斯·W.凯瑞：《作为文化的传播："媒介与社会"论文集》（修订版），丁未译，中国人民大学出版社 2019 年版，第 6 页。
③ 卢岚：《信息技术与新时代公民道德建设之社会场域的勘定》，《探索》2021 年第 6 期。
④ 李琦、闫志成：《自我的迷失与消解式抵抗——网络盲盒亚文化的后现代语境解读》，《求索》2021 年第 5 期。
⑤ 习近平：《习近平谈治国理政》第二卷，外文出版社 2017 年版，第 329 页。

"望远镜式"的尝试性描摹,旨在观察多主体参与、多环节交错、多情境交织的多元融合的教育形式。把数字挖掘与数据处理作为网络思想政治教育再生力,将辅之以人文价值弥补与法律约束作为网络思想政治教育建构的保障力,进而完善网络思想政治教育理论与实践模式。

## 第三节 人工智能技术形塑思想政治教育的逻辑遵循

每一次技术革命都意味着社会机制、结构和关系的联动变革,信息技术俨然已经成为构型社会形态的一个关键性变量。加之,数字技术革命通过联结,承载和构建了新的社会化传播场域。这无疑增大了我们对思想政治教育理论的提炼和萃取难度。因此,基于技术与社会互构论的分析脉络,不仅有助于更好地审视技术迭代情境下的思想政治教育所经历的新旧范式传承与发展、技术逻辑与价值引领的竞争、虚拟与现实边界模糊等问题,为思想政治教育变革赋予更强的动能;而且它有助于思想政治教育向技术与社会议题的延伸,进而诠释技术迭代演进中思想政治教育创新的机理,重塑教育主体间、主体际之间的关系构型,提升思想政治教育实效性。

### 一 问题驱动与理念催生的统一

问题驱动与理念催生的统一人工智能技术形塑思想政治教育的逻辑始项①。互联网的崛起不仅带来了区隔化、碎片化现象,也带来了时间、空间、主体"三位一体"关系的"釜底抽薪式"改写。主流意识形态传

---

① 逻辑始项是逻辑范畴体系中作为整个体系出发点的初始范畴,亦即整个逻辑范畴体系的起点;逻辑中项是逻辑范畴体系中联结逻辑始项与逻辑终项的一系列中介范畴;逻辑终项是逻辑范畴体系中的终极范畴。

播遭遇各种社会思潮的冲击与后真相的挑战，乃至出现社会道德失序，缺乏在场维持机制，无法形成内生性社会规范性力量等现象。如何在纷乱喧嚣中传播正能量，在众说纷纭中凝聚共识？这些问题的压力能否变成思想政治教育创新的驱动力，取决于创新意识、创新理念能否形成。归根结底，它与我们在寻找解决既有问题的出路和办法时能否形成新的理念有关。因此，技术形塑思想政治教育不仅是问题驱动问题，更具有观念、理念催生的作用。它既有问题的倒逼所产生的推力，也有笃定的恒久价值产生的拉力。

（一）技术演进与问题驱动：技术嵌入社会、衔接思想政治教育的图景描述

互联网、大数据、人工智能、元宇宙（VR\AR）等现代信息技术催生了数字思维、图像思维、视觉思维的形成。但是，当技术与社会深度融合时，人类难以摆脱技术的裹挟，在各种场所、活动中被技术量化或准入的困境也常态化。诸如，当人们思维逻辑的跳跃、断续与空白等碎片化特征，以及多元交互、主客统一的在场体验与迅速流动时，极易出现人性阴暗与放纵现象，乃至欲望无限扩张与金钱的狂暴力量乘机浮出，等等。信息技术赋能所撬动的时代问题能否倒逼出救赎之道，以锤炼思考、超越浅薄、规避平庸，进而成为思想政治教育变革的驱动力？这些问题唯有在持续回应技术、社会、思想政治教育之间的关系中，才能得到解决。

第一，信息技术引发的思想政治教育现实问题的浮现。

移动互联网、VR、AR 等网络连接，重塑了社会的主要组织及其不同层面的深层结构。思想政治教育原有边界进一步消解，角色发生重构，活动逻辑被改写，辐射范围不断扩容。互联网对社会结构的改造不仅表现在原子化、碎片化的断裂上，也日益凸显出对断链的再连接与整合。这种连接重塑了关系结构，再造了众多信息传播场域。各种社会思潮、价值观念乘机涌现，并包装成普通网民的身份，在信息发起者与参与者之间任意切换角色，包装、隐蔽其错误观点误导民众，加大了我们对纷繁复杂信息的辨识和管控的难度。

尽管通过信息技术赋能，思想政治教育可以将教育对象科学地分众，并对其进行主流价值观的精准推送，但各种社会思潮也能依据技术赋能，分众传播非主流意识形态，精准推送携带错误观念与价值观的音频和商品等，以解构主流价值观。因此，思想政治教育必须摒弃自身的思维定式，以交叉融合、多元理解的方式解读思想政治教育面临的各种复杂问题。思想政治教育工作者要把诠释现代人的生存境况、情感呼吁和道德诉求以及对人的生存状态的共时性思考，作为工作的主题；把优化网络生态、动态监测各种传播趋势和影响，精准化捕捉和识别错误言论，及时进行预警、过滤和删除，成为亟待解决的问题。

第二，信息技术迭代升级中思想政治教育存在的关系结构。

互联网、大数据和人工智能是一种逐次递升、渐进演变的技术形态。如果说大数据连接万物，云计算洞察新链接，那么人工智能则是在一系列技术基础上赋予机器自主学习、自我净化以及理性意向的主体性特征。从互联网到元宇宙，由技术引发的科学测量、评估等技术手段裹挟着思想政治教育话语权，提振了技术的底气。尤其是元宇宙赋能，VR、AR增强技术将在纵横交错、关系型主导的社交场域中产生的思想、行为、感知转化为数据，并成为联结的共同语言和彼此较量的衡量指标。这种技术赋能使得关系以非线性、互有交集的方式发生作用，即思想政治教育数字化不仅适合数字社会对思想政治教育的期许，更与数字社会运转和治理逻辑一拍即合。

从互联网到元宇宙形塑的数字化空间场域，早已通过嵌入的方式与人们的生活空间发生叠合，更催动人类空间感受和体验的革命性变迁。人们可以以"真身""化身"随时"进入""退出"和"切换"空间，这为思想政治教育创新与发展提供了全方位的赋能与革命性的重塑。当然，这种非线性交互、超文本与个性化等优势，也可以将其错误倾向包装在文字、图像、视频等表层信息中，诋毁和污蔑马克思主义，阻断主流意识形态对受众的引导，弱化主流意识形态主导权。

互联网，或者说未来的元宇宙，是否能通过搁置现实世界问题之外重建一个新世界，或寄望于将人类进行数字移民，或寄望于这个虚拟世界实现对苦难的抚慰？较之于现实世界的疲惫与焦虑，或许躲在虚拟空间的二元对立中却是既简单又迷人。它可以让我们迅速进入愤懑、骄傲的状态，以获得当下片刻的满足。但当海量信息冲刷一切，我们把对未知物的探索全数交给搜索引擎时，我们貌似探囊取物，却都是两手空空。尤其是当生命本真的问题被挤满了膨胀的物欲和对不确定的焦虑时，真诚会逃逸、良知会隐退。虚拟世界给我们带来片刻的快感，我们的头脑是满的，心却是空的；时间是慢的，生命却是空的。换言之，我们若忽视现实结构和问题，元宇宙所蕴含的内在潜能和变革也会有被变异的风险。

**（二）问题驱动与理念催生：思想政治教育变革的动力机制**

思想政治教育变革由哪些力量与因素构成？这些力量与因素之间的基本关系如何？当我们从问题驱动与理念催生二者在实践中的相互交织、相互影响的复杂现象来诠释思想政治教育变革时可以看出，问题能否变成变革的驱动力，取决于变革的理念与变革的意愿能否形成，而这与社会中的思想资源有关。如果说问题驱动立足于实用主义，那么理念催生则根植于理想主义。思想政治教育实践中的变革是由问题驱动倒逼的结果。而变革实践的落实是通过对人类理念的影响，指引人类寻找更美好的生存之道。

第一，问题驱动与思想政治教育数字化变革。

信息技术革命带来的种种问题并非一定成为思想政治教育变革的动力。思想政治教育实践是通过个体反思现实情况与目标之间的差异，并从差异中寻找问题，以及通过对问题的解决去驱动思想政治教育变革的实践活动。如果说思想政治教育变革是由现代信息技术的集合体以全方位赋能增权引起的，那么，不同算法模型，对思想政治教育重构，极可能消解原有文本的时空关系，甚至生产相反的知识结果，进而使思想政治教育陷入解构主义泥淖，更谈不上成为思想政治教育变革的驱动力。

思想政治教育本身含有灵动、情感与审美，关涉生命体验、思想传递和文化认同。新一轮数字化技术引发了思想政治教育变革，其目的在于激活思想政治教育生命力，让灵魂跟得上脚步，让思想养得起行为。

这就需要我们弄清楚技术、主流价值观与个人精神世界发生怎样的逻辑关联？如何利用智能化的"数据痕迹"来研究人们思想品德形成和发展的规律？数据技术对思想政治教育思维方式具有怎样的影响？

当然，信息技术给思想政治教育带来的种种难题是否能够成为倒逼其变革的动力，并不在乎人们主观上所作出的选择。因为在客观上我们已经无法抗拒地顺应了变革潮流。因此，学界在对互联网、人工智能、元宇宙等信息技术的研究时，逐渐超脱出对实践样态的描摹，转化为对新技术形态下人与算法相处模式的诠释，乃至对算法的价值风险反思上。①信息技术的迭代发展对思想政治教育研究的拓展，"是经由'技术—社会'之间的互构关系而产生的新形态，并且在新一轮信息技术革命转型升级中重获关注"②。因此，我们说思想政治教育变革是技术与思想政治教育在全方位、多维度、深层次地协调推进的整体性变革。

第二，问题驱动与理念催生是思想政治教育变革的动力源泉。

如果说问题驱动具有现实性，那么理念引导则具有超前性。当思想政治教育面临问题紧逼时，是理念的催生与期望牵引思想政治教育向高层次发展，思想政治教育发展目标和愿景成为其实践方向。这也使思想政治教育实践发生了变化，由问题驱动的实践走向需要理念催生的智慧实践，是理念激活了我们对问题的深刻认识与解决能力。质言之，问题驱动的推力和理念催生的拉力之间的协同合作，共同决定了思想政治教育理论与实践变革的走向，并成为思想政治教育创新的动力源泉。

首先，理念是思想政治教育创新的指南与价值遵循。所谓理念，即内在的情感、灵魂、风骨和精神，它统摄了思想政治教育外在形式的要核。因此，观念、理念是最有力量的、铸魂的东西，社会变革无一不以观念的形成、信念的确立作为先导。改变理念就是改变世界，理念具有摧枯拉朽的力量。无论是问题倒逼，还是技术外在的形塑，唯有经由理

---

① 师帅、陈昌凤:《驯化、人机传播与算法善用：2019年智能媒体研究》,《新闻界》2020年第1期。
② 赵丽涛:《思想政治教育数字化转型的范式构建与优化逻辑》,《思想理论教育》2022年第2期。

念催生，价值内在铸魂才能转换成思想政治教育创新的驱动力。正是有价值理念时时在场，才能规避技术的互联网战胜人文的互联网，进而严防互联网技术引致人们用情绪宣泄来掩盖真正的问题，用站队代替对话和严肃的思考，乃至把人变成可统计的数字的窘境。正是由于观念和意识的力量强有力地塑造了当今的世界与技术赋能增权，思想政治教育才能够洞察时代问题，找到暗合生命思考的元素，以探讨真实的人生，使每个角落都爬满了真实，并以社会学式的耐心具体而细微地再现社会塑造。

其次，信息技术带来的数字化是对现实世界的数量关系与空间形式的概括和反映。它来源于生活，但高于生活、概括生活，具有高强度的抽象性。但技术从未从根本上动摇教育双方对话的关系构型。无论是传统面对面、一对多的教学模式，还是技术赋形成的屏对屏的方式，皆离不开理念的催生与价值的内在铸魂，离不开用生命感动生命的过程。它赋予知识以生命力。其实，知识的效果不止于数量类别，还取决于结构互联。这就需要探索传统的观念、框架、方式与现实对接的桥梁与过渡带，找到解密思想政治教育复杂性的切入点、方向和利器。因此，通过技术赋能，思想政治教育不仅能测量我们价值观的高下，也能测试我们生活方式包裹的尊严和高贵，进而用温暖与力量去滋养人性，丰盈彼此的生命厚度。

最后，理念催生产生的拉力与问题驱动产生的推力，这一推一拉，使得思想政治教育在求真、向善、趋美的道路上，引导人抵达自由而全面发展的境界。思想政治教育是一种具有丰富的价值内涵和精神旨趣的实践活动，其行为有明确的目标追求，而目标的确立需要理性的思考。因此，问题驱动激活了思想政治教育鲜明的价值指向潜能，以及预见未来走向的可能性。而理念使得激活的动力变为现实，并产生新的思路、新的思想。当然，这种思想的创生有双重意义。一是用思想武装我们的行为，进而实现观念的改变、行动的改变，乃至命运的改变。这种命运的改变不仅是个人命运的改变，也将是整个国家和民族命运的改变。二是思想能滋养丰富的心灵和厚重的人格。

总之，信息技术的弯道超车，使得整个社会信息容量日益丰富。各种社交媒体以其最急迫的诉求、最快捷的频率、最密实的覆盖率，吸纳了弥散在社会领域中的信息与复杂问题，人为地建构了新的种类繁杂、壁垒坚厚的圈层。当然，技术也不可避免地带来诸多问题。这就需要我们从整体视角俯瞰思想政治教育版图，在利用技术形塑思想政治教育时，一刻也离不开价值的内在铸魂。它依然拷问教育者的热情与执着，帮助我们遥望理想的高地，开发蕴蓄精华的宝藏，用价值浇灌人性的缝隙，以开拓新视野和开辟新路径。

## 二　系统进化与边界限制的统一

系统进化与边界限制的统一是人工智能技术形塑思想政治教育的逻辑中心。科学技术的精细化、专业化、区隔化和碎片化成为现代生活的基本样态，而所有基于技术与社会相互建构基础上呈现出来的立场与主张，都可以引申到思想政治教育领域。这本就是一场思想政治教育联结的整体化行动，即借助技术赋能，强化连接功能，在不确定中求选择，在选择中求再生，在再生中求蜕变，从而推进思想政治教育结构优化、功能升级。

### （一）嵌入与衔接：技术与思想政治教育互动机理剖析

尽管信息技术越来越多地被整合到思想政治教育过程中，但这绝不意味着技术可以替代思想政治教育。因为技术不必然表现为一种解放的力量，信息革命也未必能够带来一场思想政治教育学的革命。主导思想政治教育内部结构与日常权威的形塑，依赖教育过程中不同主体之间的关系构型，制度的刚性与由社会结构决定的教育体制化逻辑的共同作用。

1. 技术与思想政治教育之间的嵌入与联结逻辑

技术嵌入思想政治教育时不仅遵循人性和物性规律，保持了教育流动空间，而且超越了技术的工具属性，能够在更深层次上推动人类社会发展。技术与思想政治教育之间互嵌的张力是通过诸要素的竞争来展现的,这种激烈竞争也可能由于技术过度嵌入而伤害了教育环境的自然品性。我们不能忽视因技术过度形塑所酝酿的破坏性冲动力,谨防技术对环境的过度塑造及其对主体的控制。

一方面,面对信息杂乱、繁多、流动等特征,人们对信息的撷取即便不全是趋易避难、去繁就简,但杂乱繁多也会分散其注意力。诸如随时随地都能拿来的碎片化警句、宣言,取悦于大众,以流量甚至谋利的伎俩,更使信息鱼龙混杂、泥沙俱下;被切割片段包装成便携阅读的快餐与套餐,缺少了对片段间的连接,逻辑的推演与思维运动。它折射着生活中的善与恶,撞击着良知与隐痛。因此,技术的嵌入不仅拓展了思想政治教育场域,而且在技术与社会、思想政治教育之间的交往互动中也会产生危险。

面对这些问题,几乎每个人都可以直戳思想政治教育的脊背,指手画脚,但在病灶的归因上却含糊其词。我们对当下信息技术担忧,却苦于说不清。因为科学对真实世界的理解,并不囊括人对世界的全部理解。尤其是当技术占据教育话语的主导权时,思想政治教育则可能演变成没有生命感的知识加工过程。一旦技术裹挟思想政治教育,其后果势必与人的自由而全面发展的理想追求背道而驰。现代人通过虚拟网络空间,足不出户就能实现跨时空交流,其意图是奔着心灵的舒展和个性的张扬,而不是被自己人奴役、被网络奴役、被机器奴役。因此,不能把人变成可统计的数字,更不能把技术想象成通向天堂的阶梯。抵制技术陷阱的诱惑,找寻人类精神解放的智慧滋养,涵涉思想政治教育的所有命题。

另一方面,互联网的实质在于它能推动"人类互动"。人、社会、思想政治教育不仅需要强连接,还需要强互动。互动不仅使得虚拟空间具有生活世界的意味,有助于拓展与放大多元沟通和交流机会,而且它更具有一种解放性的潜质。[①] 当然,互动也需要质量,有质量的互动建立在个人充分准备的基础上。信息技术在与身体的频繁互动中,技术终

---

① 阎光才:《信息技术革命与教育教学变革:反思与展望》,《华东师范大学学报》(教育科学版)2021年第6期。

将成为身体的一部分。但技术的扩张与侵入，又有可能将人的生命活动驱逐。其实技术只是辅助工具，真实世界中的共享情况、密切合作的激情传递，不可能寄望于互联网中的信息与叙事。让技术接受生命的指导，让技术重回生命，并为之服务，是思想政治教育绕不开的问题。

2. 信息技术与思想政治教育之间的相互形塑和相互建构的协调与整合

基于技术与社会互构理论探讨思想政治教育创新，并非把信息技术作为一种工具，被动地解决社会问题，而是在技术与社会互构时的多种力量纠缠中寻觅最佳平衡点，探求维持它们之间的动态平衡与良性循环的条件。因此，我们基于技术与社会互构论这一角度出发，旨在将技术与社会关系层面上的立场引申到思想政治教育领域来探讨。

首先，之所以选择这一视角，是因为技术并非一种纯粹脱离社会之外的抽象物，以其自有的逻辑而运作；相反，技术总是"社会的技术"。即使这样，社会也不能独立于技术而存在，它总是"技术的社会"。① 当信息技术已经构成社会形态的一个关键变量时，现代信息技术在社会关系的重构中也发挥了重大的社会决定性作用。当技术穿透社会时，技术是内在于我们的文明机理。技术重塑思想政治教育是指技术在思想政治教育以及人的发展中的作用，是技术在思想政治教育理论与实践中所产生的一系列根本变革。因此，技术对思想政治教育的赋权，不是一种技术上的"拼凑或嫁接"，而是基于技术与社会互构的基础上，通过数字化场景与思想政治教育的全面融合，实现思想政治教育与信息技术的内嵌和耦合。它不仅在一定程度上分担了面对面的线下教育，而且信息处理、传递和交流本身也成为思想政治教育的关键要素。这种信息技术与思想政治教育的内嵌与耦合表现为，外形上共用、交互上共通、认知上共生。

其次，技术对思想政治教育的结构性重塑是技术进化引起的思想

---

① 戴宇辰：《传播研究与 STS 如何相遇：以"技术的社会建构"路径为核心的讨论》，《新闻大学》2021 年第 4 期。

政治教育整个系统性的结构变化，不能简单理解为技术手段的变革。因此，在思想政治教育被技术重塑的过程中，要警惕"技术将逐步代替我们对教育的观察和思考，演变为教育变革的阻力"①。技术不只是机器，也是一种思考的方法和过程。②技术并非指工具、机器、设备等物质性的实体技术，而是物质性因素与技能、观念、知识、理论、方法、策略等精神性因素的统一体。技术本质上"不在于生产什么，而在于怎样生产，用什么劳动资料生产"③。它既包含物质因素，也包含精神因素。因此，技术在思想政治教育中的应用逻辑不是由技术工具决定的，而是由技术背后的思想政治教育原理决定的。

技术是辅助工具，它本身并不制造人与人、人与社会之间的疏离与紧张。因此，要处理好两个问题：一是技术与思想政治教育的深度融合，相互依存、互激共进时，如何实现对真实存在的虚实场景、思想行为等关联逻辑进行数字化；二是如何促使思想政治教育的内在结构发生深刻转变，形成以数字信息和多维场景为驱动的新生态。思想政治教育在技术层面的内嵌与耦合，也体现了技术硬逻辑与人文软逻辑的逻辑规则转换。它既符合思想政治教育自身发展逻辑，又具有严谨科学的逻辑保障。因此，真实世界中的共享情况、密切合作的激情传递不可能寄望于互联网中的信息与叙事。

最后，与技术相比，思想政治教育自身理论具有解决思想政治教育问题的先在性，占据首要位置，是由思想政治教育原理"决定使用何种技术，而不是由技术工具来决定应用什么原理"④。因此，单一的技术要想具备重塑思想政治教育的力量，需要一个组合进化的过程，即技术组合形成域。就此而言，技术重塑思想政治教育实际上就是"'域'的更

---

① 陈晓珊、戚万学：《"技术"何以重塑教育》，《教育研究》2021年第10期。
② 梁林梅、郑旭东：《美国教育技术领域的先驱、智者和引路人：詹姆斯·芬恩研究》，《电化教育研究》2008年第10期。
③《马克思恩格斯选集》第2卷，人民出版社2012年版，第172页。
④ 陈晓珊、戚万学：《"技术"何以重塑教育》，《教育研究》2021年第10期。

替、是新域代替旧域的重新域定"①,进而重新定义思想政治教育的过程。

总之,数字时代思想政治教育理论体系的建构不是移植和复制现代化技术,而应找到技术与思想政治教育内嵌与耦合的着力点,以人为尺度,从技术外部造型到价值内部铸魂将传统与现代的内容整合起来,为思想政治教育体系的创新奠定基石。

**(二)技术与思想政治教育融合发展的边界限制**

技术形塑思想政治教育的显著特点是推进其数字化转型,即依据深度数字化技术发展的基本特点与规律,推动教育方式、沟通模式、交往环境等传统要素向数字化思维转型,并以一种全方位和深层次的赋能革命,驱动思想政治教育问题域的拓展,但这并不意味着思想政治教育数字化是无边无际的。

第一,信息技术与思想政治教育之间的张力。信息技术介入思想政治教育所引发的变化,一是表现在对互联网、元宇宙等现代信息技术的运用及其多维应用场景上;二是数字化技术所具有的交互性思维、关联性思维、情景化思维等成为思想政治教育协同适配数字化社会研究的主要思维方式。但是,思想政治教育逻辑和数字化技术逻辑的不同,使得技术与思想政治教育在融合发展过程中会陷入"技术决定论"误区。信息技术赋能使思想政治教育能够跨越数据、模型、算力等时代门槛,其目的在于以网络化、关系化为基本视野,将其实践活动置放于人和社会等更为根本的层面进行审视,进而以更加宽阔的视野、理性客观的学术姿态、数字化的思维方式转变,来变革思想政治教育,提升其实效性。当然,也极易陷入唯技术论的窠臼。因此,让技术与思想政治教育保持一定的张力,也唯有在一定张力范围限度内,才能真正将数据转化成有价值的信息和知识。

第二,协调技术与思想政治教育之间的关系,规避技术对思想政治教育环境的过度塑造。技术赋能使思想政治教育实现了以沉浸式体验、仿真性空间为核心特征的智慧化育人,让虚拟体验超越现有认知的感官

---

① 陈晓珊、戚万学:《"技术"何以重塑教育》,《教育研究》2021年第10期。

刺激。但这也会带来技术对环境的过度塑造。因为我们正处在技术所设计出来的人工化的教育世界中，直接经验被颠覆，教育双方便会"生活在'技术茧'或'信息茧'中"①。教育环境越来越人造化，受教育者的具身体验被剥夺。其实技术本身不仅没有尝试去奴役人，反而一直在解放人。比如，技术取代了一些原本枯燥乏味、可替代性的工作，提供了更多发挥天赋、释放才能的新机遇。例如，AI、区块链、元宇宙等前沿领域就成为成千上万人大展宏图的新平台，让我们实现了从"缺场"到"在线"、从"在线"到"在场"的飞跃。因此，我们必须规避技术对环境塑造，维持它们的动态平衡。此外，在信息技术场域里，落实思想政治教育的先导性、全局性和基础性特点，以激荡心智、锻造人格、彰显个性。因为思想政治教育场景里投射了我们的信念、态度和期望，它不仅是身体的栖息之地，也是精神的沉思之所，并成为引领社会前进的力量。

第三，规避信息技术对主体的过度塑造。技术改造人际环境，是通过"重新组织了人类的感性生活，构造出了不同的组织方式，从而改变着人与物、人与人之间的关系"②实现的。现代技术介入思想政治教育中，教育双方交往与对话遭到解构。教育双方之间的双向关系转变为人—机—人的三维关系。传统面对面教授的焦点在于教师本身，而现在却大量投入教学内容的技术媒介上，诸如腾讯会议、学习通等。这种技术软件加剧了人与人之间的隔阂，是技术对人机环境的再造，在一定程度上忽视了师生之间的有效对话。因为教师一旦采用多媒体教学，就必须遵循固定的算法模式进行，否则无法呈现特定的内容。

其实"技术时代带给人性最根本的变化就是：技术性成为人性的一部分，人性的尺度从此增添了技术的内涵。技术不断更迭使得自身越来越智能化和自动化，进而难以控制。不仅如此，对人进行规训和

---

① 杜薇：《隐忧与防范：现代技术介入教育的价值审视》，《教育研究与实验》2022年第2期。

② 杜薇：《隐忧与防范：现代技术介入教育的价值审视》，《教育研究与实验》2022年第2期。

奴役,使得教师对技术有较强的依赖性"①。技术一旦投入使用,就不可替换。带着理性、带着憧憬、带着对彼此心中热爱与柔情的面对面对话交流,日益被屏对屏代替;开启幽闭的思绪、放飞囚禁的情愫、唤醒彼此心中的眷念与期待,被抖音网红挤占;向未来之镜开掘迈进的阔大与豪放,走向更为广阔、丰富多样的生活世界,成为冷冰冰的数字。一旦技术过度嵌入,面对面的真实交往将被替换成冰冷冷的人机互动,受教育者的情绪就很难被察觉到。这势必难以疏解受教育的负面心理。

总之,技术逻辑注重数据解析赋能、智能推演增权,并将其转化为可视、可感、可触、可互动的思想政治教育场景化应用。但技术要想实现对思想政治教育各要素及其内在关系进行革命性重塑,必须携带价值,以维持系统平衡。

## 三 价值铸魂与技术造型的统一

价值铸魂与技术造型的统一人工智能技术形塑思想政治教育的逻辑终项。

无论是从信息技术的迭代升级中探索创新思想政治教育的路径,还是从技术与社会交互作用中寻找化解思想政治教育困境的方法,最终目的皆是实现人的自由全面发展。而让技术回归人文,其实就是从创造技术回归到探索人性的过程。因为通过技术赋能激活、唤醒、挖掘等方式来弘扬人性中积极的、美好的潜能,是思想政治教育创新的题中应有之义。因此,技术之于思想政治教育的外在造型是推进其数字化发展,而价值的内在铸魂是教育者投身于思想政治教育活动的主观意趣。它蕴含着教育者的价值选择和价值预设,并通过精神的唤醒、潜能的显发,使得受众体内心得以敞亮、主体性得以张扬。所以,技

---

① 李政涛:《为人的生命成长而设计和发展教育技术——兼论教育技术学的逻辑起点》,《电化教育研究》2006年第12期。

术外在造型与价值内在铸魂的联袂，推动思想政治教育在理想层面的规范建构。

（一）从互联网到元宇宙的技术迭代升级：思想政治教育的时空拓展

互联网将任意的两个位置或场所直接联结起来，为人们提供了可以展开缺场交往、共享传递经验的虚拟空间。元宇宙可以称为第三次互联网革命，是有生命力的、升级版的互联网。随着算力的进步，元宇宙的相关硬件设备正在加速发展，加之新一代 VR 的上市与 AR 重量的减轻，其整体的技术进步是扎实的。元宇宙的核心属性是"与现实世界的同步性与高拟真度"。无论是互联网还是元宇宙，都是通过去中心化架构对真实场景镜像化的虚拟社会和社交网络。[①] 思想政治教育在元宇宙的三层架构是：基础设施、交互、生态系统。

与平面信息交互为主的传统互联网教育相比，元宇宙"把点、线的交互层面扩展到立体、多维、实时的交互空间"[②]，丰富和还原了真实的思想政治教育场景与教育主客体之间的关系。它不仅重塑了教育主体间的关系，突破了主体在时间、空间和组织层面的限制，而且重塑了思想政治教育活动形态。主体进一步从单一走向多元，形成了教师—同伴—个人—机器多元混合交互模型。这种多元主体跨界合作，有助于拓展人机双向反馈的智能应用场域，提高可教育双方在虚拟场景的真实感。受教育者不仅可以不脱离原本的真实场景，同时也能关注跨领域的动态行为。但其局限性在于，学习者被通信软件所绑架，容易陷于技术茧的窠臼。

较之于互联网，元宇宙之于思想政治教育是一个完整的生态系统，且在这个可持续发展的生态系统里，思想政治教育各要素之间的关系具有客观性自发性和多元性特点。如果说互联网技术将处于分散、隔离状

---

① 翟雪松、楚肖燕、王敏娟、张紫徽、董艳：《教育元宇宙：新一代互联网教育形态的创新与挑战》，《开放教育研究》2022 年第 1 期。

② 翟雪松、楚肖燕、王敏娟、张紫徽、董艳：《教育元宇宙：新一代互联网教育形态的创新与挑战》，《开放教育研究》2022 年第 1 期。

态的用户有效地联结起来。那么，元宇宙赋能则可以通过虚实结合、身体沉浸等技术，提供一个交互更方便与更加立体的思想政治教育活动场景。因为元宇宙不仅突破了传统互联网在时空、关系、交流及情感维度的边界，还具有更深刻的社会性，且各种社会要素联系更加紧密。这种时空边界的突破，使思想政治教育实践活动在不同场景、不同时间展开，在空间上也跨越了既有教育资源孤岛的弊病，也使思想政治教育解决了与各类平台资源对接的问题。

**（二）从技术外在造型到价值内在铸魂：框定思想政治教育研究的理论范式**

在技术进化中，起决定作用、掌握进化方向的是人。[①] 其实，意义与价值不是现存的东西，而是人的投入。作为一种现实力量，思想政治教育肩负着对人的价值和意义的理解与尊崇，具有一种向生命过程的敞开和解放的旨趣，它激荡心智、锻造人格、彰显个性。我们用价值逻辑统合技术逻辑，是基于思想与感受、观念与实体的联结、脑力震荡与知识建构的统一的基础上，框定思想政治教育研究的理论范式，使思想政治教育场域里氤氲着对崇高价值的追求。

1. 用价值逻辑统合技术逻辑贯穿思想政治教育始终

技术形塑思想政治教育数字化转型体现在建构思想政治教育数据库上。"数据作为新型生产要素，对传统生产方式变革具有重大影响"[②]，成为影响自我与他者展开互动和审视生活的一个重要因素。"技术赋能不仅使得思想政治教育的定性分析较之以往更具客观性"[③]，而且其精准化与智能化日益凸显，诸如在思想政治教育实践活动中对于诸多质性数据，仅仅使用简单的可视化就能反映出重要的现象与规律。这无疑提升

---

[①] 陈昌凤、霍婕：《权力迁移与人本精神：算法式新闻发布的技术伦理》，《新闻与写作》2018年第1期。

[②] 习近平：《不断做强做优做大我国数字经济》，《求是》2022年第2期。

[③] 刘宏达、隆梅凤：《大数据助推思想政治教育定性分析方法创新》，《思想政治教育研究》2020年第5期。

了思想政治教育"数据决策的精度和信度"①。因此,我们通过技术在方法论上摒弃了传统对简单的因果关系的找寻,力求对社会现实给出多元化解释,以增强思想政治教育的生命力。

此外,思想政治教育的解放力量在于"它能把我们灵魂中最优秀的部分带上去看事物本质中最高贵的东西。同时,它又能温和地把埋没在某一片外邦污泥中的灵魂的眼睛拉出来,引导它向上"②。我们对道德伦理的追求、对崇高品质的渴求、对理想境界的眺望,成为思想政治教育赖以栖息的背景。即便是技术外在形塑思想政治教育时,也离不开时代精神之烛的照耀。它赋予思想政治教育与时代精神一致的品格和内涵。教育作为最深切地牵扯于个人与社会二者之间关系的文化过程,肩负着培养人的使命。因此,用价值逻辑统合技术逻辑,并把每个人所感受到的理论渲染带回具有鲜明个性特征的生活中,从而提高生命境界与生命质量。一句话,正是价值的内在铸魂规约技术形塑思想政治教育的方向。

2. 在理想层面建构思想政治教育的规范性

技术赋能、关系赋权、情感能量的黏合,是以非线性、互有交集的方式发生作用。因此,基于技术造型与价值铸魂的双重统一建构思想政治教育创新体系的路径在于,信息技术嵌入思想政治教育论域里,以找寻决定其可控制以及可预测的活动规律,通过价值引导在认知模式上丰富和发展思想政治教育内容、方法等,探索思想政治教育创新路径。

首先,思想政治教育不是抽象的灌输与空洞的说教,而是使受众体在感悟与体会、内省与自察中滋润心灵,进而以敏锐的悟思、细腻的感受,以局内人而不是隔岸观火的姿态面对思想政治教育的变革题域。当然,理论灌输依旧是一条信息组织优化、条理化和有计划的途径。而技术与价值负载的理论灌输,是思想政治教育内容的再组织与再现。它在

---

① 刘辉:《高校思想政治教育应用大数据的现实困境与诉求》,《思想理论教育》2015年第9期。

② [古希腊]柏拉图:《苏格拉底的申辩》,吴飞译,华夏出版社2017年版,第274—275页。

遵循灌输逻辑的推导和演绎时，也携带着文化的浸染等真切和谐之美。它是在结构化受众体参与下对文化积淀的剪裁，是对知识价值的一个赋予、认可过程。

其次，思想政治教育的跨学科交叉研究中体现了技术驱动与价值引导的统一。信息技术的硬规则与思想政治教育的软规则两者融合创新的核心问题与关键屏障在于规则转换和内在逻辑的一致性，即解决不同规则之间的数字化联通、对接和转换问题，实现跨界、跨域合作，促进、引领交叉学科的发展，是思想政治教育创新的关键。当然，我们基于各科门类和知识体系分工侧重点不同所进行的学科分类，对已有知识的一种逻辑划分，其目的在于便于学术分工和协同研究。而多学科交叉配合的根本原因，在于我们观天地之大，趋近存在之核心，其意图也在于与世界建立一种深刻联结。其实，无论是人与自然的交互与联结，还是人的综合判断和抽象理论认知的达成，皆倾向于科技与人文交叉研究的推进。思想政治教育也是如此。

最后，思想政治教育创新与发展，绝不是凭空的精神想象和纯粹的理论逻辑演绎，而是有坚实的社会基础。尽管元宇宙为打造完美世界提供可能，但倘若就此将心中的理想寄托于元宇宙中，忽视现实问题，对思想政治教育发展则无济于事。因此，我们致力于以现实为导向，基于真实主体与镜像主体的交互方式，揭示真实世界与镜像世界的高度叠合，使虚拟世界为现实世界服务，实现从思想政治教育的内容、数据到理念的互补与平衡，使相对静止的教育场景更加动态化。可见，当数字时代太多的信息和欲望占据我们的头脑和心灵时，需要我们站在时间的长河中，真切地体味浪花击打的感觉，进而实现从作为意识形态传播的内容、作为关系表达的内容、作为技术价值的内容不断扩容。

总之，创新需要原创性、深刻性的品质。从技术与社会互动角度展开思想政治教育创新研究，尽管其着眼点没有足够的辐射力，也并非能直接显露人性思量、民生关切与国家情怀，但技术形塑的思想政治教育生态积极敞开了对生命的关注，使生命的活力充分涌流、智慧之花充分绽放。

**本章小结**

本章揭示人工智能与思想政治教育的相互建构和彼此赋能,并非思想政治教育与人工智能之间的概念拼接,与相关知识的空转,而是向历史求索可能的经验,参与现实问题的发问,补足历史向度的思想资源,进而思辨智能时代思想政治教育如何与传统思想衔接、转化、改造,进而建构周全可行的知识体系,即延续传统、盘活存量、涌现增量。因此,本书从技术维度、社会维度以及价值维度入手,对互联网制造的虚拟空间、现实空间乃至元宇宙的虚实结合进行了诠释;从现代信息技术的技术属性、语境与价值范畴三个维度入手,对思想政治教育与人工智能相互建构的机理进行探索。

具体来说,本章主要包括三个方面的内容。

第一,分析技术之维与社会之维是人工智能技术形塑思想政治教育理论的纵深逻辑。一是时空嬗变:工业化逻辑与网络化秩序的冲突和并行;二是共时性"场域"与历时性"社会轨迹":思想政治教育的时空嬗变;三是互联网的社会维度:网络化逻辑中思想政治教育迭代升级的纵深逻辑。

第二,探究从技术之维到价值之维是技术推进思想政治教育范式转换。一是数字技术赋能推进思想政治教育范式的转化;二是技术赋能思想政治教育线上与线下虚实共生和双向传输的全过程;三是技术赋能思想政治教育数字化分析框架的确立;四是从技术到价值是信息技术与思想政治教育融合的逻辑必然。

第三,人工智能技术形塑思想政治教育的逻辑遵循。从问题驱动与理念催生的统一、系统进化与边界限制的统一以及价值铸魂与技术造型的统一入手,分析人工智能技术形塑思想政治教育的逻辑始项、逻辑中项和逻辑终项,以此研判人工智能技术形塑思想政治教育的逻辑遵循。

# 第六章 实践场:智能时代思想政治教育的力量释放与价值再转化

实践场的价值不仅是用来辨析空间类别,更在于作为一个理论视角分析思想政治教育与实践场的动态关联,揭示其所蕴含的人们展开行动的动态关联。由于思想政治教育是在无数实践活动中通过"主体体验",将人从时间的碾压中解放出来,使生命之花以其真性而绽放,所以,没有真实的体验,人的生活乃至人生即意义将大打折扣。思想政治教育终极问题是人的问题,生命要素的恒久力量只能从生命的纯粹体验中获得。因此,扎根实践场,是思想政治教育创新的一种力量再转化与价值再转化。这一新理念必将培育形成思想政治教育的新质生产力。

## 第一节 力量释放与价值再转化:思想政治教育在实践场中的特质

任何一种技术,其产生与介入都会给环境带来变化。尽管"新环境是看不见的,它在潜意识层面发挥作用"①。信息技术创造了新环境,形成了场景化,使思想政治教育创新实现了从内容形式到场域的过渡。一是将思想政治教育弥散在实践场中,并成为激活人们展开社交,建立联系,形成归宿的潜能。二是作为环境客体的实践场,能激活行为主体在场景转换时的主观感知。

## 一 思想政治教育创新的力量再转化

实践场有"场域""场所""场景"等不同中文译名,其不同的名称也意味着不同的意涵。本文对实践场、场域、场所等的理解落脚于经验层面,关注人的行动和经验,并解析其中的空间性。本书无意于纠缠概念细分,依语境随机采用。场域作为具有自身逻辑和必然性的客观关系的社会空间,既是各方行动者力量呈现的场域,也是关联的场域,并具有连接力、体验力、服务力等特征。智能技术通过增强主体在实践场的沉浸体验,促进主体的身心合一,营造具有感染力、亲和力的教育场景,并将其作为思想政治教育创新的着力点。

首先,智能技术突破时空限制型构了思想政治教育实践场,且使人们的行为习惯也在这一环境中得到重塑,从位置上看,它远离了任何给定的面对面的互动情势②,并"从人类感性认知系统入手,结合智能算法、景观艺术、体感互动、沉浸式媒介等技术为用户创设真实体验氛围"③。尤其是VR、AR技术与可穿戴视觉设备的发展,更是增强了使用者远距离的在场感,展现了其丰富多彩的沉浸体验,形成思想政治教育场域化的创新表达。

其次,技术通过编码与解码对思想政治教育进行力量再转化。智能

---

① 李昕揆:《技术垄断时代的美学回应——伯茨曼媒介生态学美学思想探析》,《中国人民大学学报》2021年第1期。
② [英]吉登斯:《现代性的后果》,天禾译,译林出版社2000年版,第16页。
③ 杨章文:《元宇宙技术嵌入网络意识形态治理的双重效应及其调节优化》,《探索》2023年第1期。

技术不仅把实践场域作为叙事的背景出场①,还通过重构思想政治教育文本情景,再造文本与主体相遇方式和相遇场景,使得思想政治教育主体的感知模式从"观看"结构延展至"体验"结构,②并将解码的场域信息快速转化为思想政治教育信息,以提升思想政治教育的鲜活性、生动性。

最后,由于场域是基于不同物质实体、意义和实践之间的共同作用、相互联系与不断协商中形成,所以,当技术与浸润着文化、艺术、人类的日常生活场景紧密结合时,会将人类精神领域的情感要素注入实践场中。这使整个实践场摇曳着思想的要义,氤氲着尊重生命与人格尊严的场景精神,乃至充满着心灵开拓和精神跃升之路。

## 二 思想政治教育的自由转场与价值再转化

智能技术赋能,使世界从一连串自然的或社会的现象转换为信息与数字符号。思想政治教育也形成了数字符号表达与虚拟镜像。在从"现实、实体、线下"到"虚拟、用户、线上"自由穿梭时,那些被编码的思想政治教育信息,须经过解码才能让不同空间使用者解读其中的意义,并据此展开交往活动,落实为自己身处实践场的体验。因此,思想政治教育符号的编码与解码,线上与线下的转场,是一种思想政治教育价值再转化,并以扭转人才培养方向为根本。

**(一)价值充盈智能数字空间,为思想政治教育数字化发展提供健康环境**

肩负着培育时代新人重任的思想政治教育,必须在"坚定理想信念、厚植爱国主义情怀、加强品德修养、增长知识见识、培养奋斗精

---

① 刘涛、张媛媛:《通往数字人文的游戏之路:游戏叙事中的传统文化符号再现及其程序修辞机制》,《南京社会科学》2023 年第 11 期。
② 刘涛、张媛媛:《通往数字人文的游戏之路:游戏叙事中的传统文化符号再现及其程序修辞机制》,《南京社会科学》2023 年第 11 期。

神、增强综合素质上下功夫"①。唯有价值充盈在数字空间里,推进物理空间与虚拟空间的融合,拓展思想政治教育环境,才能确保思想政治教育在实践中健康发展;唯有价值赋魂才使得数字空间摇曳着思想的要义、充盈着智慧的光华,以确保思想政治教育能够面对复杂的数字空间,从而更好地完成时代新人培育的时代使命。因此,在打造共享数字资源、展现"虚拟空间+个人空间"时,思想政治教育应该秉承价值引导与立德树人等原则,将价值赋魂在全员、全程、全方位、全流程中,始终遵循思想政治教育价值规律,以提升思想政治教育的实效性。

1.人工智能引发的思想政治教育变革的冷思考

为什么信息技术改变了几乎所有领域,唯独对教育的影响小?这一令人吃惊的"乔布斯之问"②,源于技术从来不会承载超越它自身功能特性的期待。③技术本身是为人类服务的,它也只能是工具。技术的逻辑不能代替思想政治教育的逻辑,技术的优势也不能代替思想政治教育的规律。唯有兼顾技术逻辑与思想政治教育规律,厘清并妥善处理其张力思想政治教育数字化转型才能顺利进行。

"智能技术"成为热词的当下,强调人、强调价值,旨在规避为数字化而数字化,为转型而转型等所引发的偏离思想政治教育的初心使命难题。数字化转型不仅涵盖技术的迭代升级和教育主体的转变,更是在文化的传承与保存中创造新的数字场域,以打破传统教育关系网络中教育主体、教学资源的线性组织关系,形成新的复杂空间网状联系。④因此,数字化使得思想政治教育研究环境、教学范式、师生素养等方面发生了数字颠覆。一句话,数字化转型实现了用数字化的视野栖身于全球数字化发展的浪潮。问题是我们在共享数字化发展红利的时候,极易出现偏离思想政治教育的初心使命。诸如对数字技术的过度追逐与依赖而

---

① 参见习近平《习近平著作选读》第二卷,人民出版社2023年版,第196—200页。
② 储召生:《技术风行,教育学理论落伍了吗》,《中国教育报》2018年12月17日。
③ 陈廷柱、管辉:《教育数字化:转型还是赋能》,《中国远程教育》2023年第6期。
④ 王卓玉、徐济远、叶薇等:《数字化转型视阈下高等教育数字文化空间建设》,《现代远距离教育》2023年第2期。

出现的重硬件轻内容，重技术轻学生，重即时性轻长远性，忽视思想政治教育规律的窘境。这种夸大数字化作用，势必坠入技术主义的陷阱。

2. 技术嵌入过程中思想政治教育的角色持守

技术是人的延伸，尽管凭借数字技术，形成智慧课堂，尤其是信息技术与课程的结构、内容、资源、实施等方面融为一个新整体，通过整合教学工具、教学方式、教学环境等的创新，形成信息化的课程新形态；但"填鸭式"的教育依旧随处可见，在实践中，其实很难看到哪一类型教育或哪一所学校仅凭数字化就实现了思想政治教育革命性的跨越式发展。所以，技术并非决定思想政治教育发展的唯一力量，思想政治教育也并非一个纯粹的技术系统。数字技术的应用不能仅仅停留在便捷性上[1]，数字技术可以给思想政治教育带来有价值的补充和延伸，而不能完全代替现实的思想政治教育。

另外，算法对人类主体性干预，使得人们既往的知识观、价值体系和主体性等维度面临变革。因为算法传播中的知识来源主要是用户日常生活、习惯、行为、偏好、社会关系等形成的复杂知识网络，且夹杂着大量的个性化观点。这些带偏见的数据也成为算法的源代码。在此基础上建构的模型势必给思想政治教育带来巨大风险。因此，价值充盈在数字空间，确保思想政治教育在坚守其传统专业角色的同时适应算法技术的发展，即思想政治教育专业话语与创新性技术话语进行专业角色调适。

**（二）基于立德树人的目标，建构算法失灵的社会补充与算法脱轨的干预机制**

"技术被用于好的宗旨还是被用于坏的目的，其决定因素不是技术，而是人，是使用技术的人或群体。"[2] 如搜索引擎只是相关信息的链接，不负责对信息进行整合。而机器究竟是强化还是破解信息茧房，

---

[1] 陈廷柱、管辉：《教育数字化：转型还是赋能》，《中国远程教育》2023年第6期。
[2] [美]保罗·莱文斯：《新新媒介》第二版，何道宽译，复旦大学出版社2014年版，第206页。

最终取决于人如何运用机器。这就要求我们建构算法失灵的社会补充与算法脱轨的干预机制，系统谋划数字化转型发展路线图，逐级提升数字化转型水平与能力，实现全面认知和科学掌握思想政治教育数字化转型规律。

其实，思想政治教育数字化转型是一场关乎文化、各方参与和技术的深入的系统性转变。数字技术为人与人实时交往、人与物密切互动、物与物瞬间连接提供平台，推动不同时空、不同场景的人际交流与互动共生，形成了丰富多样的思想政治教育数字化氛围。它将课堂、校园文化、家庭教育、社会实践基地等物理场景延伸到数字空间，并与数字图书馆、数字博物馆等云场所无缝衔接，形成虚实共生的学习交往平台，确保教育模式全天候在场的服务模式建构。毋庸置疑的是，技术不仅没有尝试去奴役人，反而一直在解放人。与此同时，技术的"双刃剑"特质一直紧随人类，其所具有的优势取决于其使用方式。而认识并弥补技术的不足是思想政治教育数字化转型的前提。在考察数字技术与思想政治教育之间的关系时，包含思想政治教育的核心要义是教育为魂、技术为体。因此，致力于人的生命改变与发展的实践活动，才是人的转型，人的生活方式的转型，也是思想政治教育的转型。建构算法失灵的社会补充与算法脱轨的干预机制，为思想政治教育创新保驾护航。

一方面，"工业的历史和工业已经生成的对象性存在是一本打开了的关于人的本质力量的书"[①]。新的智能革命"通过脑机接口、生物传感等智能技术推进了物理世界、数字世界、生物世界的融合与交互。人类主体也在技术赋能基础上得以确立和释放"[②]。一是互联网延伸了思想在场，弥补了快节奏下人们的焦虑与孤独感，给人们一种交流与归宿的感觉，乃至连接的意义赋予。诸如图文并茂、三维动画等实现了符号向现

---

① 马克思：《1844 年经济学哲学手稿》，中央编译局译，人民出版社 2014 年版，第 85 页。
② 郑旭东、王美倩、周子荷：《人工智能推动教育具身何以可能——论具身的人工智能与具身的教育实践》，《现代教育技术》2023 年第 6 期。

实图像的跨越。尤其是 Sora，模糊了现实与虚拟的图像生成差别。它可以与人类交流，也能影响人们的思想，并将不可视的、含蓄抽象的转变为可见的、具体的。二是从人脸识别、指纹、声音等身体元件到身体、生理状态等全面数据化为"虚拟、用户、线上"后，通过编码与解码，不仅使思想政治教育呈现出可视化与交互式的情景，更是赋予主体更真实强烈的互动体验。然而，它在给人类更好地了解自己带来享受的同时，也会引致人的退场，失去了对真实的认知与判断，进而无法触及人之生命历程，以及具身体验的大部分问题。因此，将人的主体性带回思想政治教育实践主场，以思考日常生活及社会经纬，敞开对生命的关注，使生命活力充分涌流。这样才能确保在思想政治教育学术道场上，其创新性与根源性问题融为一体。

另一方面，思想政治教育知识体系从来不是纯粹概念范畴的问题，其知识体系创新与国家制度、社会结构紧密相关。思想政治教育从线下到线上的实践转场，不单关涉符号和表征，而且一切与思想政治教育相关的东西皆成为其技术构型过程的要素，并决定思想政治教育的存在形式。① 因此，思想政治教育实践场域是关联的场域，更是斗争的场域。因为在现代语境下的实践场里，各种力量互动，在建构价值认同的同时，必然伴随对他者的建构，认同必须通过对他者的排斥而得以体现。② 价值引领不可或缺。大数据越重要，价值的引领就越突出，越需要以价值引导数据分析与理论建构。

总之，智能时代，我们通过转管理形式，在压实法理红线的基础上，合理布局人力和物力等社会互补机制，加速组织结构优化与创新。另外，以主流价值观赋魂于算法逻辑中，不断干预和修正算法失灵现象，建构干预和防范机制防止算法脱轨，并以主旋律、主流价值引领，全天候、无缝隙地将思想政治教育渗透在实践场。

---

① 王鑫:《历史、语境与通路：当下媒介与传播研究的几个关键问题——对戴维·莫利教授的访谈》,《国际新闻界》2021年第11期。
② 范可:《全球语境下的文化认同与文化自觉》,《世界民族》2008年第2期。

## 第二节　从符号世界到生活世界：
## 　　　　思想政治教育的落实与落细

社会问题（包括思想政治教育等问题）本身是极其复杂的。数字系统中的符号尽管清晰且完整，但其意义所指含糊。加之符号与所指之间可能来自不同系统，无法准确对应现实问题。[①]因此，思想政治教育不仅要走出符号世界，更要走出学校，走出教室，走向社会，走向日常生活世界。

### 一　实践场中思想政治教育数字符号场景生态化的形成

数字符号场景生态化是在思想政治教育数字价值场景化的基础上，将每个场景中思想政治教育的活动整合起来，形成一个完整的数字生态场景。它将分散在不同领域的人们对思想政治教育的不同需求串联起来，形成数字能力联盟和数字能力生态圈，旨在以更加完整和高效的解决方案，破解思想政治教育在数字化生存中的难题。数字场景生态化体现了思想政治教育创新的数字技术与数字人文的双重驱动逻辑。

（一）通过数字场景生态化完成数字拆分和重组，形成共生、共创的思想政治教育体系

数字技术从全局性、多视角对思想政治教育理论与实践运作模式进行反思，落实不同学科资源链接的科学配置，打破学科之间的壁垒。这不仅加大了学科之间的整合力度，也加强了各部门之间的同频共振，以优化出最合理的思想政治教育数字化，推进了思想政治教育要素资源的

---

① 向玉琼：《数字治理等同于清晰治理吗？——审视数字治理中的清晰与模糊》，《天津社会科学》2023年第5期。

有效整合与功能提升,进而为人的解放和社会公平正义提供智慧型、便捷性与普惠性的生态化场景。

首先,数字场景生态化要求将信息采集与处理系统整合成数字神经系统,以感知社会状态,将之与需求和动态反应模型相结合,并用得到的结果来矫正系统[①],规避过度连接引起的数字焦虑与连接匮乏下的数字困池,维持思想政治教育数字场域的健康发展。

其次,以数字技术为群众美好生活赋能,打造更多的数字应用场景,创建能够满足人民群众需求的思想政治教育数字生态化场景。把一切为了人民、一切依靠人民、与群众建立血肉联系作为思想政治教育场景生态化的立场。

最后,在落实思想政治教育场景生态化时,不仅受数字技术和媒介力量的双重影响,更反向推动思想政治教育场域中关系结构的历时性更迭,即在被数字技术赋权的同时,思想政治教育数字化的内生活力被激活,赋予人们新的观念,并以更强大的辐射力量引发思想政治教育场域的生态化健康发展。

**(二)数字场景生态化彰显了数字技术与数字人文双重驱动思想政治教育创新的格局**

数字生存时代,革新了人类活动,也使得思想政治教育活动可以以数字形式存在,数字人文作为一种认知模式,正在改变思想政治教育数字化知识生产、传播、运用状况,乃至教学、学术研究等各领域。数字技术与数字人文的双重逻辑实现了思想政治教育逻辑链延伸、价值链提升、功能范围拓展。

首先,数字场景生态化,使生态延伸到整个思想政治教育逻辑链上。思想政治教育进行数字化社交、分享、互动乃至在视频等传播链上,皆提供了既蕴含深邃的哲理,又以喜闻乐见的大众文化、审美旨趣与知识分享的形式传播,并成为思想政治教育的重要组成部分。思想政治教育场景化时既满足了人们对知识的渴望,又满足了人们的精神需

---

① 彭兰:《生存、认知、关系:算法将如何改变我们》,《新闻界》2021年第3期。

求，丰富了人民的精神世界。因此，这种场景生态化的落实，是数字技术与数字人文联袂的生态，全方位刻画了人们思想观念的动态数字轨迹，把以人为本、立德树人的价值理念作为价值引导，形成了多元、融合、共治的思想政治教育理论与实践体系。以提升人民的生活品质、促进人的全面发展和社会全面进步为目标的思想政治教育，增强了人民的理论自信和文化自信。

其次，数字场景生态化确保了技术在采集思想政治教育活动数据时，从既往静态的、短期的、结果性数据居多，转向动态的、长期的、关联性数据。数字场景生态化使得思想政治教育系统定位提升，功能聚合，并对不同社会思潮进行价值整合、规范舆论导向，全方位建立网格化管理，精细化思想政治教育，生动体现了思想政治教育的价值基础与实践旨归，进而建成智能生态化的新型思想政治教育场域。

最后，数字场景的生态化，推进了思想政治教育理念与教育方式的深化。从生态思维的角度来看，技术手段、工具以及由其所引发的思考、价值、理念变革皆是思想政治教育系统的重要组成部分。[①]借助技术应用所带来的思想政治教育形态的变化、教育效能的提升不仅体现在技术维度上，也体现在道德与价值乃至审美旨趣等价值维度上。因此，思想政治教育数字场景的生态化应切实地坚持以人民为中心，以广大人民最直接、最现实、最根本的利益作为工作的出发点和落脚点。

总之，思想政治教育从数字资源到数字价值，再到价值场景化、场景生态化转向，使得我们在利用仿真和数据模拟预测思想政治教育发展趋势时，经过数据的采集、处理、分析、理解并赋予其意义。它不是创新技术和教育的简单叠加，其背后深刻的理论和模型已经成型，产生新的运作模式、深刻改变系统的机制、战略方向和价值主张。它是思想政治教育利用数字技术将数据信息加工变成理论，把诠释行为演化为知识，把理论内化为经验，再通过实践成为知识，同时不同教育主体皆在反哺过程中经历文化再适应和再社会化，共同弥合多重语境下的数字

---

① 秦玉友、杨鑫：《数字人文与教育数字化转型》，《中国电化教育》2023年第1期。

环境。

## 二 思想政治教育从数字符号世界转向生活世界的逻辑

智能技术正在极大地改变我们的世界,创造新的现实,并推动对世界和生活的方方面面的信息化解读……线上的数字世界正在逐渐溢出到线下世界。① 因此,思想政治教育需要回应如何在不同符号系统交织的实践场中建立连接,形成认同等问题,以揭示思想政治教育从符号世界走向生活世界的逻辑必然,并完善与时代相适配的一整套新的制度体系。

### (一)规范思想政治教育系统的数据汇聚和安全共享

数字技术驱动,极大地增加了思想政治教育量化研究,推进了其科学化发展的道路。然而,互联网的匿名性使得网络成为人们语言暴力的自留地,情绪宣泄的出气口。因此,规范思想政治教育系统的数据汇聚和安全共享,支撑数字教育资源的共建共享、质量管控和长效发展,有助于规避数据失范和算法失当的风险。

一方面,数字技术为思想政治教育实践提供了多种开放、共享的活动方式。革新了思想政治教育教学场景,也是撬动思想政治教育数字化的关键支点。诸如在教学实践中,从传统学校课堂"黑板+粉笔"到慕课"数字思政"的数字化演进中,无论是教育主体存在形态、互动模式,还是在教育内容的个性化定制等方面,皆重塑了数字化技术与教育者和受教育者之间的交往互动场景。

另一方面,随着万物被技术量化、算法化后,人们陷入计算思维的工具理性之中,人被数据所奴役,人文思维与人文精神等价值理性萎缩。一旦情感、道德等人类的本质属性被计算化,或者说它可以移植到机器上,人作为人的地位就会丧失。人类不再重要,历史将失去意义,

---

① [德]卢西亚诺·弗诺利迪:《第四次革命》,王文革译,浙江人民出版社2016年版,第49页。

人类文明将成为遗迹。① 其实，算法即规则，它不仅确立了机器所试图实现的目标，同时也指出了实现目标的路径与方法。② 当个体、机构越来越倾向于用算法来判断舆情态势、社会风险时，算法将活生生的生命变成了受算法掌控和支配的行动者。③ 因此，人文与技术之间保持适度张力，旨在规范工具理性与价值理性的联结，弥合技术形态与意识形态的缝隙，统合认知坐标与能力坐标的关系④，进而确保安全共享数字资源，需要建构全域、全员、全程、全时、全景式教育空间的连接。

**（二）从数字符号世界转向生活世界的逻辑必然**

智能时代的直观表现是数字化。思想政治教育借助数字化交往构筑了一种新的符号秩序。然而，作为思想政治教育主体的人，创造了技术，但人本身又生活于由技术所形成的日常社会关系中。我们对思想道德的感知，在何种程度上取决于日常生活情景中的具体关系性体验，它与数字空间的数字化测量是否一致？或者说，对数字空间的数字测量又是如何通过日常生活世界的中介而被行动者感知的？⑤ 对这些问题的探讨，仅凭智能技术对人的行为习惯动态地跟踪，很难得到真实的数据，加之算法偏见的存在，等等，需要摸清数字技术在何种程度上是在创造一种真实的裸露，又在何种情况下是对真实的消解与遮蔽。唯有回到日常生活中，才能弄清楚在不同的生活情景中，人们对于道德的感知机制是否一样？在不同空间场域，人们对思想政治教育的重视程度是否一样？因此，从符号世界回到日常生活世界是思想政治教育发展的逻辑必然。

---

① 赵汀阳：《人工智能"革命"的"近忧"和"远虑"——一种伦理学和存在论的分析》，《哲学动态》2018年第4期。

② 彭兰：《生存、认知、关系：算法将如何改变我们》，《新闻界》2021年第3期。

③ 蓝江：《生命档案化、算法治理和流众——数字时代的生命政治》，《探索与争鸣》2020年第9期。

④ 吴满意、高盛楠：《思想政治教育数字化转型：理论内涵、核心指向与实践进路》，《思想理论教育》2023年第4期。

⑤ 高勇：《对地区基尼系数与幸福感关系的"现象核实"——基于对数据生成过程的考察》，《社会科学研究》2023年第1期。

### （三）思想政治教育从符号世界回到生活世界的入场原则

智能技术带来的关系问题，归根结底，因"现实的人"而生，各种关系的解决最终也依靠"现实的人"。因此，重新思考并洞悉我们正在遭遇的种种价值危机，以及关系每个人的重要问题，必须回到日常生活实践场域，且遵循以下原则。一是遵循在场化的实践逻辑，通过彰显空间的社会性和自然性，强化实践活动是思想政治教育之根本的价值意蕴，规避思想政治教育成为悬置的口号与标签。二是遵循具象化的感知逻辑，立足人与环境相互创造的价值向度，展开思想政治教育实践活动的多维阵地，采用线上与线下双重进路，发现信息流，强化实践感知，让受教育者在潜移默化中领会思想政治教育要义。三是遵循生活化的人文关怀，聚集日益流动与分化的多重变革要素，将受教育者与社会诸主体关联起来，让主体在生活体验中，在彼此对话中感受到思想政治教育情感的流动，进而从社会性维度激发思想政治教育活力，盘活全社会力量和资源共同助力思想政治教育发展。

## 三  思想政治教育从符号世界到生活世界转换的路径取向

尽管思想政治教育在实践场运行的宏大叙事使得我们无法穷尽所有面向，但思想政治教育可以从一个个场景式生活世界入手，搭建并进行意义生成，进而在从符号世界到生活世界的转场旨在从符号转向在场，从理性思辨走向现场的路径上，探讨万物互联、虚实融合、协同交互的思想政治教育理论与实践的特点和规律，揭示智能技术对于思想政治教育的意义，提升思想政治教育的实效性。

一方面，从符号走向在场。无论时代如何发展，具身的人类思想和行动依然不可或缺。思想政治教育主体性、能动性、创造性的发挥必须在场才能克服人的异化困境。尽管技术提高了教育双方互动交流的效率，一是交流本质上是交流双方参与一个共同的世界，且受到彼此关系的调节与修正。一个时代最突出的异化特征，莫过于参与性互动的缺失与扭曲。在数字空间里，教育双方交流限于声音与文字传输，缺乏目光凝视，遮蔽、搁置了摇曳生姿、热切真实的身体语言，使得线下肢体语言的丰富信息和意义缺失。二是在场是一种交往方式和情景，包含语言、面容、目光、举止等身体的意义解读。它是在面对面交谈、聆听乃至握手与拥抱中催生的情感奔流和精神触动。因此，唯有让活生生的人浸没在思想政治教育过程中，并体现身体的独特性，才能创设教育主体之间的一种情感的相遇以及主体在场时的心灵碰撞和激荡。因此，思想政治教育迫切需要一种扎根实践场的原创理论创新，而并非局部性地适应数字时代而产生的应急性的数字化创新。

另一方面，从思辨走向现场，让思想政治教育走进日常生活。面对各种象征符号与不同符号系统交融的编码和解码活动混杂现象，对于思想政治教育来说，更重要的是既能在生命冲动中分辨出自我意愿，又能在深入心灵生活中转化为智慧，并以此影响人们的判断与选择。所以，数字符号的意义必须结合一定的语境来确定，即思想政治教育唯有从符号世界转换到日常生活世界来考察市井民生观与人世百态，才能避免空洞的理解与宽容的奢谈。而那些平淡无奇的日常叙事和流动性的生活场景才是平民化的焦点。人们在日常生活流动中不断关联出的交互性，才是思想政治教育的重要方向，才能增强其实效性的力度与锐度。因此，思想政治教育从数字符号转换到日常生活世界不仅仅是语言、图片、视频等的呈现，更重要的是挖掘人们如何感觉和转化这些符号。

总之，技术力量的增长是一个不争的事实，"人不仅具备选择的能力，还具备创造符号以及利用符号系统把握世界并赋予世界意义的能力"①。思想政治教育与智能技术协同发展的未来前景是积极向上的，不仅能够帮助思想政治教育实现内部的调适与转向，以实现跨越式的创新，同时还能够有效规制因智能技术所带来的伦理道德问题，进而实现理论、实践与技术之间的共赢。

---

① 马皑、宋业臻：《人工智能"法官"的一种实现路径及其理论思考》，《江苏行政学院学报》2019年第3期。

# 第六章 实践场：智能时代思想政治教育的力量释放与价值再转化

## 本章小节

智能时代思想政治教育创新始于智能技术与思想政治教育的关系逻辑及其所引发的根源性问题反思，延展于在实践场中思想政治教育从符号走向日常生活的落实，为思想政治教育创新提供理论思路与哲学洞见。因此，重勘思想政治教育实践场的价值，不仅是用来辨析空间类别，更是将其作为一个理论视角，来分析思想政治教育变革如何从内容、形式转向场域的过渡。这一新理念必将培育形成思政教育的新质生产力。

具体内容如下：

第一，扎根实践场，是思想政治教育创新的一种力量再转化与价值再转化。

一是以场景化实践场之建实现思想政治教育创新的力量再转化。

二是思想政治教育在"线下"与"线上"自由转场与价值再转化。使价值充盈智能数字空间，为思想政治教育数字化发展提供健康环境。

三是基于立德树人的目标，建构算法失灵的社会补充与算法脱轨的干预机制。

第二，从符号世界走向生活世界，有助于思想政治教育的落实与落细，提升其实效性。思想政治教育不仅要走出符号世界，更要走出学校，走出教室，走向社会，走向日常生活世界。一是揭示实践场中思想政治教育数字符号场景生态化的形成。通过数字场景生态化完成数字拆分和重组，形成共生、共创的思想政治教育体系。数字场景生态化彰显了数字技术与数字人文双重驱动思想政治教育创新的格局。

二阐释思想政治教育从数字符号世界转向生活世界的逻辑必然及其原则。规范思想政治教育系统的数据汇聚和安全共享；揭示从数字符号世界转向生活世界的逻辑必然；探索思想政治教育从符号世界走向生活世界的入场原则。

三是明确思想政治教育从符号世界到生活世界转换的路径取向，并在从符号世界到生活世界的转场旨在从符号转向在场,从理性思辨走向现场的路径上,探讨万物互联、虚实融合、协同交互的思想政治教育理论与实践的特点和规律,揭示智能技术对于思想政治教育的意义,提升思想政治教育的实效性。

# 第七章　数字化：人工智能与思想政治教育融合发展的未来走向

现代信息技术已经成为型构社会的一个关键性变量，并成为影响自我、与他者展开互动和审视生活的一个重要维度。信息技术发展与社会深刻转型等多变量合围，不仅改变了人类社会的交往形态，也催生了思想政治教育研究的变革，而且变革的道路充满不确定性，即思想政治教育处在一个开放性的界面上，经由多变量合围，势必加剧思想政治教育诸要素关系的复杂性。因此，我们必须以周密的逻辑与直击本质的洞见，俯瞰思想政治教育的复杂场景，解析信息技术嵌入社会、衔接思想政治教育的机理，明确人工智能与思想政治教育融合发展的向度和限度，探索推进思想政治教育数字化健康发展，在技术造型与价值铸魂的统一上创新思想政治教育理论与实践。

## 第一节　数字化是思想政治教育与人工智能发展的重要向度

创新思想政治教育要与时俱进，因事而化、因时而进。大数据、云计算、人工智能等新兴技术的裂变式发展正在引领人类迈向数字社会，思想政治教育势必要与现代信息技术深度整合，以增强时代感和吸引力。而催促思想政治教育的数字化转型，完整展现思想政治教育线上与线下两栖样态，应成为化解数字时代思想政治教育困境，增强其实效性的关键。因此，推进思想政治教育数字化转型，不仅是人工智能与思想政治教育融合发展的逻辑必然，更是推动数字社会全面健康发展的迫切要求。由于人工智能技术是以技术群的方式影响思想政治教育，因此，它也离不开数字技术。[1]

## 一 数字化是思想政治教育应对信息技术冲击的迫切需要

互联网的发展使得网络民意走进现实社会，并呈现出对现实社会的干预力和影响力。[2]这表征着数据作为一种现实力量开始发挥作用。当然，凭借数字技术助力、赋能、增权，思想政治教育理念的坚守和延伸，科学地编排推送教育内容，精准地对教育对象进行分众，以及对各种需求的精准捕捉等皆成为可能。换言之，我们通过建构强大的数据计算和分析系统，使饱满的数字绘制出生活的浓墨重彩，有助于组建多元参与的教育活动。

然而，移动互联网的媒介形态凭借难以抵挡的魅力吸引众多使用者。没有任何东西可以防止人的欲望进入这一新的空间。微博、微信、自媒体等可以随时随地发布与收集信息，多元性、不确定性成为常态。换言之，当互联网技术改写了"固有的时空结构和文化规则"[3]时，如何

---

[1] 数字技术（Digital Technology），是一项与电子计算机相伴相生的科学技术，它是指借助一定的设备将各种信息，包括图、文、声、像等，转化为电子计算机能识别的二进制数字"0"和"1"后进行运算、加工、存储、传送、传播、还原的技术。由于在运算、存储等环节要借助计算机对信息进行编码、压缩、解码等，它又称为数码技术、计算机数字技术等。数字技术也称数字控制技术。

[2] 李春雷：《网络化社会：中国语境下的现实与未来——中国传播学会2014年年会暨新世纪的传播学研讨会综述》，《新闻爱好者》2014年第6期。

[3] 蔡骐：《网络虚拟社区中的边缘文化传播》，《新闻与传播研究》2014年第9期。

拓展现实时空、增强现实感知？虚拟世界和现实世界在空间与时间层面如何映射融合又如何相互影响？在极其复杂的虚拟空间里，如何不让物欲淹没人的道德纯度，不降低人的海拔高度，让人民保持崇高的理想信念？这些问题给思想政治教育带来了巨大挑战。

思想政治教育活动离不开数字化，而且随着思想政治教育活动在时空上的迁徙和变动、结构形态上的多样与复杂、模式上的流动与多元等逐渐呈现出一系列全新的发展态势。诸如对思想政治教育"理论的优化、运行模式的深化、实践的活化"[①]等现象。因此，思想政治教育数字化发展旨在以视角定位预测其发展方向，并对其变量、参量等因素进行精准计算和推演，为精准育人创设空间坐标。

## 二　数字化是改变思想政治教育传统模式的必然要求

习近平总书记指出，"大国网络安全博弈，不单是技术博弈，还是理念博弈，话语权博弈。"[②]立足现实，不断推进网络发展治理的理论创新和实践创新，是时代发展的必然要求。因此，我们不仅需要发展网络信息技术，增强自身的"硬实力"，还需要将思想政治教育与网络有机融合，增强自身的"软力量"。通过数字时代思想政治教育的创新，我们把网络这个"最大变量"转变成实现中华民族伟大复兴磅礴力量的"最大增量"。因此，在守望与继承中解读传统思想政治教育，赋予并使之葆有生生连续的原创性活力，是创新数字时代交叠思想政治教育的使命，有助于揭示和剖析数字时代思想政治教育的风险，为改变思想政治教育传统模式，催生思想政治教育数字化的全新实践提供理论基础。

当然，数据采集的全面性与数据处理能力的深度，不仅推进了交互共享与跨界融合思想政治教育模式的形成，也遵循思想政治教育创新与中华民族伟大复兴和网络强国建设目标上的一致、内容上的耦

---

[①] 吴满意、王丽鸽：《从精准到智慧：思想政治教育创新发展的根本态势分析》，《马克思主义与现实》2019年第4期。

[②] 习近平：《论党的宣传思想工作》，中央文献出版社2020年版，第205页。

合、时机上的恰切。因此，借助现代信息技术在虚拟空间展开缺场交往、共享传递经验和制造新的认同，为思想政治教育精细化发展提供基础。

### 三 数字化是提升思想政治教育实效性的题中应有之义

数据范式与数字模型的建构，有助于提升数字时代思想道德治理的针对性和有效性。我们通过分析思想政治教育在信息技术领域创新的社会动力、再生力，把脉数字治理的重要课题并提出治理方案，从而切实提升道德治理的有效性。

在数字化时代，人在虚拟空间存在主要表现为以网络终端用户形式出现的个体。人们通过海量的数据监测与数据深度处理，有助于勘定个体行为轨迹，进而建构与人们的思想道德发展同构的数字模型。这个数字模型包含个体在线上与线下的思想道德活动轨迹，由此依据模型，我们可以就线上与线下呈现出的思想、道德、行为进行风险预测、风险干扰，并解释风险产生的成因，以及对数字时代思想政治教育风险的治理提出理论与实践的探索路径，让数字模型、理论体系照进现实，帮助我们洞察思想政治教育活动全貌。因此，数据范式引入思想政治教育领域，有助于我们从数字社会外在表象深入数字社会内部构成的思想政治教育进行勘察、考量、分析。自此，思想政治教育研究研讨视域得到拓展，即从对数字社会中的思想道德风险观测深化到数字时代，思想政治教育的主体生成、行为勘察、关系搭建，这是一个把线上与线下的思想政治教育活动作为整体来考察的视角。它不仅要求从线下的视角来考察思想政治教育全貌，也要从线上的视角来思考思想政治教育全域模式。因此，思想政治教育创新不仅得以生生连续而日新无疆，而且有助于拓宽思想政治教育覆盖面，增大其涵容量。值得注意的是，思想政治教育数字化转型的难点与关键不在于数字化，而在于再转型。因此，本章用两节来阐释思想政治教育数字化转型的根本宗旨、理论框架与边界。

## 第二节 人的全面发展是思想政治教育数字化转型的根本宗旨

马克思主义对人的全面发展的深刻关怀和价值承诺，决定了思想政治教育唯有在促进人的全面发展中，才能完成自身存在的价值证成。由人工智能时代催动的思想政治教育智能化转型，开启了思想政治教育现代化转型的新篇章。而对其进行前提性的审思则成为构筑人工智能时代思想政治教育全方位格局的价值地基，意在以人的全面发展的价值之维作为思想政治教育数字化转型的前提导引，关涉人工智能与思想政治教育深度融合中价值关系结构如何呈现的根本性问题，规约和防止技术融合和嵌入过程中对价值立场的淡化与遗忘，并以此彰显马克思主义思想政治教育的本性。

### 一 人的全面发展是思想政治教育矢志不渝的价值追求

思想政治教育的工作对象和研究对象均指向人，其教育主体和接受主体均为现实的人，其关系场域生成于思想政治教育实践基础上人与人之间的思想关系互动，其目标指向以精神性的引导和教化生成符合特定社会发展需要的人。伴随着人的全面发展历程，"思想政治教育在其中即肩负着引导人们认识人的最高本质、追求自身解放和自由全面发展的使命"[①]。不管思想政治教育进行怎样的创新和转型，人的全面发展是其矢志不渝的价值追求。

马克思、恩格斯将人的全面发展视为其理论的终身追求。生产力和

---

① 董雅华:《思想政治教育哲学问题研究》，复旦大学出版社2019年版，第19页。

生产关系的发展使人逐渐摆脱自然、社会和自身局限性对人的束缚，使人得以获取全面发展的实质力量。人的全面发展包含多重发展意涵，也在人类社会发展过程中不断充实人的全面发展的考量维度。因此，我们要不断满足人的全面发展需要，就在生产力发展的基础上，为人的全面发展创设多方面条件，其中教育就是不可缺失的一环。因为教育"不仅是提高社会生产的一种方法，而且是造就全面发展的人的唯一方法"①，当然，也包括观照人的精神空间和意义世界的思想政治教育。

因此，物质和精神的双向完满，方能构成人的全面发展的双重向度，任何一个向度的缺失，都会致使人成为"单向度的人"。这就要求思想政治教育始终以丰盈人的精神空间和形塑社会精神空间为己任。

一方面，个体精神的全面发展离不开思想政治教育。个体的精神空间不是与生俱来的，它既需要一个建构的过程，也需要一个不断完善和提升的过程。这就涉及个体精神世界的建构、个体价值观念和价值取向的树立、个体思想政治素质的提升、个体精神境界的提升等方面的课题，表现出的对思想政治教育的多方面需要。当个体精神空间空虚、茫然、错乱及充满不确定性时，思想政治教育可以以精神层面的确定性传导进行价值建塑和定向，"告诉人们正确的知识和观点，化解人们的思想疑虑和困惑，引导人们走向正确的方向和目标，实现人的思想解放、发展和幸福"②，助推人的全面发展的实现。

另一方面，马克思立足科学实践观转变了对人的本质的揭示方式，指出"在其现实性上，它是一切社会关系的总和"③，将人的本质的实现引向社会空间之中。个体需要在社会化的过程中融入社会，进而实现自身的本质。因此，用思想政治教育将个体、社会、国家汇聚于社会场域之中，使个体更好地适应社会思想关系和精神环境。以社会主流意识形态的灌输、社会价值秩序的维护、社会思想共识的凝聚等，进行社会精

---

① 《马克思恩格斯文集》第5卷，人民出版社2009年版，第557页。
② 孙其昂：《思想政治教育学前沿研究》，人民出版社2013年版，第285页。
③ 《马克思恩格斯文集》第1卷，人民出版社2009年版，第501页。

神空间的搭建，并破除各种阻碍个体精神发展的社会制度和政治思想桎梏，为个体精神空间的发展创造良好的社会精神环境和精神条件，以实现对国家、社会和个人之间的思想关系调节。从根本上看，社会的全面发展终究是为人的全面发展服务的，并以此作为自身最高的价值追求。

可见，马克思主义人的全面发展理论中内含的人的精神全面发展需要表达对思想政治教育的多层诉求。人的全面发展旨在让人获得解放，这种解放并非为所欲为、肆无忌惮，而是基于对必然性把握的基础上，人的主体性的全面提升。思想政治教育以精神性力量的方式进驻人的精神空间，激活人的内在精神。思想政治教育正是在促进政治解放、社会解放以及人自身解放的革命实践中形成的。所以，人的全面发展是思想政治教育的价值追求。

## 二 思想政治教育数字化转型中对人的全面发展的价值持守

思想政治教育的社会结构性定位，致使每一次社会结构的深刻变革，都触动思想政治教育的转型发展。中国社会的结构性转型催动和开启了中国共产党思想政治教育的现代转型历程。现代化的发展进程是由人主导的，也是在人的实践中才得以实现，而现代化的价值追求始终是指向人的，人也就成为检验现代化发展成果的核心要素，透露出现代化的人本底蕴。那么，对于思想政治教育来说，其现代转型过程内嵌着的人的现代化诉求、思想政治教育发展需求与其自身的人的全面发展的根本目标相契合，亦可说，现代转型是思想政治教育实现人的全面发展的必由之路。

问题就在于，现代转型实质上只是思想政治教育发展序列上对社会现代化的回应和反馈，它是通过服务思想政治教育而服务于人的，其本身并不改变思想政治教育的根本属性。尤其在现代化话语多年被西方垄断的情形下，思想政治教育的现代转型似有抹杀其意识形态属性之嫌，以所谓"公民教育"替代之。实则，这种论调的背后潜藏着对现代化单一模式追崇的逻辑。这就需要思想政治教育在现代转型过程中，始终持守思想政治教育的根本价值追求，时刻铭记以人的全面发展的价值追求来规约和导引思想政治教育现代转型的发展方向，勿忘自身的政治底色和人本底蕴，进而使以人的全面发展成为衡量思想政治教育现代转型成效的最终标准。新时代思想政治教育的现代转型，应认真回答现代转型在何种程度上促进了人的全面发展，又在现代转型中建立怎样的思想政治教育范式以更好地实现自身的价值追求。

而在物联网、大数据、云计算、人工智能、区块链、元宇宙等高新技术的嵌入中，社会结构正在经历新的变革和洗礼，这深刻震动和影响着思想政治教育现代化的发展进程，掀开了思想政治教育智能化转型的新篇章。它昭示着思想政治教育理论与实践对人工智能的内在需求和呼唤，进而致力于关心和化解人工智能时代人的发展境遇的嬗变和困惑，以及如何在人工智能时代构建新的价值秩序和精神空间，又如何在人机互动中寻获思想政治教育现代转型的新契机。但智能化转型本身并不能脱离思想政治教育现代转型以来的发展成果，反而以此为基础，是在数字技术融合推动下现代转型的当代延续。即使智能化转型带来了思想政治教育系统的结构性变革，人工智能改变了思想政治教育的外貌，且化作其系统中的要素和动力，但思想政治教育的内在价值根基是没有发生改变的。特别是依靠数字技术采集、分析、绘制人们的思想图谱时，要谨防出现"数据依赖""技术依靠"。将人的全面发展仍然作为贯穿于思想政治教育智能化转型的价值红线，始终作为思想政治教育智能化转型的前提性存在，以持守思想政治教育的根本价值追求。

## 三 思想政治教育数字化转型中对人的全面发展的现实关怀

党的十八届五中全会鲜明提出要坚持以人民为中心的发展思想，这是马克思主义人的全面发展追求以及中国共产党人民性的时代表达，规定了人工智能融合与嵌入思想政治教育对促进人的全面发展的基本向度。人们在思想政治教育智能化转型过程中拾获了思想自由解放的时代契机，也为人们在精神领域趋向人的全面发展带来了技术支撑。人工智能与思想政治教育的融合实际上延拓了思想政治教育对人的全面发展的现实关怀维度，形成了人工智能时代思想政治教育学转向对人的全面发展的多重考量。

### （一）注重培育人的自由个性

历史唯物主义认为，当我们谈论"人"时，必然要定位到身处于特定历史境遇中的具体的人，否则，排斥具体停留于抽象层面的讨论只能是空谈。唯有进入具体的、现实的视域中，人的自由个性才能尽显。人的自由个性，并非不受约束地放飞自我，而是"意味着扬弃存在的片面性"①和有限性，表现对多样化个性的尊重和对同质性人格的超越。人工智能的登场与发展，在高扬人的主体性的同时，无限深化了对人的本质的认知，扩展了人的本质的实现方式，更能深度挖掘和精准培育人的自由个性。

人工智能与思想政治教育的融合，就是依托数字化、数据化的方式把握人们的思想动态，绘制人们的专属的、个性化的思想图谱，以反映出不同个体的异质性精神需要和自由诉求，继而对其进行精准化的分析和投送。经过智能化、智慧化洗礼的思想政治教育，可以穿透社会同质性的滤镜窥见个体自由个性的发展需求，在精神层面涤荡片面性的认知偏见和性格缺失，塑造充盈的精神家园。这就需要思想政治教育以数字化的方式为个体建立思想分析模型，考察个体生存、生长的特殊境遇以及由此生成的个性特征，勘测个体自由个性发展的现实条件，以思想的独立性的培育，推动自由个性发展。当然，这里对个体自由个性的培育，不是对社会一元主导价值的忽视，而是在充分认识个体社会性属性的基础上的个体自由个性培育。个体唯有在社会的融入中、参与中才能寻找人生的意义。人工智能时代思想政治教育对现实个体思想现状的精准把握，应旨在推进个体自由个性的塑造进程，为人的全面发展奠定个

---

① 杨国荣：《成己与成物：意义世界的生成》，北京师范大学出版社2018年版，第236页。

体基础。

### （二）聚焦美好精神生活的高质量发展

人的全面发展蕴含着动态性的发展需要，致力于推进人的发展需要的跃迁。党的十九大宣告了新时代的历史坐标，在社会主要矛盾转化的解析中展现出人民需要从物质文化向美好生活的变迁。党的二十大报告强调，"坚持把实现人民对美好生活的向往作为现代化建设的出发点和落脚点"①。可以说，人民的美好生活向往实则是人的全面发展在新时代中国特色社会主义现代化发展过程中的具体表达。而聚焦于人民的美好生活需要中的精神生活需要的高质量发展，则成为人工智能与思想政治教育深度融合中对人的全面发展持守的又一现实课题。

人民对美好生活的向往必然包含着精神性维度，也必然呈现出人民对美好精神生活的多层次、多方面诉求，渴望更优质的精神产品供给，渴望更优良的精神生活空间，渴望更多元的精神文化元素，渴望更深层的精神交往，等等。从思想政治教育视域来看，人工智能的嵌入和赋能则成为破题的重要力量。思想政治教育智能化的转型，可以在很大程度上改变因思想政治教育资源不均导致的不平衡不充分发展困境，以数据、算法形塑思想政治教育的元宇宙场域，使思想政治教育不仅可以跨越时空局限，还可以以数字化场景的打造、数字化图像的内容生成、数字化手段的方法变革来创新精神产品的供给方式和呈现方式，打造数字化的精神生活体验；并且以数据分析、算法逻辑的技术优势精准定位、提质增效，向人们输送高质量的精神产品和价值观念，推进全体人民精神生活的共同富裕。

### （三）着力构建涵养良好数字关系的精神场域

社会关系的极大丰富是考量人的全面发展的重要维度，人工智能则成为塑造人的社会关系的全新技术手段。由数字技术编织的"数字谜

---

① 习近平：《高举中国特色社会主义伟大旗帜 为全面建设社会主义现代化国家而团结奋斗——在中国共产党第二十次全国代表大会上的报告》，人民出版社2022年版，第22页。

城",让人们无时无刻不沉浸于广泛的数字交往中,互联网、智能手机全时间段、全空间域地将人们联系在一起,建构复杂交错的数字关系。而数字关系搭建过程中引发的各种精神疾病和价值困惑,亟待与之相适应的精神场域的构建,以维持数字关系服务人的属性。人工智能与思想政治教育的深度融合,就是使思想政治教育进入丰富的社会数字关系之中,着力于构建涵养良好数字关系的精神场域,为数字关系中人的全面发展提供价值引导。

其一,思想政治教育应为良好数字关系的建立提供基本价值导向。思想政治教育应引导数字关系朝着服务人的全面发展、社会的全面发展的方向行进,以防人们在数字关系的沉溺中陷入新一轮的技术异化之中。良好的数字关系旨在以数字化交往使人能够获证自身的本质,在数字交往中得到精神的愉悦和灵魂的升华。其二,思想政治教育应让身处多重数字关系中的人们明晰如何开展良好的精神生活、寻觅充实的精神产品。思想政治教育要引导人们如何看待和认识智能化、数字化技术的进步给人类社会带来的深刻变革和长远趋势,以及在资本逻辑控制下引发的深层异化;要为良好数字关系的建立提供新的社会秩序、道德规范、价值理念的支撑,让人们在广泛的数字道德实践中涵养良好的数字关系。其三,思想政治教育应厘清智能时代背后潜藏的多重社会关系。人工智能时代增强了社会关系的复杂性,除了将人与人、人与社会、人与自然、人与自身的关系翻出来重新审视外,还要在人机关系中再思考人的发展和人的本质,在信息流、思想流与人的行为之间的交互涌动中建构可靠的数字关系,从而揭示数字关系背后的多层社会关系构成及其最终服务于现实社会关系、服务于人的全面发展的价值意蕴。

## 第三节　思想政治教育数字化转型的理论框架与研究边界

随着信息技术的飞速发展，社会的变迁也呈现出浓郁的数字化特征。人类的思维意识不再是柏拉图虚幻的"洞喻"，我们可以通过实践造就改变世界的无穷力量。2021年，《中共中央 国务院印发〈关于新时代加强和改进思想政治工作的意见〉》对思想政治教育提出了新要求，指出"加强网络思想政治工作，深入实施网络内容建设工程，加强网络传播能力建设，依法加强网络社会管理，推动思想政治工作传统优势与信息技术深度融合，使互联网这个最大变量变成事业发展的最大增量"①。

综观思想政治教育方法研究的相关文献，主要聚焦在对不断翻新的交往形式和千变万化的社会现象做出经验层面的描述，且大多借鉴在场交往行为的研究经验，并使其经验与累积的研究方法体系延伸至虚拟空间。随着虚拟交往或缺场交往日渐活跃，参与人数日益增长，迫切需要聚焦缺场空间。对虚拟交往开展深入研究，以揭示在场与缺场中思想政治教育方法之间的异同与关联，进而探索思想政治教育缺场与在场的两栖登场功能，形成"原创+共创"双向驱动创新模式，成为思想政治教育方法创新不可回避的重大课题。

### 一　创建思想政治教育数据库

数据时代何止数据，互联网经济岂止互联网。它牵动着全局，有时空上的迁徙和变动，结构形态上的多样与复杂，模式上的流动与多元。

---

①《中共中央 国务院印发〈关于新时代加强和改进思想政治工作的意见〉》,《人民日报》2021年7月13日。

思想政治教育利用计算机科学、人工智能技术收集海量数据,充分挖掘诸如线上交互的表情、动作手势、话语表达等外显数据,延伸与补充其功能,进而预测思想政治教育发展方向,提升思想政治教育的实效性。

第一,在数字文明时代,个人通过记录赋能会成为高能个体。因为一个具备数据意识、拥有数据头脑和数据技能的数据公民更容易成功。[①]当下以网络和新媒体技术为代表的媒介技术重塑时空观,让现代文明发展进入新的拐点,这为思想政治教育建构大体量、强云算力的优质数据库提供了可能。

首先,创建思想政治教育数据库势在必行。信息技术时代新型的支配形式不再是语言行为,而是语言的形成,是对象征符号的操纵。我们通过争先恐后抓取人们的生活信息并将其转换为数据,从而形成一种新的资源。因为"数据正全面浸入人类日常生活,个体在不知不觉中被操纵,最终成为赤裸裸的小白鼠。个体的喜怒哀乐全在掌控之中,精神的殖民也就不可避免"[②]。从个体来说,一个具备数据意识,拥有数据头脑和数据技能的数据公民更容易成功。因此,创建思想政治教育数据库,实现思想政治教育数字化是时代赋予我们的使命。

其次,创建思想政治教育数据库的手段。一是通过高清摄像、运动传感器、语音传感器等智能设备,获取教育主体之间交往互动的数据。二是通过多媒体、跨时空智能算法获取受教育者的思想意识与行为习惯的数据,并对数据进行提纯与结构化,建构包含线上的思想理论教育、日常生活中的思想政治教育实践等相关数据库,将主流价值观内容转化为有辅助性的文字、图片、工具及虚拟空间 VR 推送等一体化数字服务。三是通过多媒体、跨时空智能算法收集用户的状态更新,包括用户转发的新闻、浏览的次数,点赞乃至评论。将这些数字进行分类与结构化提纯。依据数据勾勒教育对象的数据画像,描述人们的思想道德变化动向,解析其变动轨迹,形成思想演化图谱,为形成精准育人目标提供

---

[①] 陈晓燕、陈龙:《智媒时代新闻传播教育的转型》,《传媒》2020年第9期。
[②] 陈龙:《文化转型:开启以数据为中心的媒介文化》,《探索与争鸣》2020年第6期。

数字支持。至此，以往难以量化的思想政治教育，不仅形成了完整的量化记录模式，而且生成了真实、详尽的参照体。思想政治教育者依据此参照系，在宏观上可以优化思想政治教育内容信息，形成提升思想政治教育方法的组合拳，确保思想政治教育在多元文化、各种思潮交锋与碰撞中保持引领地位，满足社会主义核心价值观在多重社会思潮冲击中的优先发展、优质发展。

最后，思想政治教育者也要参与数据处理、深度学习与掌握智能算法，以挖掘提纯数据信息，学会对数据进行人工处理，用更加丰富的方法触摸人、空间、时间以及地域和文化。一是学会将思想政治教育内容转化为有辅助性的文字、图片，学会通过360度的全景拍摄、WEB网站建设、App页面开发、视频记录，采用虚拟空间VR推送等一体化数字服务，生动再现思想政治教育内容。二是实时调控、跟踪测评每一次思想政治教育活动，在数据里捕捉生活的种种味道，并注入主流价值观。这不仅有助于提升思想政治教育相关数据分析与应用的准确性，也提升了思想政治教育者自身的专业素养。

第二，构建充盈着内涵价值、话语表达乃至现实问题的思想政治教育数据库，推动思想政治教育从模糊劝说到算法推送的转换。在数字环境中，数据作为一个概念，其内涵与外延的延展促进了数字环境中思想政治教育运行机制的改变。传统数据仅仅是作为量而存在的数据，即量数；而今天的文字、照片、视频、音频等周围的记录是作为一种证据而存在，以量数和据数而存在，它以比特为单位进行存储。随着人类行动的网络化，记录越来越多、越来越全面，尤其在大数据传播时代，其规模之大、精准度之细致，前所未有。

一旦人类信息传播、信息沟通全部集中到社交网络，算法就成了数字媒体时代的重要工具，于是算法应用常态化。数字环境最大的特点就是精准计算，算法技术与算法应用，即依据技术、算法对个体思想和行动变化痕迹的精准把握，精准推送适合个体需要的内容，以抓住人心，提高有效沟通。因为算法是一整套议程设置的人工智能系统框架，通过算法能够精准捕捉教育群体的个性化需求，精准识别教育群体的思想动态与行为习惯等特点,建构人际关系与人际网络的数据化结构,为精准推荐思想政治教育内容提供量化数字。思想政治教育的数字化创新,经历了一个以技术为依托,经过智能算法,精准生产信息内容,严丝合缝地链接不同场域,精准推送颇具个性化的教育内容的过程。例如,我们在进行思想政治教育理论与实践活动中,既包含精选思想政治教育内容,也包含对教育个体进行精准分众,以及对思想政治教育环境进行情景的精准创设等。在以往的思想政治教育活动中,基于技术的限制,很难做到精准推送内容,细分受众群体,精细化创设教育活动场所。智能算法通过大数据、云计算打捞出以往粗放式的一刀切掉的信息,并将其重新纳入思想政治教育者的视线;借助数据结构化,更为精准地掌握个体差异化状态和需求与掌握动态信息,对教育对象的分众与分类教育,同时对其内容进行快速、高效的解码,以制定具有针对性和层次性的思想政治教育活动计划。

第三,数据开始作为一种现实力量对思想政治教育发挥作用。技术赋权使得文化生产和消费变得日益自主、自在和自为。互联网的发展使得网民在一些突发事件中可以把自己的所思、所需、所想、所见以短小精悍的视频、音频等快速传播到网络空间并与他人交换看法,分享感受。网络民意走进现实社会,并呈现出对现实社会的干预力和影响力。网络空间是全新的充满诱惑力的,"差异化的个体借助于移动互联网自主打造新的情感勾连,栖居在他者的世界中成为一个与众不同的自己"①。现代信息技术为公民多元参与提供了更为便捷的途径。人们借助微博、微信、自媒体等可以随时随地发布与收集信息。基于移动互联网的媒介形态,以交互性与及时性、共享性、多媒体与超文本、个性化与社群化的优势吸引众多使用者。"互联网+"的核心是共生、共享的空间和共创、共赢的平台。如何不让物欲淹没人的道德纯度,不降低人的海拔高度,让人民拥有坚定的理想信念?建构强大的数据计算和分析系统,精准快捷地

---

① 文茂臣:《契约伦理与社会道德困境的对策分析——基于个体虚拟和现实二重性身份的时空追问》,《河北科技师范学院学报》(社会科学版)2020年第1期。

完成数据提纯与数据结构化，让饱满的心气绘制出生活的浓墨重彩。

## 二 思想政治教育数字化转型的技术支持力和制度规范化

如今，互联网技术融入社会生活的各个方面。如果说全域性的数字挖掘是网络思想政治教育现实建构的技术支持力，那么，人文弥补与法制约束则是网络思想政治教育现实建构的保障力。

### （一）思想政治教育数字化转型的技术支持力

当代人类文明正在经历一场立体的、多要素的全景式的数智化变迁（数字化＋智能化），社会的变迁也呈现出浓郁的数智化特征。它延伸、拓展和提升了网络社会的社会功能，并向现实社会四处辐射，且与现实社会中的人—事—物直接发生关系。网络社会扩散和深入了现实社会生活的各个角落。个体体验以及与个体相关的个人世界不断嵌入数字化网络里，被链接、被观察、被评价。个体的能力、特质、偏好、形象等整体地被数字化，而且具备了智能学习、筛选分析的能力。一旦网络空间的范围不断接近或超越现实社会的范围，"一网打尽"就成为可能，并记录储存于人们的思想行为。这为思想政治教育的数字化奠定基石。因此，信息技术赋能有助于进行全域性的数字挖掘，全面、立体、客观地记录每一次思想政治教育活动发生的各个细节，积极回应网民关切。

### （二）思想政治教育数字化转型的制度规范化

由于网络行为失范的现象频现，即便在数字时代，制度建设依旧是思想政治教育数字化转型不可或缺的文明窗口。我们通过社会安排和制度规范，实现思想政治教育数字化转型，推动人类社会发展、创造美好社会。

第一，在多重交织的社会场景中，建构思想政治教育的数字映像。现代信息技术拓展了空间的内涵与外延。今天无孔不入的移动空间勾连了各种形态的场景，且各种微空间交互融合。人们借助互联网，在不同的空间里分享个体经验，相互交流各自不同的看法。有思想观念的碰撞与交锋，也有价值的聚合与共识，并产生新的社会交往关系。当然，这种交织和互动能在现实空间与虚拟空间自由流动,不仅在线上完成,同时也在线下展开。因此,技术的嵌入,社会和人的关系维度与信息最终压缩为数字以便使用和处理。① 问题是,网络这种现象,究竟只是人类世界的一面镜子、一个缩影,还是一个新的独立世界?当价值观念与伦理道德秩序的重塑依靠数字文明,即网络化时,网络化是否能够担起培育时代新人的任务?这是一个值得深思的问题。一旦技术的革命性发展,必将颠覆阻碍其发展的既有价值。因为既往的"乡土社会的生活是赋予地方性的。地方性是指他们活动范围有地域性的限制"②。它扎根于地缘与血缘,并呈现出稳定性特征,缺乏流动性。这就要求思想政治教育的数字化转型立足于实践经验的新创造,建构适应培育时代新人的数字化发展趋势。这种建构必须既能继承源自传统,浓缩中国人丰厚生命意识的基因的传统文化因素,又能破除、修正、消解源自西方后工业消费社会,以其无所不在的工业文明之工具理性价值所铸的高围墙,进而再树立一种具有生命和谐状态的时代新人形象。就此而言,思想政治教育数字化转型研究,不仅追求为主体的正确行为选择提供道德解释和伦理理由,而且不断探索如何使得思想政治教育走出"一言堂",打破不对称的、单向性的、局域式的教育方式,形成全民参与的格局。

第二,建立和完善网络道德行为规范。基于信息化和网络化塑造的公民参与、网络化数字化管理,旨在重塑公共表达,为形成更大共识和实现更大格局的社会共同利益、促进更有效社会发展提供制度支持。面对信息越来越多、思想越来越少、交际越来越多、真心越来越少、欲望越来越多、满足越来越少等现象,我们必须揭示隐藏在这些冰冷机制背后的人性和制度选择,把技术的猎犬绑回笼子里。③ 这就需要建立道德制度规范,以服务于最广大人民利益为目标,以制度和治理的完善促进人的自由全面发展,把全民思想道德素质和社会文明程度推向新的台阶。

---

① 彭亚萍:《技术治理的悖论:一项民意调查的政治过程及其结果》,《社会》2018 年第 3 期。
② 费孝通:《乡土中国》,生活·读书·新知三联书店 1985 年版,第 4 页。
③ 陈文胜:《嵌入与引领:智能算法时代的主流价值观构建》,《学术界》2021 年第 3 期。

首先,网络不是法外之地,广大网民要增强依法上网、文明上网的意识。网络场景尽管是一个新型的虚拟场景,但它却是现实社会的真实投射,成为现实社会的重要延伸。因此,基于智能技术建立的各种场域早已包裹我们的全部生活事实。经由各种 App 重构的日常生活与实时互动的弹幕所营造的虚拟氛围,加深了人们彼此之间的互动与情感交流。当然,技术在建构新的场域的同时,也深化衍生出更为复杂的问题。这就需要培养网络文明自律行为,构筑中华民族共有精神家园。

其次,建立和完善网络行为规范。制度规范让人们发出并听到理性、真实、持平的声音。它不仅代表优秀的说理,而且带来正直和高尚的人性,丰富了网上思想政治教育实践。因此,自觉维护网络秩序,以正确舆论营造良好网络环境,有助于推进时代新人建设。

最后,培育时代新人不仅依靠现代信息技术与现代制度保障,更是对个体生命的沉淀与反思。它包含爱与恨、善与恶的辨别与选择,是对真实与自然的追问和形而上的思考。因此,思想政治教育需要通过日常生活,将心灵深处沉淀为一种精神、共识和共鸣,使社会主义核心价值观的基本内容在数字化时代更加充实,通过技术过滤那些空洞的、机械而单薄的、表面的乃至言过其实的高分贝灌输,实现感性与理性的综合。

总之,在文明变迁的道路上,可能会涌现繁杂的景象。人的思想道德如果今天缺个角,明天裂个缝,那就离坍塌不远了。思想政治教育无论是理念重塑、逻辑重塑还是制度重塑,都可以说是任重而道远。

## 三 人工智能时代时空的扩展助力思想政治教育方法创新[①]

思想政治教育方法研究是指"教育主客体为了实现思想政治教育目标,在思想政治教育实践活动过程中采取的一切思路、手段和程序的总

---

① 卢岚、李双胜:《数字时代思想政治教育方法创新的三维审视》,《思想政治教育研究》2022 年第 3 期。

## 第七章 数字化:人工智能与思想政治教育融合发展的未来走向

和"①。数字化技术作为一种全方位和深层次的赋能革命,能够以多维共享的叠加优势赋能思想政治教育,不仅对思想政治教育方法研究创新进行整体的创造性转换,而且诠释了思想政治教育方法研究背后的本体问题和价值预设。

信息技术革命对人们的社会生活、思想观念、价值选择产生重大影响,不容小觑。在线狂欢成为人们摆脱各种压制力与烦琐乏味的日常生活的方式,成为过第二种生活的广场。②人们试图依靠自由自在,不拘形迹的广场式交往来寻找情感认同的方式。当然,躲在这种具有倒转、戏仿、嘲弄、夸张、颠倒特点的数字时空里,在一定程度上填补了人们的情感空白,但却难以追问生命的意义,难以触及道德沉潜与升华背后的内在基因。因此,揭示数字空间与思想政治工作方法论之间的深度融合、协同共进与精准聚合,探究现代信息技术以其更新、更快、预测性强、精准度高的演进机理,有助于落实从数据读心到留声入心再到知心安心与修养存心转换的机理,实现思想政治教育方法创新。

### (一)思想政治教育方法研究的空间拓展

思想政治教育目标实现的过程,也是主体接收、认知、整合思想政治教育信息,将其内化为自身的态度倾向并外化于行为,进而形成固定的看法和观念的过程,即从认知内化、价值取向生成,再到实践的闭环。互联网技术所提供的"共在共时"的信息场域,有助于从整体上观察这一闭环,为思想政治教育方法创新提供基础。

一方面,"空间并非填充物的容器,而是人类意识的居所"③。无处不在的信息传感器将人们生活的各个领域联合为一个整体,呈现出从自我辐射至全世界的生活环境,以及时、直接获得所有事物的信息。尽管虚拟世界不具备现实世界的时空存在特性,但其所建构的场景是具体的。

---

① 邹绍清:《当代思想政治教育方法论发展研究》,人民出版社2013年版,第19页。
② 胡春阳:《网络:自由及其想象——以巴赫金狂欢理论为视角》,《复旦学报》(社会科学版)2006年第1期。
③ [法]加斯东·巴什拉:《空间的诗学》,张逸婧译,上海译文出版社2013年版,第78页。

例如，我们可以通过感官感知到我们所建构的虚拟时空的存在；再如，戴上 VR 头盔或 AR 眼镜，可以真实地感触到向自己走来的一个虚拟人。这种主体以离身、分身的交换，重构了个体对周围环境的认知，即主体已脱离了自身的视觉生态，在不同的生态位上体验与感受周遭信息资源。这为思想政治教育方法创新提供了全方位视野，既有纵向上对于各个时空信息的留存与再现，也有横向上对信息的高密度排布，共同实现了时间体验的延伸。

另一方面，对空间的感知是人类认识外部世界和进行生产活动的基本出发点之一。"对于所有的思维模式而言，空间都是一个必不可少的思维框架，空间也由此成为思想领域当中一个尤为重要但又很难分离和分析的概念。"[①] 因此，凭借信息技术，思想政治教育可以捕捉个体在虚实之间切换跳转和价值流通的各个环节，并弄清实时、动态、全面的联系，进而掌握每一个个体是如何在相互依赖、相互协调中被界定、被规定的？它有怎样的运行机理？若如是，思想政治教育方法就不能仅仅拘泥于苦口婆心的"灌输"，而应因势利导，防止将瞬间性向常态性延展，把戏仿的平等当作真正的平等，将逻辑的可能性当成实践的现实性等。[②]

### （二）在虚实边界模糊与属性升维中创新思想政治教育方法

空间扩展根植于媒介技术的宏大发展历史中，原来的报纸、广播、电视、认知的现实空间，通过移动互联网和社交媒体，个体不再是二维象限中的坐标原点，而是三维世界中的在场者和体验者。三维化的空间不再仅仅是声音和画面的简单呈现，而是能随时"进场""体验"的存在，且不受现实地理约束[③]。这种基于数字技术的属性升维，有助于思想政治教育由实到虚、由虚返实传播主流价值观，也助力思想政治教育方

---

[①] ［美］罗伯特·戴维·萨克：《社会思想中的空间观：一种地理学的视角》，黄春芳译，北京师范大学出版社 2010 年版，第 5 页。

[②] 胡春阳：《网络：自由及其想象——以巴赫金狂欢理论为视角》，《复旦学报》（社会科学版）2006 年第 1 期。

[③] 沈阳：《虚拟社区与虚拟时空隧道》，《情报杂志》2007 年第 4 期。

法在虚实相融与时空再构中充满生命力。

首先，丰富和发展"灌输论"是思想政治教育方法创新的关键。尽管"灌输论"受到一定程度的挑战，但仍然不可或缺。因为正确的思想和科学的理论不可能自发产生于"人"脑之中。无论是线上还是线下，"灌输论"依然是思想政治教育重要的方法。只不过当线下的灌输延伸到线上时，凭借数字赋能思想政治教育采用沉浸式体验，使社会主义核心价值观等主流价值观转化成可触摸、可感知的教育方式，转化成身临其境地与先贤交流、听伟人谆谆教诲、与英雄并肩畅谈等方式。这种生动、形象的灌输方式，不仅提升了人们辨别各种信息的基本能力，而且助力人们有效地分辨各种信息及其背后隐含的思想偏差。

其次，"人的问题"是思想政治教育方法创新的核心议题。新一轮数字化技术引发思想政治教育方式方法手段变革的问题域，集中指向人与技术之间究竟呈现为何种关系，而"人的问题"是思想政治教育方法创新必须深思的前提性追问。因此，思想政治教育方法创新必须围绕以下问题展开：在数字文明时代，主流价值观是如何形塑数字技术，又如何被技术形塑的互动关系？我们运用数字技术和数据资源创新思想政治教育方法的边界在哪里？这意味着思想政治教育两栖登场与系统性的全息变革要以数字化、技术化为基本视野，将思想政治教育方法放在人和社会等更为根本的层面上审视。因此，其方法创新要以人的存在方式为价值关怀，关乎每一个生命的质量为根本目标。

最后，在新旧范式的转化和融合过程中，创新思想政治教育方法研究。如果说，数字以一种逻辑化的算法作用于生产和生活实践中，成为一种新的生产要素。那么，数字赋能对灌输论等传统思想政治教育方法的丰富与变革，旨在运用数字化技术优化数字主体，激活传统范式，改变传统范式中那些片面的、主观臆测的思考，以科学量化与数字化的逻辑演绎取代碎片化的解释与主观臆测，形成数据的常态化分析，给传统范式填充鲜活的因素，剔除其与时代发展不再适应的因素。这种新旧方法的转化和融合成为思想政治教育方法创新的趋势，体现为一种"原创+共创"的双向驱动式体验。

一方面，传统理论化、学术化的教育方式在丰富多彩的音频化、图像化等数字文明时代显然处于劣势。数字文明时代知识获取方式的多元化、便捷性特点，方便了人们对知识的获取，但也极易落入信息过剩与信息贫血的碎片化窠臼，陷入信息茧房。加之，虚拟时间和空间的非线性解构和拼接重构了社会联结方式，个体在不同时空流中可以以不同形象、身份、社会角色进行交互。这使得人的数字交往方式和联结网络将进一步复杂化。[①]因此，思想政治教育方法创新呈现出新旧转化与融合共生的现象。

另一方面，由于"看得见、听得到、想得到、感受得到"在虚拟空间实现了心智、身体和环境层面的一体互构，使得用户可以在不同时空界面选择跳转，在拓展时空中实现对现实时空物理限制的超越，并通过全景式交互作用推进思想政治教育从单向传递变为双向互动。这些现象使得思想政治教育方法创新呈现出跨界联动，学科互鉴互嵌，不同方法形态交融的现象。

### （三）思想政治教育方法创新与技术融合的边界

数字技术与数字文明使得思想政治教育研究从重视经验现象、理论预设和虚拟计算转向重视反映思想现象与政治生活的各种原始数据，即通过智能设备将人们日常生活中的一切行为转化为数据，挖掘与思想道德之间的相关性，建构思想政治教育方法创新研究数字模型。但技术不是万能的，我们必须在创新思想政治教育方法研究的同时，多维度解读思想政治教育创新的边界限制，及时纠正过度沉迷虚拟引致技术崇拜的偏见。

一方面，数字文明的诞生是建立在现有文明基础之上的，是文明在当代的最新成果。因此，思想政治教育方法研究的数字化转型不是拘泥于原有模式和理念的数字化，更不是通过建模把传统的思想政治教育方法与手段数字化，而是从本体论到认识论的系统性变革。因此，思想政治教育既要不断提升数据采集、分析、整合和利用能力，又要向数

---

[①] 杜骏飞：《数字交往论：元宇宙，身份与认识论》，《新闻界》2011年第1期。

化应用场景注入社会主流价值观，规避落入唯技术论的窠臼；既要善于运用数字赋能强化个性化和精准化育人效果，又要警惕数字霸权导致的"文明级差"。

另一方面，数字文明时代的思想政治教育方法创新，要在着力提升数字化育人能力的同时，避免"为了数字化而数字化"，规避"技术冷漠""数字鸿沟""算法歧视"等问题。伴随着学科与时俱进的发展，思想政治教育方法创新面临不少新命题、新要求、新挑战、新难题。数字赋能为我们提供了基于全局性、整体性问题反思和深化研究思想政治教育方法创新的技术支持。

## 四 推进话语维度的共生式话语转向

话语是感知和介入外部环境的触觉，我们可以用语言（命题）和逻辑符号来表示世界中存在的事实。每个民族都自身携带其生命密码的基本话语，它不仅是通往民族文化的根脉，也是文明的重要基因，并在文明对话中获得生生不息的活力。维特根斯坦说："世界上所有问题的本质，都是语言问题，因为只有当一个问题能够被语言描述，才能被人类理解，它才能成为一个真问题。语言的边界，就是人类认知的边界。"[①]可见，语言文字才是人类文明的底盘，是我们认识自己、认识世界的基本方式。要想超越传统思想政治教育理念和语言框架，实现思想政治教育创新与转型，让时代价值引起每个人的共鸣与理解，就需要提升新时代公民诉求表达的深度与广度，并在话语体系及其辩证运动中用心、用力诠释人们公共表达与有效沟通。

### （一）在话语体系及其辩证运动中追寻思想政治教育变迁的路径

马克思认为，"语言也和意识一样，只是由于需要，由于和他人交往的迫切需要才产生的"[②]。话语也随着社会变迁不断变化。我国文明发

---

[①] 胡雯：《维特根斯坦语言视域下的确定性思想研究》，博士学位论文，福建师范大学，2015年。
[②]《马克思恩格斯文集》第1卷，人民出版社2009年版，第533页。

展经历农耕文明、工业文明与数字信息化文明的历时性问题共时性承受的特点,其话语也经历在异质文化互鉴中互释与对话的过程。当然,互释与对话也存在潜在的风险与错位,导致意义错位与价值异化。这就需要在互鉴与对话中,厘清并把握文明发展话语的中国密码。

首先,如果说话语维度是思想政治教育的重要一维,那么,日常生活则是思想政治建设的基本坐标。从某种意义上来说,无论是人类的崇高理想,还是人们彼此之间在交融、互动中衍生出来的对真善美的求索,皆蕴含在人的日常生活之中。当价值与道德问题从宏观政治层面转移到微观的个体生活层面时,携带形而上的伟大思想的语言符号(或蕴含着价值元素的符码积累成的话语体系)必须融入日常生活中。因此,人的日常生活话语沉淀着全部人类思维的光辉探索。思想交融与观念交锋带来的风险,常常体现在社会成员的日常活动中。日常生活场景也是社会变革的核心聚焦,而话语变革的可能性孕育在日常生活中。我们正是通过对日常生活的认知和重塑,实现良善的治理目标。① 换言之,通过对道德危机反思与治理前景的关切,社会成员反思自己的行为模式与价值观念,并对其进行调整,使其与主流价值观要求同轨、同向、同速。

其次,话语转换是对技术的实践诉求。网络空间完全是一个人造空间,人们通过具象的用词、声音和流行的文化元素的联想,通过大众眼、耳、口共同参与,借助多感官体验辅助理解,激发想象力与创造力。语言是思想和心灵的一面镜子,一个人用什么样的语言,别人一眼就可以照见他是什么样的思想和灵魂。因此,互联网作为技术话语,培育时代新人作为政治话语,共同塑造了新时代公民建设的基本场景,共同担负了如何培养人、怎样培养人的历史使命。

再次,我们已经习惯于对着机器说话。如今,技术的发展邀请我们

---

① 徐亚清、于水:《场景、权力与话语:新时代公共危机治理的三重维度》,《江汉论坛》2020年第4期。

加入一种全新的对话①，即与机器人之间进行的对话。但人类的优势在于人类可以轻松自在地依据自己所处的场景来改变语言的使用。一旦环境发生变化，人类可以轻易地凭借身体感知对所处的场景进行把握进而调节语言。同时，基于肉身交互，人类不仅能够使用既往的语言，而且能在对话中生成新的语言。换言之，嵌入环境中的身体，确保了人类在对话中可以灵活利用并创生语言。而计算机语言则是设计后被执行的，如果超出了设计的框架，计算机无法识别与应对。

最后，以智能手机为代表的终端，人们可以随时随地展开网上联络、洽谈、聊天建立"面对面"关系。诸如从早到晚，人们通过浏览朋友圈分享生活、发表时事评论。这种被动接收信息的方法，极易使我们思想变肤浅。当下的问题是网络日常用语不够深刻隽永，文字冗长却语义稀薄，过于直白，且网络简单的词语勾勒，单薄的意义层次有僵化、简单化、空心化现象。如何抵御语言堕落与浅薄？这就需要挑选能够解决问题与困惑的可靠"经典"，以对抗道德滑坡的力量，拓宽我们的眼界，延伸我们的体验。由此而建构的现代公民培育建设体系不仅体现着时代的脉动，携带着中国文化密码，更充盈着中国文化气质的对话与互释空间，彰显的是中国文化独特的精神气质。

### （二）通过对日常生活的认知与重塑，落实培育时代新人的目标

道德选择、价值取舍渗透于社会场景和日常生活中。唯有将对生命的终极思考建立在日常生活的表达与呈现上，生命才有活力。因此，培育时代新人转向的逻辑也应渗透于日常生活中，在观察社会成员的实践活动时，要延伸至日常生活里，使日常生活成为育人的核心聚焦。一旦舆情打破日常生活的稳定性，经网络载体扩散、放大，就会影响社会成员行为，而这些现象都是通过日常生活呈现的。因此，塑造时代新人的可能性也孕育在日常生活中。换言之，通过对日常生活的认知与重塑，有助于时代新人的培育落地落细。因为生活方式的改变，乃是人类实践探索之开端。网络这个异质复杂的社会场景，使传统科层制的局限性凸

---

① [美]雪莉·特克尔:《重拾交谈》，王晋等译，中信出版集团2017年版，第378页。

显。价值与道德问题不是依靠单一的自上而下的机械硬性灌输，单一化的知识和视野就能解决的。若如是，不仅束缚人自身的发展，也使得我们的研究过于狭隘，话语权式微，百姓不领情，进而缺乏解释力和认可度。因此，培育时代新人要合理定位网络技术在日常生活中的实践效能，推动思想政治教育话语共生式转型，即依托国家主流意识形态整合与调适，展开思想政治教育活动，并在围绕生活世界实践中实现共生式的话语转向，使其既有理性的思考，也有温暖的情怀，进而实现自上而下的主流价值观灌输权威的自我调节，并朝着共建、共享、共同交流的话语转型。

总之，思想政治教育数字化转型的最终目的是培养担当复兴大任的时代新人。如何在现代技术信息的语境下使当代青年坚定理想信念？如何使社会主义核心价值观在每一个人的灵魂里扎根？如何借助数字化技术发展、建设美好社会？技术场景、话语共生为我们培育时代新人提供了千载难逢的理论创新契机。

## 五 思想政治教育数字化转型的路径

大数据、云计算、物联网与人工智能携手共进，各种算法等数字机器相继出场，联袂催生数据革命和智能时代的新形态。"数字化生存"成为现代社会的常态，人类社会已迈进数字化环境中。技术赋能思想政治教育，旨在依据智能算法，精准分众，优化思想政治教育结构。

互联网的出现不仅制造了身体缺场，而且创造了"特别的互动方式"和空间的运行规则。人们借助互联网在不同的空间里实现身份转换，使不同个体体验的联结成为可能，进而产生新的社会交往及社会关系，并充满着意义交织和行为互动。这种交织和互动在线上与线下皆可实现，不仅未入场就已经在场，而且呈现着离场但从未退场的现象。当入场、在场、离场的界限模糊时，各种社会思潮就会搭乘现代信息技术的便车，在网络空间、实体空间里不断交织、激荡、蔓延，进行数字空间场域的博弈和意识形态领导权的争夺。

数据以文字、照片、视频、音频等形式开启了人类历史的全新描述，言必数据已成为现代人的一种文化时尚。在数字环境中，思想政治教育创新主要基于大数据、互联网、智能算法等数字生存环境所呈现的新特点，通过驾驭算法，实现思想政治教育功能升级、结构优化。换言之，我们通过把握数字环境的特点，揭示互联网介入社会运作机制之后，在以智能传播为主流，以算法为基本运作框架，以网络化和个性化为特征的基础上，思想政治教育如何适应互联网时代，并成为精神文化传播的引擎？更具体地说，如何通过算法对受众群体进行精确分众，如何对思想政治教育受众群体分类"建群"？如何激活思想政治教育内容生产与精准推选思想政治教育内容，进而实现思想政治教育从过去模糊劝说转向精准推送的算法传播？

**（一）思想政治教育在数字时代的发展境遇**

尽管早在古希腊就有哲学家提出"数是万物之基"的观点，然而，唯有在"摄像""可视化""互联网"等高新科技的不断飞跃，"数据规模呈井喷增长，物质世界被映射为可以存储、计算和利用的数据世界"[①]，并且具备自我记录的功能时，才算进入数据时代。正是在数字环境中，个人在真实的世界里，其活动才得到前所未有的记录。加之，现代信息传播门槛低、感官刺激强、内容更新快，各种新闻跟帖、网站下载记录、社交平台互动记录、AI技术等为快捷获取信息，收集人们的思想动态、政治行动提供了大量的数据。它给个体带来视、读、听、对话等智能体验，推进了沟通与交流的延伸。数字环境包含对互联网、大数据、人工智能、区块链、元宇宙以及各种社交媒介等要素的充分认识、高度重视和掌握运用。

在探讨数字时代时，首先绕不过的是互联网与互联网文明。互联网与文明难分难解，它既是一种全新的历史阶段，又是一种文明层次的标志。互联网从纯粹的工具层面、实践层面上升到社会安排（智能算法）层面，带来了全方位、多角度的变革。它不仅改变了既定的社会关系，

---

① 卢岚：《数字环境中分众思想政治教育研究》，《思想理论教育》2021年第6期。

引致社会关系的网络化结构，改变了对人和社会的管理方式，而且人与人的关系也被改写。

随着互联网与人工智能的推广和普及，新媒体迭代升级，尤其是自媒体的即时性与互动性，使得信息量大，裂变突出。加之，以算法为框架促进了各类社会热点从选题到生产再到传播的智能一体化特点，使技术本身也具有主体功能。我们在享受技术带来便利的同时，也经历着算法推荐所制造的"信息茧房"①，导致舆论分化、诱发立场对峙，思想交锋碰撞激烈。

"当数字化和网络化展现为互联网和各类联网终端设备等技术工具的普及应用过程时，信息技术工具就已经嵌入人们的日常生活并产生深刻影响。"②这不仅改变了信息形态，也创造了新的互动体验，使得受众体从单一的信息接收者转变为信息生产者、参与者和接收者相互融合的叠加身份。这意味着在思想政治教育活动中，教育双方界限与区隔模糊。加之，由于网络改变了原有信息资源占有与分配，形成你虽然有但我也有，且我更多、更快、更广的现象，促成了教育对象具有教育信息先在性优势，形成了反向信息不对称的格局。因此，受教育者不仅拥有与教育者分庭抗礼的资本和博弈的本钱，而且有可能走出"一言堂"，打破不对称的、单向性的、局域式的教育方式，形成全民参与的格局。在个性化、即时共享、去中心化的虚拟世界里，以数字平台为凭借，以话题嵌入为主的互动与弹幕发送等手段增强了虚拟社区的现实感。这种自媒体互动、多元化力量的差异化共存，既拓宽了网民的话语通道，也极易触发非理性情绪、激活热情，乃至放大风险。诸如以抖音、快手为代表的短视频，以其短而精著称，运用动画＋文字解说，以及可视化技术调动多个感官，增强信息解释的效度，为思想政治教育注入生机。短视频不仅将内容拆解成片段、切割成条框，带来信息与知识的碎片化等，还冲淡了专业的理论深度。其实高热度

---

① 李一：《网络社会化：网络社会治理的"前置要素"》，《浙江社会科学》2019年第9期。
② 李一：《网络社会化：网络社会治理的"前置要素"》，《浙江社会科学》2019年第9期。

不代表高质量，形式上越花哨，政治上越苍白，理论上越浅薄。因此，在如火如荼的全国高校展开的课程思政与思政课程开发中，当我们运用抖音、公众号，选材与制作课程相关内容时，不能只注重形式。唯有深入阐释思想理论体系的话语构建之中精心设计，才能直击痛点，否则很难被学生认同。

一方面，智能算法给思想政治教育带来新的挑战。智能算法是通过用户在网络留下的搜索痕迹，对用户进行数据挖掘与分析处理，即时打造用户喜好的信息世界，并在持有不同意见的网民之间构建信息高墙，形成颇具个性化的网络环境。问题是基于智能算法推荐的信息过滤机制，本身也具能动性。从表面上看热闹嘈杂、众声喧哗，却被另一只看不见的手——智能算法推荐操纵思想，以至于用户并不知自己沉浸在信息茧房，助推了不同用户的聚合效应，使得价值趋同，思想观念同化。① 如果说在微信、微博时代，内容传递依靠订阅，读者主动去寻找自己喜欢的创作者和喜欢的文章；而头条、抖音时代，内容的传递则靠智能算法推送，是数字平台打造推荐给用户的东西，即是算法背后的人左右着推荐的内容。因此，思想政治教育要主动介入智能算法之中参与内容的生产与推送，规避遭受网络推手对信息的操纵而陷入信息茧房。

值得注意的是，人们既可以接受思想政治教育传播的主流意识形态，也可以在智能算法推荐的助推下接受其他思潮，削弱思想政治教育在网络空间的引领力，乃至在一定程度上限制主流价值观对人们思想影响的深度与广度。如何在社会思潮中争夺话语权？如何聚焦新问题、新特点传播主流价值？如何把融入马克思主义立场、观点与方法的信息内容，精准推送给用户？这些都是思想政治教育面临的巨大挑战。

另一方面，数字化也给思想政治教育带来了机会窗口。思想政治教育的根本目的在于"落实立德树人根本任务，培养德智体美劳全面发

---

① 李江静：《新闻传播语境下网络意识形态领域的风险及其应对》，《思想理论教育》2020年第8期。

展的社会主义建设者和接班人"①。对人的培养与锻造依赖人所处的现实环境。当下我们已经进入以互联网文明为标志的数字时代，互联网技术及其构筑的信息平台与文明范式对现代社会的形塑也是全方位的。问题是互联网跨越时空界限，打破了个体的原子化存在局限，将人际关系以"看不见的弥散"方式刷新和升级到互联网文明时代，并对当前人类社会的基本逻辑、各领域的社会关系进行持续重塑时②，如何将思想政治教育渗透到血液中，沉浸到精神的深处，走向人性深处的温暖与关切？

"理论在一个国家实现的程度，总是取决于理论满足这个国家需要的程度。"③在人工智能时代，技术与思想政治教育的深度融合，有助于精准掌握人的思想和行为、跟踪其变化。网络快捷传播碎片性与娱乐性的内容，容易吸引人的注意力，进而可以利用情绪冲击与感官刺激，以喜闻乐见的方式改写教育内容与活动方式，增强网民的参与感，有助于拓展思想政治教育的新阵地。但是，内容的喜闻乐见，在驱逐专业生硬的同时，也导致思想的稀缺性。流量作为评判内容好坏的标准，主打喜闻乐见与生动有趣的内容，极易使理论的难度深度不足，难以产生触及生命内敛而深邃的理论。因此，单纯的技术变革与创新的边际收益能否满足思想政治教育实效性所需要的阈值？场景变革为思想政治教育创新提供了怎样的驱动力？信息的聚合与融汇是否能规避思想因稀释而极化？如何使思想政治教育迸发出强大的生命力？这是数据环境给思想政治教育创新带来的机会窗口。

### （二）交往、互动与融合助力思想政治教育数字化转型

数字环境与思想政治教育之间通过交往互动、彼此烘托与支持，激活思想政治教育议题互动的集中度与网民的广泛参与热情，使精神世界

---

① 习近平：《高举中国特色社会主义伟大旗帜为全面建设社会主义现代化国家而团结奋斗——在中国共产党第二十次全国代表大会上的报告》，人民出版社2022年版，第34页。

② 李春雷：《网络化社会：中国语境下的现实与未来——中国传播学会2014年年会暨新世纪的传播学研讨会综述》，《新闻爱好者》2014年第6期。

③ 《马克思恩格斯文集》第1卷，人民出版社2009年版，第12页。

的成形与时代背景联系起来。在数字环境中,思想政治教育通过情景调适与结构重建,探索思想政治教育场景融合、主体身份叠合、时空一体、视听兼备等多维向度下的观念交锋、思想迭起与价值多元的深层原因。

1. 多元化共振的数字环境与思想政治教育的互现互证、互为良性循环

主体多元化、文明诉求多样化、文明冲突显性化成为现代文明显著的特征。文明冲突的深层次问题和逻辑,归根结底是意识形态的较量。因此,作为意识形态传播工具的思想政治教育,必须与多元共振的数字环境相互嵌入,使思想政治教育活动在场景变革、身份混杂中协同共进。

第一,数字环境与思想政治教育的彼此互涉和交互作用。

现代信息技术并非价值中立。大数据、人工智能在建构自身数字体系的同时,也将人的价值偏好植入其中。人工智能背后是人与人之间、意识形态之间的价值分歧。因此,思想政治教育与数字环境深度融合,意味着以每一次思想政治教育活动为契机,形成了一个以技术为突破口的场景融合与身份叠合的过程,而且从技术理路与内在逻辑两个维度观察思想政治教育和数字环境的深度嵌入。思想政治教育与数字环境契合是其内在逻辑的必然。

首先,大数据、人工智能可以为思想政治教育提供语言处理、情感识别计算与智能推荐,也可以创建内置或外设视、听、触等多种传感器,更能通过数据算法以及自然语言处理模块的知识图谱技术,全面地刻画思想政治教育主体的思想与行为,追踪与勘察思想政治教育过程,获取更多相关数据,进而实态描述思想政治教育活动的全过程。因此,数字环境中的各种硬件设备本身,是参与思想政治教育过程的关键技术要素。

其次,一项新的"技术只是打开了一扇门,却未强迫我们进入此门"[1]。意识形态融入数字环境中,使智能机器具备人类所需要的利益,

---

[1] L. Winner. *Autonomous Technology*, Cambridge: MIT Press, 1997, pp.74-88.

有对善恶、真假是非的思辨与选择，也包含对生存的目的和意义的选择。而数字环境人工智能技术与思想政治教育交互融合，使得思想政治教育场景的开发和利用不仅包含对思想政治教育环境经验和栖居场所的诉求，即强烈的政治立场和行为规范以及借助话语、社会制度建构的教育活动场所，也包含借助信息技术以"弱关系""强联系"为特征的虚拟网络社会，即信息技术本身也成为直接参与思想政治教育的元素。

第二，思想政治教育身处多元舆论力量碰撞、共振时，既生产思想政治教育内容，也制造舆论场景。

一方面，多元舆论交锋呈现出线上与线下的紧张、竞争与对立。个体通过网络可以发布信息、表达思想观念、交流感情，乃至形成价值认同，并以社会认同的方式，把分散的个体连接为网络群体。如果说信息权力有利于广泛地动员与放大其功能，那么，网络的集体化、大众化与个体化发生交互作用后，随时随地可以在瞬间左右社会成员的思想和观念。加之，缺乏明确的组织性的网络群体，其不断扩张的社会影响力可在瞬间扩大膨胀，故很难调控，随时产生极大的社会冲击力，并直接影响社会的稳定和秩序。①

另一方面，人既可以在现实中被原子化和孤立化，也可以在网络空间有常规性的喧嚣。思想政治教育需要穿行于线上、线下的全民参与格局。网络的开放性、低门槛特质，以及基于兴趣爱好结成的虚拟社群，能够快速形成一个闭合式的舆论圈层。这就需要打造更具魅力与意见领袖身份的思想政治教育主体，通过思想政治教育议题设置，使其与社会热点问题、前沿话题"勾连"，形成跨越虚实场景、多平台共振的场景互动，进而在多元舆论场域的对话中，灌注主流价值观，凝聚共识。

2. 数字技术驱动下思想政治教育的多维诠释

人机互动深刻卷入，"人人联结""共享""发布"的涌现，推进了思想政治教育以全天候、立体化、多维度的开放特点，实现全覆盖。

---

① 翟岩：《网络化时代社会权力结构的变迁与重构》，《福建师范大学学报》（哲学社会科学版）2020年第3期。

第七章　数字化：人工智能与思想政治教育融合发展的未来走向

第一，同一场域的系统内连接与不同场域的系统外部之间建立联结关系。

人工智能驱动下，思想政治教育在各场域系统内，不同场域系统之间、空当处、连接口、交界带等的离场介入，改变了传统思想政治教育的现场化与在场性，丰富了人与社会乃至人与人之间联结的方式，拓展了思想政治教育活动场景，使主流价值弥散于所衍生的空隙与空间，且呈现出全天候、立体化、多维度的高度开放特点。一是它带来了思想政治教育全覆盖的可能性。在网络社会里，人们是以符号、代码、数字的形式出现，具有更大的自由度与开放度，加之信息内容丰富且卷入情感，使情感交流突破物理限制。尤其是在线的实时开放，实现了线上人与人之间的交流互动替代零距离、面对面的情感交流。因此，以数字化符号为中介的虚拟行为成为人类社会行为的一种新方式，丰富了思想政治教育实践。二是思想政治教育全覆盖的必要性。互联网成为制造风险的最便利工具和最有效武器。[1]虚拟空间的无人在场特性，以及主体身份隐蔽、暗藏的侥幸心理等现象，极易出现传播庸俗信息，散布错误思想与观念的放纵心理，乃至制造谣言、煽动反社会和分裂国家等。因此，如何运用语言和图像技术，使思想政治教育真正走进新科技的疆域深处，探寻思想政治教育新生密码，进而探寻中国网民意识形态立场的光谱，则是思想政治教育创新的关键。

此外，数字化网络改变了人类的生存状态、生存方式和生存理念，让我们进入一个万物互联的新媒体时代。生活被符号化后，日常生活也被赋予新的功能，生活和生命似乎从大地上升到云计算力，键盘、指令、算法和大数据，把人类从诗意的栖居拖进一场智力游戏。[2]当购物、交流与沟通等走进虚拟世界中，真实的主体交往体验被抽象关系取代时，过度泛滥的信息与交互碎片化，就造成了严重焦虑感。因为虚拟带

---

[1] 陈华明：《网络社会风险论：媒介、技术与治理》，中国社会科学出版社2019年版，第35页。
[2] 张艳梅：《后媒介时代的伦理隐喻》，《探索与争鸣》2020年第6期。

来了思想、感觉和行动的分离,人与人之间的交互作用便局限于浅层。归根结底,理论的效度是用实力说话,那么如何消解焦虑与烦躁,如何诗意地栖居?如何与种种禁锢抵御、突围进而自由奔放,扩展并丰富人的自由存在,触及生活和生命本质?这就需要思想政治教育精修于日常,通达于未来,始终围绕主体——反思双层逻辑进路,推进大融合视野中的思想政治教育议题互动。

第二,在大融合视野中推进思想政治教育生产新的实践场景。

思想政治教育在多元化舆论空间共振时,要强化主流意识形态引领作用,以纠偏是非,澄清价值迷失与认识偏差等根源。因此,创新思想政治教育旨在从全员育人着眼,突破学科壁垒,进行跨感官、跨智能、跨学科、跨领域的大视野融合。

首先,技术赋权后的受众体对网络环境的亚文化与情绪渲染的强大动员力等,加剧了舆论生态的共振与冲突现象,放大了社会事件风险效应。唯有介入日常生活才能汲取持续发展动力,回应思想政治教育与生活断档的窘境,进而凝聚共识,为主流文化与亚文化的沟通和融合搭建平台。换言之,思想政治教育通过收集公众困惑的问题,将零散的个体观点凝聚起来,事无巨细地描述,并用表情、肢体延伸话语等细致入微的情感符号清晰地分析,建构舆论场图谱,形成对思想政治教育变革全景式的深刻把握时,也就创造了新的场景模式,思想政治教育内容与场景变革会再度生成新的热点。

其次,思想政治教育交往平台拓展。思想政治教育嵌入在日常生活之中,不仅从私人领域到公共领域再到专业化领域的话题互动以及议题讨论,而且通过专业垂直的互动作用,使日常生活内容实现变革。诸如学习强国、喜马拉雅等平台等很好地达到了社群化与精准化,实现了对思想政治教育边界的新一轮拓展,突出了数字环境中思想政治在舆论场中的社会意义与价值。值得注意的是,沟通交流中的意见领袖、大V等的影响尤为突出,他们通过微博、微信、论坛等在线上与线下的增量传播,可以左右舆论走向。因此,思想政治教育不仅加强主体角色和反馈机制,实时监控社交关系、信息传播与议题互动的立体化空间,而且要培养自己的意见领袖。

最后，人工智能技术赋能，成为助力思想政治教育和传播主流价值的重要建构力量。一是通过教育双方的互动，给教育主体带来视觉的冲击和沉浸感体验。二是通过情景开放、形式多样的活动、科学分众与资源整合，用生动的形象和直观的感受进行教育，带动受众体的各方感官和体验，并自由交流、体验与感悟。三是思想政治教育借助微信公众号实时向师生定期推送其内容、前沿问题、热点问题，同时借助微产品（微电影、微文学艺术），提供个性化产品，以温和亲切的地气，散发出一种馨味，渗透进生活的每一个角落，以提升其亲和力与吸引力。

总之，互联网技术的要旨在于以共生、共享的空间和共创、共赢的平台实现用户的多维度参与和深度体验，通过大数据充分利用海量数据资源的价值，为用户提供精准服务。①

## 六 人工智能时代思想政治教育学研究边界追问

尽管思想政治教育在智能化转型升级中尽显数字技术工具理性的"扬声器"作用，却丝毫不能遮掩思想政治教育内含的人本价值内核。这就需要思想政治教育正视自身与人工智能之间的关系界别和融合本质，以明确人工智能时代思想政治教育学转向的价值边界，从而更好地服务于人的全面发展。

### （一）学科边界

人工智能与思想政治教育的深度融合是学科间跨界合作的结果，意在从学科交叉点创造思想政治教育创新发展的新契机。值得注意的是，学科跨界的同时存在学界守界的问题，忽略任何一个方面，整个问题就荡然无存，学科跨界也将失去意义。人工智能转向开启了思想政治教育创新发展的广阔天地，但其仍然作为一种介体存在，转向的目的使人工智能转化为思想政治教育系统中的结构性要素，成为思想政治教育的一

---

① 傅守祥：《论大数据时代的互联网文明与文化生成》，《学术界》2020年第5期。

部分，推动实现思想政治教育系统的整体性变革。可见，其转向始终是为思想政治教育服务的。所以，在转向过程中产生的学科跨界合作，应始终围绕思想政治教育这个核心展开，坚守思想政治教育的学科边界，不能让人工智能的加持成为涂抹学科边界的借口。对思想政治教育学科边界的坚守，就是坚守思想政治教育的马克思主义学科属性，就是坚持思想政治教育对人的全面发展的终极关怀。思想政治教育与人工智能的融合，既是学科交叉借鉴，也是学科边界的鲜明，要求我们始终立足思想政治教育学科视域吸纳、转化其他学科的知识体系，不仅将思想政治教育学科特色浸润到其他学科当中，也把思想政治教育的价值传导和精神感化力量运用到学科互动中，从而以学科边界的形塑促进学科间的交叉融合。

### （二）技术边界

作为一种义肢性的存在，数字技术在实现对人的身体的总体性延伸的同时，还完成了对人类存在的基本结构的重新构序，充分展现出技术促进人类社会全面发展的革命性力量。但由于资本逻辑的介入，数字技术也开始了自身工具理性膨胀以至于遮蔽价值理性的过程。思想政治教育与人工智能的融合不是与其"合谋"来蔓延工具理性的迷雾，而是希望以思想政治教育的价值温度润滑数字技术，拨开工具理性的迷雾，夯实数字技术价值理性的根基。把握技术边界，一方面要在人工智能与思想政治教育深度融合过程中把价值理性放在首位，遵循数字技术运用的伦理秩序，谨防数字越界对人的隐私的侵犯、对人的思想的茧房式禁锢，以及其背后的隐性构序对人们个性自由发展需要的吞噬；另一方面不能倚仗数字技术强势，虚假制造人们对思想政治教育的需要，无限夸大思想政治教育的作用。人工智能发挥作用的技术边界实际上是由思想政治教育来界划的，因为深度融合的结果是思想政治教育对人工智能的吸纳，对人工智能的运用就是思想政治教育者，那么，这个边界的把控就掌握在思想政治教育者手中。换言之，思想政治教育者的价值立场和价值观念直接影响数字技术的运用边界。人工智能终究是"义肢性"力量，而不能使之成为"异化性"力量，这种异化不仅是对受教育者，还是对思想政治教育自身的异化，致使出现如元宇宙思想政治教育替代现实思想政治教育的论调。这也是人工智能时代思想政治教育学转向技术边界的重要省思维度。

**（三）伦理边界**

伦理指向对人的意义的终极思考。伦理边界的树立实则是思想政治教育与人工智能深度融合中自身内在伦理精神激发产生的价值追求和底线规约，它要求人工智能时代的思想政治教育学转向更要坚持"促进人性的完善和人的价值的提升"[①]，希望以伦理的力量约束和润滑人工智能技术至上的"傲娇"，使思想政治教育的智能化转型充盈着伦理意蕴。这就要求在人工智能的加持下，思想政治教育首先应该注重对受教育者的人文关怀，以规避因数字技术、数据算法带来的"冰冷"和"刚性"的数字化思想政治教育场景，匡正漠视受教育者主体地位、忽视受教育者主观感受、无视受教育者个体发展需要等行为，为数字化、智能化场景注入尊重人、关心人、关爱人的人文温度。其次，在数字化场景的构建中引导人们进行生命意义的追问和探索。人工智能嵌入思想政治教育的意义亦在于引导受教育者领悟生命的真谛，而不能走向反面，引致深陷于数字幻境中的迷失和迷茫。最后，回归现实生活，防止因数字技术对虚实空间的模糊而脱离现实生活体验，思想政治教育在数字技术的运用中可以更多地认知和感知受教育者的生活环境，进入受教育者的生活场景，通过引导受教育者品味生活的真谛而激发其对生活的向往和热爱，以及培塑对生活品质的精神追求，使受教育者在生活世界中积善成德、达至全面。

---

[①] 权麟春：《思想政治教育的伦理精神研究》，人民出版社2021年版，第32页。

## 本章小结

人工智能与思想政治教育融合发展的主要目标是实现思想政治教育的数字化转型。值得注意的是，思想政治教育数字化转型的难点与关键不在于数字化，而在于再转型。因此，本章用两节来阐释思想政治教育数字化转型的根本宗旨、理论框架与边界。

这场由以人工智能为主的现代信息技术群带来的新思维与新方法，将思想政治教育嵌套于由数字文明引发的复杂时空中，并受"虚拟—现实""理论—实践""技术—价值"多维关系的矩阵影响，推动了思想政治教育数字化转型和学术范式革命。这使得我们能够以探索全新的思想政治教育育人模式，强化思想政治教育方法创新的文明自觉，并形成以技术思考与以人文价值引领推进思想政治教育的思维方式和思想力量，提升思想政治教育应对风险的能力。

具体来说，本章主要包括三个方面的内容。

第一，把数字化转型作为思想政治教育与人工智能发展的重要向度。一是揭示数字化转型是思想政治教育应对智能技术冲击的迫切需要。二是阐释数字化转型是改变思想政治教育传统模式的必然要求。三是剖析数字化转型是提升智能时代思想政治教育针对性和有效性的题中应有之义，为我们精准地听潮起潮落、大千世界之声，看风起云涌复杂多变的社会，夯实基础，进而确保我们在明暗中洞察、在新旧中预测，以聆听赏心悦目之曲、规避乱耳之杂音。

第二，把立德树人与促进人的全面发展始终作为思想政治教育发展的根本宗旨，作为矢志不渝的价值追求。揭示智能时代思想政治教育变革中对立德树人与人的全面发展的价值持守，从现实关怀取向入手，分析人智能时代思想政治教育数字化转型的目标。

第三，从创建思想政治教育数据库、思想政治教育数字化转型的技术支持力和制度规范化、人工智能时代时空的扩展助力思想政治教育方法创新、推进话语维度的共生式话语转向、思想政治教育数字化转型的路径入手,探究思想政治教育数字化的逻辑理路,进而从学科边界、技术边界和伦理边界三方面,界定人工智能时代思想政治教育学转向的价值边界。

# 第八章　结束语

　　截至 2024 年 12 月，我国网民规模达 11.08 亿人，互联网普及率达 78.6%，移动互联网累计流量达 3066 亿 GB；其中，我国生成式人工智能产品的用户规模达 2.49 亿人。① 实际上，我们已经进入由现代信息技术引发的数字时代，而且现代信息技术所造就的数字环境，正以超乎人们想象的速度在许多领域深度改变我们所处的经济结构和状态。在这种情况下，我们观察现代信息技术给社会带来的冲击，捕捉思想政治教育的动态流变现象，探索思想政治教育涌现的新思想、新观点、新视角，具有非常重要的理论意义与实践意义。课题组多年来一直关注这一研究，并形成了一系列结论。

　　本书认为，互联网、云计算、区块链、5G、人工智能乃至元宇宙是渐次升级的一种技术形态，而且它们并非以单一的技术形态嵌入社会，而是一个组合进化的过程，即经由单一技术、单体技术走向复合技术、组合技术，进而形成现代信息技术群，并呈现出信息与智能叠加革命的特征。人工智能与思想政治教育融合发展的过程，实际是以技术群的方式与思想政治教育相互建构、相互形塑的过程。至此，以互联网、大数据、人工智能等形成的现代信息技术群的赋能，引致思想政治教育

---

① 参见中国互联网络信息中心《第 55 次〈中国互联网络发展状况统计报告〉》，https://www.cnnic.net.cn/n4/2025/0117/c88-11229.html，2025 年 1 月 17 日.

时空的嬗变，催生思想政治教育理论与实践的重构。

当然，我们理解现代信息技术发展的关键，不仅是对信息技术本身的关注，更重要的是关注新的信息技术所引发的社会革命和由此带来的社会意义。尤其是观察在现代信息技术群赋能下，人际交流手段从过去的书写文字转变成今天的视频、音频时网络权力是如何拓展的。这意味着凭借现代技术群赋能，经由多变量的合围，催生了思想政治教育理论与实践的结构化变革，使思想政治教育处在一个开放性的界面上，其活动手段、活动场域、参与主体带来革命性变革。

本书框架是在厘清概念群的基础上，始于人工智能与思想政治教育之间的关联逻辑，着眼于智能技术形塑思想政治教育时引发的根源性问题，延展于在实践场中探索思想政治教育的力量释放与价值再转化，并在实践场域里落实更具关怀指向和价值导向的结合。由于它关注思想政治教育在实践场中，经历了与智能技术多次转化融合后，将人类福祉引向何方的问题，因此，我们将人工智能与思想政治教育之间的关系维度作为研究对象，从两个维度展开研究。一是现代信息技术带来时空嬗变，以互联网、云计算、5G、区块链、人工智能乃至元宇宙为基础的现代智能技术更为客观、全面及深刻地解读现实世界，把人类社会转化成全新的"镜像世界"。现实与虚拟互为镜像，彼此纠缠在一起，互证、互现，线上与线下彼此衔接、互交、互融。二是智能算法赋权对思想政治教育诸要素之间关系的改写。人工智能+智能算法叠加革命，以分众、精准、精细化的特点，推动思想政治教育的数字化重构，展现了人工智能与思想政治教育融合发展的逻辑链条和思想政治教育"量"的测算、"道"的挖掘、"策"的贡献。

## 一 人工智能与思想政治教育融合发展的逻辑链

如果说现代信息技术重构了人与时空的关联，改变了社会活动模式，衍生出新的社会关系和实践活动，而每一阶段的技术形态对应着不同的人际交往与社会交往形态，那么，技术这种渐次演进形态和功能是如何演进到今天的状态，后来的形态是否能够挤掉、覆盖乃至替换前一种形态？

诚然，思想政治教育发展有其承续的因素，但现实逻辑的强大推动却是不可忽视的前提。尤其是在信息技术飞速发展的当下，更应该注意拓宽研究视野，把思想政治教育置于现代信息技术背景下，展开全面分析和系统考察。就其本身来说，研究人工智能与思想政治教育融合发展的问题，就是考察技术急剧变化中的人类经验表述，也是分析思想政治教育在互联网、物联网、区块链、人工智能为主的现代信息技术群迅猛发展时遭遇的种种难题。既然是技术引发的社会问题，那就需要置身于纵横交错、关系为主导的社交场域中，从发现问题—解决问题的链条上，观察思想政治教育的动态流变。

本书研究的意义在于，通过采用多点突破、跨学科研究方法，揭示人工智能与思想政治教育融合发展的机理，把二者的关系维度提升为思想政治教育创新的一个新的生长点，进而把二者融合的目标——思想政治教育数字化理论创新成果落实到实践中，以实现这样的美好愿景：在有冲突的地方，给予和谐；在有谬误的地方，宣扬真理。

首先，人工智能与思想政治教育的融合发展，为思想政治教育创新提供了一种新的思路。它把对思想政治教育内容的传播逻辑转化为关系的连接逻辑，推动碎片化受众体的凝结，并借助社会关系创建思想政治教育自身的内容服务。通过关系激活，不断积聚、分化与再积聚的动态过程，实现各要素联结与重构，进而推进对思想政治教育理论与实践活动逻辑的认知。一旦现代信息技术将信息流、思想流与人的行为建构起可靠的数字关系，数据就成为连接的共同语言和彼此较量的衡量指标。信息技术为思想政治教育提供了连接与参与的优势，超大规模、高速度、高饱和度、多种关系嵌入。然而，过度连接带来的负面清单，有学者甚至提出不在线是一种奢望的宣言。那么如何既能有效地让技术嵌入思想政治教育，使其成为思想政治教育的构成要素，又能适度把控技术，规避其过度形塑人际关系和思想政治教育环境，以帮助人们跳出烦冗的技术连接，就成为思想政治教育理论界亟待解决的问题。在信息技术时代，在探寻思想政治教育的本真逻辑中，重新定位思想政治教育的当代价值依然任重而道远。

其次，思想政治教育与人工智能的融合发展，使得信息技术由提升思想政治教育功能的工具转变成构成思想政治教育的基础要素，且技术赋能可以透过社会空间的可见性展现出规训的现象，并生产出特定的思想政治教育主体、思想政治教育在现实维度与虚拟维度的两栖登场功能的开发成为可能，我们可以借助数字技术推动思想政治教育涌现出新思想、新观点、新视角。

最后，数字化生存所带来的实体空间的肉身在场与虚拟空间的思想在场之混杂交织和融合，改变了人的实践方式与思维模式，对思想政治教育理论与实践产生了"冲击"和"转型"双重影响。一方面，网络社会场域的流动性必然会牵动社会关系调整，引发既有秩序及其内在动力的变化，增加了社会风险指数，使社会问题复杂化。因此，单纯的技术性变革不足以应对社会风险带来的新挑战。这就需要致力于在立体的数字人文视野中，探寻思想政治教育理论体系优化与功能升级，构建升级版的理论创新体系，在关系跨域、结构嬗变与风险叠变情境的张力下，从"问题点—问题链—问题网"的行动逻辑展开研究，克服其理论体系在平面社会结构中的局限，形成全局性、全时性、全域性地满足思想政治教育理论与实践活动的格局，确保育人空间的连续性、统一性与整体性。另一方面，思想政治教育的数字化转型不是原有模式和理念的数字化，也不是通过建模把传统的思想政治教育的亮点方法与手段数字化，而是从本体论到认识论的系统性变革。倘若模式的"形"和理念的"神"都没有变，就无法实现真正的转型。在人工智能技术群的驱动下，通过精准、细化的逻辑主线，并以深邃的历史之思、沉重的现实之问、精准的量化手段，展现其问题域。当然，技术嵌入思想政治教育不是无限的，它有一定的边界。我们应规避过度实证与计量，因为实证与量化往往倾向于那些比较容易测量的问题，对于真正触及人之生命历程和具身体验的问题则或忽略，或有意规避。因此，人工智能与思想政治教育融合发展，在方法上要推进科技与人文的交互融合，实证与体认的联袂共进,以夯实思想政治教育的根基。

总之,思想政治教育与人工智能的融合发展,并非概念之间的拼接、知识的空转,而是参与现实问题的发问,向历史求索可能的经验,补足历史向度的思想资源,思辨智能时代思想政治教育如何才能与传统思想衔接、转化、改造,进而建构周全可行的知识体系,以凝聚共识、整合社会。

## 二 思想政治教育"量"的测算、"道"的挖掘、"策"的贡献

当前,百年未有之变局与世纪疫情交织激荡,社会急剧转型的历史当口与以互联网、云计算、区块链、人工智能为主要特征的现代信息技术发展相遇和叠加。基于多变量的合围,催生思想政治教育的结构化变革,且这种变革的逻辑充满不确定性,使得构成思想政治教育各要素之间的关系逻辑更为复杂。基于"量"的测算、"道"的挖掘、"策"的贡献,能够有效把握思想政治工作的现状和问题,从而更好地预测未来。

### (一)"量"的测算

一方面,将数据范式引入思想政治教育领域,在两个大局视野下,分析研究中国共产党百年思想政治工作的成功经验。通过大数据收集海量信息,进行数据分析与提纯,获取相关海量数据。例如,社会与个人对思想政治教育的需求程度、满意度,思想政治工作对社会与个人的供给状况、满足程度,思想政治工作理论与方法论的短缺程度以及对思想政治理论课的支持程度,思想政治工作理论与实践的紧张程度、冲突程度,等等。

另一方面,建构能够反映思想政治教育活动的数字模型,并对数字模型进行合理解释。利用大数据方法和技术,建立事物现象与现象之间同构的数据关系模型,以描述人们接触的所有外部事物的活动轨迹,把握思想政治工作发展状况,以建构能够反映思想政治工作活动的数字模型,并对数字模型进行合理解释。在数据分析与数据提纯时,应注意大数据并不等

于海量数据,它依靠新的处理模式,从而具备梳理海量信息的能力。

### (二)"道"的挖掘

思想政治工作是党的优良传统和政治优势,是一切工作的生命线。它既具有政治学骨骼,也拥有社会科学血脉,既是自上而下的一种制度供给,也具有自己的学理范畴。因此,思想政治教育体系建构是从价值建构和制度建设展开,其精神实质和实践要求是与我们的价值建构和制度建设所呈现出的中国式价值形态和制度形态相联系的。要探索思想政治工作理论体系、方法论与实践创新背后的本体问题和价值预设,我们要对其进行一种整体的创造性转换。

首先,思想政治教育的主题始终与习近平新时代中国特色社会主义思想的主线相统一,其包含的核心内容不仅在中国具有历史延续性,而且包含新的文明形态这个主题。

其次,思想政治教育体系的完善。一是基于政治立场的坚定性与学理逻辑的自洽性、开放性相结合的基础上,实现政治性与学理性的统一;二是基于价值建构与制度建设的统一,把思想政治教育体系的建构统合为"理想图景"和制度依托的发展道路或发展模式,并转化为社会科学的学理研究对象。

再次,无论是研究内容还是研究方法,都需要运用现代信息技术,在数据、价值、思维三足鼎立的格局中展开,即先有数据,再用思维从繁杂数据中洞察可能性与其背后的价值,以形成立意高、视点清晰的思想政治工作体系结构。这不仅使冷冰冰的数学模型在高度理性逻辑上灌注了激情,也是思想政治教育与信息技术协同共进,乃至奔向哲学世界观与方法论的跃迁。这是一种跨界、跨学科的研究方法论,不仅要求具备专业系统理论、跨专业知识、数据洞察力等,还涉及IT科学等跨学科,乃至更高的世界观与方法论等的跨界性特征。通过现代信息技术与思想政治工作之间的深度融合,我们可以洞察思想政治工作运行机制、寻找其规律,研究思想政治工作理论、方法论、实践与"第三力量"——"互联网+"之间的关系。在研究方法上,形成多维共享、协同共进的方法论研究体系,内容与方法联通。创新方法将思想政治工作

内容结构以"由内至外,层层分解"的方式剖析系统构成,分析系统的整体构成和各层结构,从而将系统创新有机分解融入各层的创新之中,使其具有更加优化的结构性。

最后,基于定性与定量相统一,完善思想政治教育理论体系。从技术表面上看,似乎是数据来源问题,是数据结构设计与计算问题,其背后却是关于思想政治工作概念及其系统中关键指标的提取与结构化等理论问题,是思想政治教育相关概念决定大数据与云计算软件的基本架构。

### (三)"策"的贡献

大数据的关键不在于数据大,而在于如何采用技术分析既有的海量数据。对各种类型复杂、关系不清的数据分析处理时,具有数据分析的"提纯"能力,进而把握思想政治工作现状、问题,预测未来。思想政治教育的核心是事前预测,而不是事后救火。通过预测,我们找到解决思想政治工作种种问题的可行性政策,对缓解理论与实践之间的紧张关系提出思路,对协调个体发展与公共服务网络的关系提出意见,对构建适应新时代中国特色社会主义发展道路的思想政治教育学科体系提出对策。

需要说明的是,对人的思想和行为等现象的发现、捕捉和利用是技术重塑思想政治教育的逻辑起点。然而,单一的技术要想具备重塑思想政治教育的力量,需要一个组合进化的过程。我们在探索人工智能与思想政治教育融合发展的时候,实际不是采用人工智能或者智能算法等单一技术,而是采用包括互联网、大数据、云计算、物联网、5G、人工智能、元宇宙等现代信息技术的集合,它呈现出信息技术与智能算法叠加革命。就此而言,智能技术对思想政治教育的重塑,实际上就是域的更替、是新域代替旧域的重新域定,它改变了思想政治教育方法、过程等整套安排,乃至重新定义了思想政治教育。因此,尽管本书是探讨人工智能与思想政治教育的融合发展研究,实际上一刻一不停地致力于揭示从单一技术走向复合技术,并以现代信息技术群的形态与思想政治教育融合发展中所呈现的关系维度,诠释二者之间的连接、断连、再连接等,揭示二者相互形塑的机理,进而描述思想政治教育从平面的"互联网+思政"转向立体的"元宇宙+思政"的沉浸式发展图景。

# 参考文献

## （一）经典文献类

《马克思恩格斯全集》第 30 卷，人民出版社 1995 年版。

《马克思恩格斯文集》第 1—10 卷，人民出版社 2009 年版。

《马克思恩格斯选集》第 1—2 卷，人民出版社 2012 年版。

习近平：《习近平著作选读》第二卷，人民出版社 2023 年版。

习近平：《习近平谈治国理政》第一、二、三、四卷，外文出版社 2018、2017、2020、2022 年版。

习近平：《高举中国特色社会主义伟大旗帜 为全面建设社会主义现代化国家而团结奋斗——在中国共产党第二十次全国代表大会上的报告》，人民出版社 2022 年版。

习近平：《论党的宣传思想工作》，中央文献出版社 2020 年版。

中央网络安全和信息化委员会办公室：《习近平总书记关于网络强国的重要思想概论》，人民出版社 2023 年版。

中共中央文献研究室：《十九大以来重要文献选编》上、中、下，中央文献出版社 2019、2021、2023 年版。

## （二）中文著作类

胡洪彬:《人工智能时代的思想政治教育研究》，人民出版社2023年版。

骆郁廷:《新时代网络思想政治教育》，人民出版社2024年版。

吴满意、景星维、唐登蕓:《网络思想政治教育理论前沿问题研究》，四川大学出版社2019年版。

陈联俊:《网络思想政治教育前沿问题研究》，暨南大学出版社2022年版。

丁科:《网络自我互动：网络思想政治教育人的内在生存与发展》，人民出版社2023年版。

杨立英:《网络思想政治教育论》，人民出版社2003年版。

孙其昂主编:《思想政治教育社会学概论》，科学出版社2023年版。

邢晓红等:《思想政治教育现代转型与超越研究》，人民出版社2023年版。

沈壮海主编:《新编思想政治教育学原理》，中国人民大学出版社2022年版。

王学俭:《新时代思想政治教育基本问题研究》，人民出版社2021年版。

董雅华:《思想政治教育哲学问题研究》，复旦大学出版社2019年版。

张耀灿等:《现代思想政治教育学》，人民出版社2006年版。

郑永廷主编:《思想政治教育方法论》第三版，高等教育出版社2022年版。

项久雨:《新时代思想政治教育主题论》，人民出版社2023年版。

冯刚主编:《思想政治教育学科40年发展研究报告》，中国人民大学出版社2024年版。

范煜:《人工智能与ChatGPT》，清华大学出版社2023年版。

徐英瑾:《人工智能哲学十五讲》，北京大学出版社2021年版。

赵汀阳:《人工智能的神话或悲歌》，商务印书馆2022年版。

谢瑜主编:《人工智能社会前沿问题哲学研究》，中国社会科学出版社

2023年版。

季卫东：《元宇宙的秩序》，上海人民出版社2023年版。

吴冠军：《从元宇宙到量子现实：迈向后人类主义政治本体论》，中信出版社2023年版。

黄欣荣：《大数据哲学——大数据技术革命的哲学问题研究》，人民出版社2022年版。

蓝江：《一般数据、虚体与数字资本：历史唯物主义视域下的数字资本主义批判》，江苏人民出版社2022年版。

刘少杰：《网络社会的结构变迁与演化趋势》，中国人民大学出版社2019年版。

姚远：《数字化转型之路：从数字化到数智化》，当代中国出版社2023年版。

王素：《新科技革命：全球数字化教育在行动》，科学出版社2020年版。

经济合作与发展组织：《教育数字化转型：人工智能、区块链和机器人技术如何赋能》，李永智主译，上海教育出版社2023年版。

谢维和：《镜子的寓意——网络社会与教育变革》，教育科学出版社2020年版。

龚振黔、黄河、龚婷：《虚拟社会中人的虚拟性活动的哲学研究》，社会科学文献出版社2020年版。

## （三）中文译著类

[以]拉兹·海飞门：《数字跃迁：数字化变革的战略与战术》，习移山、张晓泉译，机械工业出版社2020年版。

[美]温斯顿：《人工智能》第3版，崔良沂、赵永昌译，机械工业出版社2009年版。

[美]尼克：《人工智能简史》第2版，人民邮电出版社2021年版。

[英]迈克尔·伍尔德里奇：《人工智能全传》，浙江科学技术出版社2021年版。

[美]丹尼尔·纽曼、[法]奥利弗·布兰查德:《共生:4.0时代的人机关系》,杨薇译,中国科学技术出版社2022年版。

[英]杰米·萨斯坎德:《算法的力量:人类如何共同生存》,李大白译,北京日报出版社2022年版。

[荷]马克·舒伦伯格:《算法社会:技术、权力和知识》,商务印书馆2023年版。

[美]乔纳森·克拉里:《焦土故事:全球资本主义最后的旅程》,中国民主法制出版社2023年版。

[美]雷·库兹韦尔:《奇点临近》,李庆诚、董振华、田源译,机械工业出版社2022年版。

[法]科斯塔斯·阿克塞洛斯:《马克思:技术思想家——从人的异化到征服世界》,南京大学出版社2024年版。

[法]贝尔纳·斯蒂格勒:《技术与时间》修订合卷本,裴程等译,译林出版社2023年版。

[美]安东尼·塞尔登、奥拉迪梅吉·阿比多耶:《第四次教育革命:人工智能如何改变教育》,吕晓志译,机械工业出版社2019年版。

[美]尼古拉·尼葛洛庞帝:《数字化生存》,电子工业出版社2021年版。

## (四)中文期刊类

杨威、耿春晓:《人工智能时代思想政治教育发展的可能议题》,《思想教育研究》2021年第10期。

崔建西:《论人工智能时代思想政治教育的"变"与"不变"》,《思想教育研究》2021年第5期。

胡华:《智能思政:思想政治教育与人工智能的时代融合》,《思想教育研究》2022年第1期。

宫长瑞、张迎:《人工智能时代思想政治教育叙事的转向及其实践》,《思想教育研究》2022年第9期。

任志锋:《人工智能的工艺学阐释及其与思想政治教育的深度融合》,《马克思主义理论学科研究》2022年第9期。

王立群、杨芸伊:《"人工智能+思想政治教育":生成、风险及应对》,《湖南社会科学》2022年第4期。

葛园、韩璞庚:《人工智能与思想政治教育有机融合探析》,《学校党建与思想教育》2022年第13期。

魏华:《人工智能深度融合思想政治教育的实现路径》,《理论视野》2021年第12期。

万光侠、焦立涛:《人工智能赋能思想政治教育双重向度》,《思想教育研究》2023年第5期。

赵建超:《思想政治教育与人工智能深度融合的内在机理》,《思想理论教育》2023年第8期。

陈清:《论人工智能融入高校思想政治教育的深层逻辑》,《江苏高教》2022年第1期。

燕连福、秦浦峰:《生成式人工智能赋能思想政治教育的价值、问题与对策》,《广西社会科学》2023年第9期。

赵丽红、张润枝:《人工智能赋能高校精准思政的三重逻辑》,《湖北社会科学》2022年第5期。

冯刚、陈倩:《解构与重构:元宇宙对网络思想政治教育的挑战及其应对》,《探索》2022年第3期。

石磊、张笑然:《元宇宙:思想政治教育的未来场域》,《思想教育研究》2022年第3期。

黄欣荣、曹贤平:《元宇宙对思想政治教育的挑战与机遇》,《江西师范大学学报》(哲学社会科学版)2022年第2期。

董扣艳:《元宇宙在思想政治教育中的应用:前景探测、伦理风险及其规避》,《思想理论教育》2022年第4期。

赵丽涛:《思想政治教育数字化转型的范式构建与优化逻辑》,《思想理论教育》2022年第2期。

赵建波:《思想政治教育数字化转型的内涵要义、现实挑战及实践策略》,《思想理论教育》2023年第3期。

徐稳、葛世林:《数字化技术赋能思想政治教育的三维探析》,《思想教育研究》2023年第3期。

于祥成、杨莉:《思想政治教育数字化:内涵、特征与进路》,《国家教育行政学院学报》2023年第9期。

赵玉枝、胡树祥:《网络思想政治教育范式转换:内涵、成因及意义》,《思想教育研究》2021年第6期。

张爱军:《一体异形:意识形态算法与算法意识形态》,《湖北社会科学》2022年第7期。

孙萍:《算法化生存:技术、人与主体性》,《探索与争鸣》2021年第3期。

胡泳、刘纯懿:《"元宇宙社会":话语之外的内在潜能与变革影响》,《南京社会科学》2022年第1期。

喻国明:《元宇宙:以人为本、虚实相融的未来双栖社会生态》,《上海管理科学》2022年第1期。

蒲清平、向往:《元宇宙及其对人类社会的影响与变革》,《重庆大学学报》(社会科学版)2022年第1期。

彭兰:《虚实混融:元宇宙中的空间与身体》,《新闻大学》2022年第6期。

周骥腾:《从虚拟社会化到社会虚拟化——"元宇宙"引发的网络社会拟像秩序变迁》,《河北学刊》2022年第5期。

杨欣:《基于生成式人工智能的教育转型图景——ChatGPT对教育究竟意味着什么》,《中国电化教育》2023年第5期。

陈廷柱、管辉:《教育数字化:转型还是赋能》,《中国远程教育》2023年第6期。

刘革平、高楠、胡翰林、秦渝超:《教育元宇宙:特征、机理及应用场景》,《开放教育研究》2022年第2期。

王天夫:《构建数字时代社会理论的历史性机遇》,《公共管理与政策评论》2022年第6期。

康雅琼:《数字社会中欲望的重构与反思》,《武汉大学学报》(哲学社会科学版) 2022 年第 6 期。

邱泽奇:《数字社会与计算社会学的演进》,《江苏社会科学》2022 年第 1 期。

杨章文:《元宇宙技术嵌入网络意识形态治理的双重效应及其调节优化》,《探索》2023 年第 1 期。

张春霞:《数字媒介与意识形态的双向建构一体化趋势及其风险挑战与应对》,《理论探讨》2023 年第 4 期。

## (五)外文文献类

Schwarz, Ori, *Sociological Theory for Digital Society:The Codes that Bind Us Together*, Cambridge:Polity Press, 2021.

Christian Fuchs, *Digital Ethics*. London and New York: Routledge, 2023.

Margaret S. Archer, Andrea M. Maccarini, *What is Essential to Being Human? Can AI robots not Share it?* Abingdon, Oxon; New York, NY: Routledge, 2021.

Martin Albrow, Elizabeth King, *Globalization, Knowledge and Society,* London: Sage Yublications, 1990.

James Lull, *Media, Communication, Culture: A Global Approach*, Cambridge and Malden:Polity Press, 2000.

Barney Warf, *The Spatial Turn:I nterdiscipliary Perspectives*, New York: Routedge, 2009.

Harvey, *The Enigma of Capital*, Oxford: Oxford University Press, 2010.

Burce G, Carruthers and Laura Ariovich, *Money and Credit*, Malden: Polity Press, 2010.

Korinek A, Stiglitz J, "Artificial Intelligence and its Implications for Income Distribution and Unemployment", *NBER Working Papers*, 2017.

Aghion P, Jones B F, Jones C I, "Artificial Intelligence and Economic

Growth", *NBER Working Papers*, 2017.

Martin H. Weik, *Computer Science and Communications Dictionary*, Springer: Kluwer Academic Publishers, 2001.

Judy Wajcman, *Pressed for Time: The Acceleration of Life in Digital Capitalism*, Chicago:University of Chicago Press, 2015.

James F. Pontuso, "Transformation Politics:The Debate Between Vaclav Havel and Vaclav Klaus on the Free Market and Civil Society", *Studies in East European Thought*, 2002, Vol. 54, No.3.

Hillier, Bill. "Space and Spatiality: What the Built Environment Needs from Social Theory", *Building Research&Information*, 2008, Vol. 36, No.3.

# 后　记

当键盘敲下最后一个句点时,蓦然惊觉这本《人工智能与思想政治教育融合发展》的写作已绵延三度春秋。作为国家社科基金一般项目的最终成果,这部著作既是攀登学术险峰的跋涉记录,也是科研与艺术共振的心灵图谱。既是对技术浪潮下人文精神的一次叩问,亦是我学术生涯中艺术与科技之间关系的又一次大胆尝试。在复杂、浩瀚的思维里,捋出心中所要寻找的真意,说与人听。

三年前,当"人工智能与思想政治教育融合发展"这一选题跃入视野时,我深知自己正站在两个宏大叙事体系的交汇处。技术理性与价值引领的张力、算法逻辑与人文关怀的悖论,这些看似对立的命题在笔尖反复碰撞。无数个深夜与堆叠成山的文献资料,电子屏幕上跳动的代码和思政理论的铅字为友,完全置身于数字文明与人文传统的对话场域。具有充沛的创作精力与创作欲望,正处于何以解忧,唯有创作的佳期。

回望这趟思想远征中,既有苦行僧般的求索——在晦涩的算法逻辑中重构价值坐标,于浩如烟海的数据伦理中提炼人文法则;又有沉浸在艺术星辉照耀下的欣慰与开朗。当研究陷入困顿和论证遭遇瓶颈智时,便以宣纸水墨代息、解困,以待头脑清醒继续寻找将思维导向澄明之路。科研的严谨与艺术的灵动在此间相映成趣,恰如莫比乌斯环的阴阳两面,共同编织出思维的经纬。

这部著作的诞生,实则是我前三部著作《现代思想政治教育社会生态研究》《社会结构转型期思想政治教育创新研究》《思想政治教育的空间转向研究》三部曲的延续与跃升:前作旨在构建立体多维的研究坐标系——从社会生态的宏观观照到结构转型的动态追踪,再到空间转向的范式创新。本书则是在智能革命的时空维度中,为思想政治教育开辟新的生长界面。四部著作恰似四重奏乐章,主题变奏间始终贯穿着对思想政治教育本质的叩问与时代脉动的回应。如果说前三部著作是分别以空间透镜和社会显微镜观察教育生态,那么本书则试图架起天文望远镜,在人类文明与技术文明的星系间寻找新的引力平衡。

在方法上我尝试以国画创作中"留白"的智慧处理人机伦理边界,用构图结构的张力解构算法推荐的意识形态渗透,更以水墨画"虚实相生"的哲思重构智能时代的价值传播路径。以提升其可接受性、趣味性。这种跨界的思维模式,实则延续了《思想政治教育的空间转向研究》中"空间诗学"的研究范式——当我们将教育场域视为可塑的艺术空间时,技术介入后的思想政治教育何尝不是一场动态的行为艺术?因此,从空间转向到社会转型,再至当下的智能融合,变的是研究视角,不变的是对人性光辉的坚守。或许正如德国艺术家约瑟夫·博伊斯所言"人人都是艺术家",在人工智能与思想政治教育共构的场域中,我们每个人都应成为价值创造的艺术家,用技术的刻刀雕琢出人工智能时代的精神图腾。

这场跨学科的远征远超出预期估算的艰难。当我将机器学习模型引入价值观教育评估体系时,冰冷的算法始终难以解析人性的温度;当试图构建思想政治教育知识图谱时,耳边萦绕着"人类跨模态的增智路径是否也适应于大模型"的叩问。翻飞忙碌的手指与噼啪作响的键盘,让我更深切地领悟到:技术迭代的速度永远快过论文写作的节奏,唯有将学术定力铸成锚点,方能在时代的浪潮中保持思想的航向正确。

书成之际,特别感念我的父亲,无论是前三部聚焦于社会转型的"破"与"立",还是本书致力于在技术裂变中寻找"融"与"生"的可能,始终折射着他对我的说三道四,我们在错位时空演绎着父女关系,师生关系,乃至哥们义气。在这里,理性思辨与艺术审美从来不是非此

# 后 记

即彼的选择。在这里"思想政治教育是门有体温的科学。"正如水墨画的皴、擦、点、染需要历经千百次实践方能形成独特肌理。思想政治教育与人工智能的融合，亦需在反复的跨学科实验中培育新的理论触角。抬头看我书房里悬挂的山水画与书架里整齐排列的学术典籍，恰是这种治学理念的具象呈现——既有挥毫泼墨的写意情怀，亦具格物穷理的治学精神；既有艺术家的敏锐感知，更葆有思政教育者的使命担当。

当 ChatGPT、deepseek 掀起认知革命，当生成式 AI 重构知识生产，这部作品或许只是通向未来的一个路标，只是沧海一粟，但若能为后来者铺就方砖片瓦，为破解"算法牢笼"提供些许思想工具，为人工智能时代的铸魂育人开拓一方理论场域，便不负这三载晨昏的耕耘。此刻，且将这份答卷呈予时代，愿它能在思想碰撞中迸溅星火，在实践熔炉里淬炼真金。

借"书山无路勤为径"共勉，愿生命在创新中常青。

本书系国家社科基金最终成果。感谢课题重要成员上海理工大学环建学院卢萧，由她撰写的本课题部分内容《思想政治教育的网络空间体验》一章放在著作《思想政治教育的空间转向研究》（学习出版社，2022.8）的第五章，却忘了致谢与说明，在这里既表歉意也表示致谢。

本书的出版得到中国社会科学出版社的大力支持，特别感谢我的师姐杨晓芳老师为本书出版所做的贡献。

卢岚

壬寅年三月于沪上白洋淀绿苑